课程改革的公共伦理研究

廖婧茜 —— 著

中国社会科学出版社

图书在版编目（CIP）数据

课程改革的公共伦理研究/廖婧茜著．—北京：中国社会科学出版社，2024.8
ISBN 978 - 7 - 5227 - 3567 - 2

Ⅰ.①课…　Ⅱ.①廖…　Ⅲ.①课程改革—研究—中国　Ⅳ.①G423.07

中国国家版本馆 CIP 数据核字（2024）第 100051 号

出 版 人	赵剑英
责任编辑	赵　丽
责任校对	王　晗
责任印制	张雪娇

出　　版	中国社会科学出版社
社　　址	北京鼓楼西大街甲 158 号
邮　　编	100720
网　　址	http://www.csspw.cn
发 行 部	010 - 84083685
门 市 部	010 - 84029450
经　　销	新华书店及其他书店
印　　刷	北京君升印刷有限公司
装　　订	廊坊市广阳区广增装订厂
版　　次	2024 年 8 月第 1 版
印　　次	2024 年 8 月第 1 次印刷
开　　本	710×1000　1/16
印　　张	16
插　　页	2
字　　数	245 千字
定　　价	98.00 元

凡购买中国社会科学出版社图书，如有质量问题请与本社营销中心联系调换
电话：010 - 84083683
版权所有　侵权必究

目　录

导　言 …………………………………………………………（1）

第一章　课程改革公共伦理的意蕴诠释 ……………………（33）
　一　课程改革公共伦理的逻辑起点 ……………………（33）
　二　课程改革公共伦理的内涵阐释 ……………………（35）
　三　课程改革公共伦理的层次范畴 ……………………（52）
　四　课程改革公共伦理的基本理念 ……………………（69）
　五　课程改革公共伦理的原则与特点 …………………（77）

第二章　课程改革公共伦理的理论渊源 ……………………（88）
　一　政治发展理论 ………………………………………（88）
　二　权力博弈理论 ………………………………………（93）
　三　利益相关者理论 ……………………………………（97）
　四　契约正义理论 ………………………………………（106）
　五　秩序自由理论 ………………………………………（111）

第三章　课程改革的权力伦理 ………………………………（117）
　一　课程改革权力伦理的内容 …………………………（118）
　二　课程改革权力伦理的现状及其问题 ………………（127）
　三　民主与正义：课程改革权力伦理的诉求 …………（147）

第四章　课程改革的制度伦理 …………………………………（158）
一　课程改革制度伦理的内容 ………………………………（158）
二　课程改革制度伦理的现状及其问题 ……………………（171）
三　公平与公正：课程改革制度伦理的诉求 ………………（189）

第五章　课程改革的秩序伦理 …………………………………（199）
一　课程改革秩序伦理的内容 ………………………………（199）
二　课程改革秩序伦理的现状及其问题 ……………………（209）
三　自由与和谐：课程改革秩序伦理的诉求 ………………（222）

第六章　从契约正义走向秩序自由的课程改革 ………………（231）
一　当前课程改革：契约性的存在模式与追求正义的
　　伦理取向 …………………………………………………（232）
二　理想课程改革：自发与建构的存在模式与秩序自由的
　　伦理取向 …………………………………………………（240）

参考文献 ……………………………………………………………（247）

导　　言

　　课程改革是一个具有全球价值和时代意义的话题，一直受到教育研究者和实践者的广泛关注。放眼世界，从20世纪美国的"八年研究"，苏联开展长达20年的"教育与发展"的实验研究，到中国改革开放以来开展的8次大型的课程改革，再到后来各个国家开展的不同时期的课程改革，都反映了课程改革作为对教育的实践反思与学生的发展计划，在教育领域的中心地位。课程改革通过对未来教育发展整体性、长期性、基本性问题的考量、计划与安排，具有广泛的社会影响及深远的教育意义。因此，对课程改革的关注是重要且必要的，应成为教育研究者长期关注并且持续讨论的重点话题。历次课程改革从轰轰烈烈走向步履维艰，昭示着课程改革的复杂性与艰巨性。由于中国的课程改革是在特殊场域中进行的，能否顺畅前行和取得成功很大程度上要取决于能否得到社会的普遍认同与有力支持。在较长一段时间里，课程改革主要关注和强调的是效率与结果的问题，很少关注基础教育课程作为社会公共活动的伦理品质。课程改革研究很少从消除伦理关系矛盾的角度出发，对课程改革本身的特性做整体性的改造。从本质上，课程改革涉及权力的变迁与运作、制度的破除与再造、文化秩序重新生成，如果缺乏伦理规范来调整其中的权力关系、价值关系和利益关系，就会造成权力的压制、价值的偏差和利益的失衡，这不仅不符合公共精神，也不利于课程改革的顺畅发展与深入推进。因此，课程改革需要借助伦理学对实践进行规范的思想言明，需要道德规范指陈课程改革的理想、价值、原则，这便是本书的缘起和出发点。

一 课程改革公共伦理研究的重要性和必要性

(一) 时代境遇之必然：课程改革价值关怀的应然选择

对人的道德关怀、价值关怀是新时期时代精神的核心内容，也应当成为课程改革的指导思想。21世纪人类思想文化的发展进程，是一段从现代性走向后现代性，从工具理性走向价值理性的发展史。特别是随着科技革命的深入，"工具理性"超越"价值理性"存在，成为占据社会生活的主导地位的思想，导致人的性格扭曲与主体性失落。正如马尔库塞所言，工业社会"带来的都是固定的态度和习惯，以及使消费者比较愉快地与生产者进而与社会整体相联结的思想和情绪上的反应……由此便出现了一种单向度的思想和行为模式，在这一模式中，凡是其内容超越了已确立的话语和行为领域的观念、愿望和目标，不是受到排斥就是沦为已确立的话语和行为领域"。[①] 技术理性压制了人们心中的否定性、批判性、超越性的向度，使社会成为单向度的社会，而生活在其中的人成为单向度的人，这种人丧失了自由和创造能力，不再想象与创造另一种生活。不仅如此，由于工具理性对效率的过度关注，忽视了人道德发展的需求，还造成人与自然、人与人关系的异化和对立、自由的丧失、生活世界殖民化以及人类精神家园风雨飘零等现代性危机。[②] 21世纪以来，后现代哲学家们呼吁人们从工具理性的霸权中解放出来，回归价值理性而"返魅"，寻求人性的救赎。后现代思想在文学、艺术、建筑、政治、教育等各个领域都得以运用。21世纪是后现代的世界，教育实践需要与时俱进。适应时代和社会的发展潮流，教育也应该体现后现代性思想，实现价值理性的回归。事实上，课程改革本身是关涉价值的活动，并且与人的发展息息相关，价值理性的回归自然是课程改革研究中不可回避的需求。一直以来，以"工具主义"为指导思想的课程改革片面注重效

[①] [美] 赫伯特·马尔库塞：《单向度的人——发达工业社会意识形态研究》，刘继译，上海译文出版社2008年版，第11页。

[②] 王祥：《试论现代性危机与马克思现代性批判理论的"在场"》，《国外理论动态》2009年第7期。

率而忽视人的价值需求，导致课程改革中的人感到无助、疲惫、懈怠甚至陷入深深的焦虑。步入后现代的课程改革需要超越人是"器物"思维，把人当作目的而不是工具或手段，更加关注课程改革中的伦理、价值和道德。课程改革的公共伦理正是对这一问题的关注与回应，是在反思并整饬课程改革中价值裂变的基础上，对人的道德关怀的积极建构之路。

（二）研究趋势之导向：课程改革公共性关注的现实需要

近年来，有关公共性和公共价值的话题受到国家和学界的高度关注，而课程改革领域对公共性的关注不足。党的二十大提出要健全基本公共服务体系，提高公共服务水平，增强均衡性和可及性。① 2018年习近平总书记在全国"两会"上指出，必须加强和完善政府在市场监管、公共服务、经济调节、社会管理、生态环境保护方面的职能。② 在经济全球化的背景下，教育、生态、医疗、卫生、互联网等领域中公共性、公平性、公益性问题成为全人类、全世界的共同问题。2015年，联合国继出版《学会生存——教育世界的今天和明天》和《教育：财富蕴藏其中》这两部里程碑式的报告后，又出版《反思教育：向"全球共同利益"的理念转变?》，提出教育和知识是"全球共同利益"的口号。在中国人文社科领域，有关"公共性""公民""公德""公共政策"的研究也成为研究的重点和热点，而关于教育领域公共性问题的研究关注不足。"从教育行政部门到学校，教育作为公共事务的国家意识是什么，可能没有真正在我们的课程和教育实践中认真思考和实践过，或者说我们并没有真正地在公共利益和公共理性的立场上思考选择、安排和指导我们的教育理念和实践方式。"③ 教育研究中没有审慎地考虑公共善是什么，忽略教育怎

---

① 习近平：《高举中国特色社会主义伟大旗帜 为全面建设社会主义现代化国家而奋斗——在中国共产党第二十次全国代表大会上的报告》（https：//www.gov.cn/gongbao/content/2022/content_5722378.htm）。

② 廉丹、黄鑫：《推进国家治理体系和治理能力现代化——深入学习习近平总书记在2018年全国两会上的系列重要讲话之四》（https：//china.chinadaily.com.cn/theory/2018-03/22/content_35897284.htm）。

③ 金生鈜：《保卫教育的公共性》，福建教育出版社2008年版，第192页。

样促进公共理性和公共精神的发展，教育的公共性被推向边缘化。与公共性相反，教育的"产业化""市场化"等"私化"现象越来越受到推崇。实际上，教育是国家最为重要的公共事业之一。国家发展教育，进行课程改革是为了满足公共教育需求，而不是仅仅代表部分人的利益。从课程改革本身的特性出发，义务教育阶段课程改革与其他所有公共改革一样，具有公共性。一是由于基础教育属于国家强制性教育，具有公益性、统一性、强制性的特点，因此基础教育阶段的课程改革也具有公共性。二是由于课程改革的目标是为了所有学生的发展，这与公共伦理"为了最大多数人的最大幸福"的目的是一致的。同时，课程改革又区别于其他公共改革，它具有教育性。这意味着课程改革不仅要强调组织与管理，更要强调认知的改造。课程改革的公共伦理应当考虑在课程改革过程中最大程度地实现最大部分人的最大利益，这是一场新课程理念在生产、实践与发展的境遇之中展开出来的各利益群体之间的利益博弈，具体体现为课程决策时如何对各种权力主体进行约束、监督与制约，课程推进时如何有组织、有条理地安排各个组成部分以达到和谐地运转或良好的外观的状态，以及新的课程教学制度生成时，是否体现了公众期待的伦理精神，是否保障了学习者的基本权利、公平的学习机会、教师的合法利益等，以促进课程改革"公共善"的实现。

（三）现实困境之诉求：课程改革伦理危机的破解之道

观照现实，课程改革中出现了一系列伦理危机，需要以伦理学为方法论对课程改革进行秩序重构。中国历次课程改革的长期性与艰巨性不仅同课程改革本身任务繁重有关，也与课程改革处于复杂而又特殊的"中国场域"有关。具体表现在中国课程改革由政府主导驱动，是一种官方或者"半官方"的改革，政府在课程改革中发挥着引导的作用，集课程改革的设计者、指导者、管理者、监督者、调控者等多种身份于一体。[①] 但是，课程改革由国家推动、政府控制，并不代表课程改革体现"公共性"。相反，不受限制的政府权力会阻碍公共性的实现。正如金生

---

① 吴康宁：《教育改革的"中国问题"》，南京师范大学出版社2015年版，第30页。

鈜谈道,"在越来越强调公共性的社会变革中,我们的教育以及学校越来越被个人利益或狭隘的小集体利益殖民化了,我们的教育一方面是个人利益角逐的场所,另一方面又是教育部门或学校获取狭隘的部门利益的手段"。①"公共性"是一种内在价值,是各主体在道德价值追求方面的共识与约定,体现的是对公共责任、公共精神的一种价值追求和承诺,代表人民的利益。一直以来,中国课程改革缺少一种对公共性的关注、对公共精神的思考,将官方精神等同于公共精神,将政府行为等同于公共行为,忽略了课程改革中多种主体利益需求的真实表达,导致课程改革动力不足,并引发一系列伦理危机。主要表现在由于课程改革中权力、利益的博弈及伦理价值观的矛盾冲突,造成了权力失衡、秩序失调、制度失度等严重的伦理危机。例如,由于管理方式的不恰当致使各个行为主体产生消极抵触情绪,以至于陷入混乱的局面;由于课程制度的不公正,而导致学生发展机会不平等等问题。从某种意义上说,课程改革中伦理价值与规范的失位是阻碍课程改革发展的隐性杀手、引发课程改革伦理危机以及导致教育"成人"本体功能异化的根源。危机引发思考,立足本土,鉴于相关领域的研究趋势和中国现阶段的课程改革困境,课程改革的研究应当拓展视域,从课程改革公共伦理的视角出发,考察实施过程中课程改革伦理危机产生的根源,提出要建立什么样的课程改革(善的或者恶的,自由的或者专制的等)更能够满足公共利益需求,实现对个人权利的维护,从而化解课程改革的伦理危机,指导课程改革的理论与实践。

(四)理论发展之需要:课程改革理论研究的视域拓展

公共伦理是管理学中的常用概念,有迁移运用到教育领域的理论适切性。管理学中的公共伦理强调社会管理要回应公民的需要而不是公共组织本身的需要。以弗雷德里克森为代表的公共伦理学家认为公共伦理是包含着一套价值偏好、组织偏好和管理偏好的理论。公共伦理的核心是公共性,主旨是弘扬公共精神,其价值指向公共利益。公共性作为道

---

① 金生鈜:《保卫教育的公共性》,福建教育出版社2008年版,第191页。

德偏好的一种价值取向，其问题来源于"公共性"与"私人性""公共领域"与"私人领域"的对立讨论。随着市民生活的兴起，人们借助公共领域来实现私有财产的保护，公共性的价值日益凸显。18世纪以来，伴随现代性以来个体化趋势加强，人们在政治参与、社会联系、社会信任等各方面呈现下降的趋势，出现"公共生活的混乱"，公共性话题越来越受到学界关注，成为哲学界经久不衰的研究话题。阿伦特、哈贝马斯、桑内特都对公共性理论做了比较深刻的论述。阿伦特认为公共领域是政治性的。哈贝马斯认为私人领域就是私人性，而公共性包含公众性与批判性、公共舆论、沟通性、公开性四个要素。桑内特认为公共领域是从公共空间和人格两个维度展开的。公共伦理学家们都认为，公共伦理的本质是处理政治生活、公共空间的交往问题。在现代生活中，公共空间的不断拓展使公共伦理超越个体伦理，体现出其在社会治理方面的理论优越性。课程改革作为公共领域中的公共事务，具有公共性。同时，课程改革必然蕴含着教育性，教育性必然又包含伦理性，课程改革的教育性决定其不能没有基本立场和方向，课程改革必然也应然地符合社会发展的规律、知识发展规律和人的发展规律，通过对规律探求的合理建构，进而形成一定的管理规范和制度规约。因此，将管理学领域中的公共伦理迁移到教育领域，关注课程改革公共价值的实现，具有理论迁移选择的适切性和迫切的实践需求。

简言之，课程改革的公共伦理是在顺应工具理性向价值理性转变的时代背景下，在课程改革领域体现出的对多元主体的价值关怀，是课程改革领域的明天。作为一项公共事业，课程改革不仅是政府行为，也是专业行为，更是合作交往行为。课程改革不仅要适应政府和其他外在组织的需求，关注效率和经济等价值，更重要的是回应公民的需要，彰显公平、正义、民主等公共价值。在公共交往的过程中，课程改革应遵循公共领域的道德规律，承担起公共责任，满足公共利益的需求。对课程改革公共伦理的研究有助于拓展课程改革的研究视域，解除当前课程改革中的伦理危机，重建课程改革伦理秩序。

二 文献回顾

根据本书的研究问题,进行相关的文献梳理。首先,要对公共伦理在教育领域的运用做一个整体的把握,了解当前公共伦理在教育领域的研究进展。其次,课程改革作为公共改革的一种,与其他公共改革如医疗改革、行政改革之间存在一定的共性和差异性。因此,从公共改革出发,到教育改革,再到课程改革,逐渐缩小范围,了解公共伦理在公共改革中的运用,可为本书提供一定的借鉴和启示。再次,公共伦理属于伦理学范畴,主要强调公共性和公共精神,通过对当前已有的课程改革伦理研究进行归纳和分析,可从其他视角为课程改革的公共伦理研究进行补充。最后,聚焦已有的关于课程改革公共伦理研究进行综述,可为本书提供观念上的论据。沿着以上逻辑理路,本书主要围绕公共伦理在教育领域的应用研究、公共改革的公共伦理研究、教育改革的公共伦理研究、课程改革的伦理研究、课程改革的公共伦理研究五个方面展开文献综述,以期能够把握已有研究的全貌。

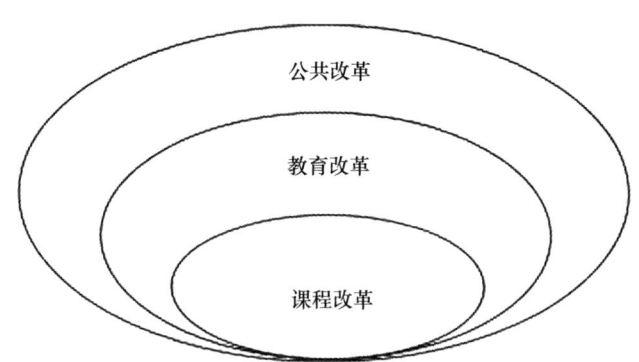

图 1 公共改革、教育改革、课程改革的关系

(一)公共伦理在教育领域的应用研究

作为应用伦理学的一种,公共伦理已经被运用到教育、行政学及国家行政管理、政治学、中国政治与国际政治、宏观经济管理与可持续发展、行政法及地方法制、财政与税收、公安、政党及群众组织、医学教育与医学边缘学科、社会学及统计学、文化、宗教、哲学、科学研究管理、世界文学、领导学与决策学、企业经济、体育、人才学与劳动科学、经济法、诉讼法与司法制度、安全科学与灾害防治、中国文学、轻工业、手工业、市场研究与信息、农业经济等多个学科或者研究领域。已有研究中，公共伦理在教育领域的运用主要分为三类：以公共伦理为视角的价值观教育、大学生公共伦理精神的培养和教育管理中的公共伦理。

关于以公共伦理为视角的价值观教育，韩玉芳认为树立公民意识，培育公共精神，有利于加强公民道德建设。① 王音音认为大学生思想政治教育现代化在于培养公共性。② 有学者提出以公共价值和公共伦理为价值起点，以生态理性和现代理性为人学论起点，以公共生活和公共参与为实践起点，以文明与幸福为终极价值取向，是社会生态文明建设视域下公民教育的逻辑起点。③ 黄海认为青少年道德建设的取向与定位在于通过公共伦理教育，使青少年从物性的"人"成长为理性的"好人"。④ 蒲丽娟认为诚信是社会主义核心价值观培育与公共伦理秩序建构的关键纽结。⑤

关于大学生公共伦理精神的培养，谭德礼认为在全球化及改革开放的时代背景下，青少年的公共伦理精神逐渐淡化。应该从处理各项事务中的诚信原则、廉洁作风、创新思想、宽容态度、敬业精神等方面加强对当代大学生公共伦理精神的培养。⑥ 曾爱华提出将大学生公共精神培养融入多学科课程，如思想道德课程、法律基础教育、人文课程、计算机

---

① 韩玉芳：《公德意识·公共伦理·公共精神》，（http：//www.nopss.gov.cn/GB/219470/17225205.html）。
② 王音音：《公共性是大学生思想政治教育现代化趋势》，《启迪与智慧》（教育）2016年第11期。
③ 卢丽华、张桂春：《社会生态文明建设视域下公民教育的逻辑起点》，《教育评论》2015年第10期。
④ 黄海：《公共伦理教育：青少年道德建设的取向与定位——评孙抱弘〈从"人"到"好人"〉》，《上海青年管理干部学院学报》2013年第3期。
⑤ 蒲丽娟：《社会主义核心价值观与公共伦理秩序建构》，《老区建设》2016年第16期。
⑥ 谭德礼：《当代大学生公共伦理精神的培养》，《西北师大学报》（社会科学版）2005年第6期。

公共课程以及大学实践课程等，以培养大学生公共伦理精神，改善公共生活和社会秩序。① 孙春晨从增强大学生的公共生活伦理素质的角度提出消减大学宿舍里冲突的建议。② 鲍粤华认为公德伦理作为一种基础性的行为规范，可以培养大学生的道德修养，帮助大学生用"贯通古今、继承借鉴、融汇中西、发展创新"的观点和方法，掌握传统和现代的礼仪知识，为培养公民良好的行为习惯、加强社会文明建设打下基础。③

关于教育管理中的公共伦理，主要涉及公共伦理的伦理价值如公平、正义、民主等在教育管理中的问题及对策。卜玉华认为在学校场域中，政党精神伦理弱化了公共伦理精神培育。学校对公共伦理责任承担不充分。④ 在公共伦理的价值观中，关注最多的是公平问题。相关研究议题主要包括区域（城乡）、性别、民族、层次教育公平。孙阳、杨小微、徐冬青等人尝试构建中国教育公平指标体系。⑤ 其次是教育管理领域的民主问题。相关研究主要从消解教育管理中的命令化和行政化方式的视角，提倡教育管理走向民主。钟启泉认为，"一纲多本"教科书政策是教育民主的体现。⑥ 张文婷认为协商民主是教育民主的新维度。⑦ 高燕认为，生本教育是实现教育民主的可行性路径选择，生本教育包括一切为了学生的价值观、高度尊重学生的伦理观、全面依靠学生的行为观。⑧ 关于教育管理正义的研究，吴煌认为，当前国内外有关教育正义这一核心问题的探讨主要存在

---

① 曾爱华：《大学生公共精神培养及其课程整合》，硕士学位论文，南京航空航天大学，2008年，第16页。
② 谢文、韩寒：《宿舍文明要体现公共伦理精神——访中国社会科学院哲学所研究员、中国伦理学会秘书长孙春晨》，《光明日报》2016年6月26日第8版。
③ 鲍粤华：《大学生公共伦理与礼仪规范》，《经济与社会发展》2009年第12期。
④ 卜玉华：《试析当代我国学校教育公共伦理资源的亏空》，《中国教育学刊》2006年第12期。
⑤ 孙阳、杨小微、徐冬青：《中国教育公平指标体系研究之探讨》，《教育研究》2013年第10期。
⑥ 钟启泉：《一纲多本：教育民主的诉求——我国教科书政策述评》，《教育发展研究》2009年第4期。
⑦ 张文婷：《谈协商民主：教育民主的新维度》，《河南师范大学学报》（哲学社会科学版）2011年第5期。
⑧ 高燕：《生本教育：实现教育民主的可行性路径选择》，《现代教育论丛》2008年第9期。

三种范式:分配范式关注教育资源与权利的分配公平,关系范式重视教育关系的非压迫性,承认范式则强调对人格尊严的平等承认。尽管三种范式各自存在优势,但同时也具有一定限度,应将三种范式共同型构,构建一种多元综合的教育正义范式。① 冯建军认为,进入"后均衡化时代",教育正义需要从分配正义转向承认正义。②

总的来说,已有的关于公共伦理的应用研究主要集中在以公共伦理为视角的价值观教育、大学生公共伦理精神的培养及教育管理中的公共伦理。其中探讨教育领域的公平、正义、民主等研究已经受到学者们的广泛关注,并且逐渐推向深入。然而由于研究者研究领域或研究兴趣的原因,课程改革中的公平、正义、民主等公共伦理相关的话题还未引起足够重视,需研究者在前人的研究基础上进一步探索。

(二) 公共改革的公共伦理研究

有关于公共改革的话题一直是科学研究的重点和热点话题,也受到国家的高度关注。课程改革作为国家最重要的公共改革事业之一,对于社会和教育的发展具有深远意义。通过了解其他公共领域如环境、经济、文化、医疗、政治改革中公共伦理的研究现状,可以为课程改革的公共伦理研究提供视角参考和借鉴启示作用。从已有研究来看,有关公共改革的公共伦理研究主要集中在以下几个方面:

一是医疗改革的公共伦理研究。有关学者意识到,医疗改革作为一项公共改革,其中常有道德成分存在,要想使医疗改革取得更好的发展,就需要对医疗改革实施伦理规范。主要研究内容集中在:其一,对医疗改革制度的伦理分析。陆爱勇从伦理学的视角审视中国 1999 年医疗改革,发现医疗制度设计伦理缺失、过度理性是导致改革失败的根本原因。因此,他呼吁在医疗改革中构建伦理内涵,回归医疗改革的伦理本质。③ 其

---

① 吴煌:《教育正义:走向多元综合的范式》,《湖南师范大学教育科学学报》2017 年第 2 期。
② 冯建军:《后均衡化时代的教育正义:从关注"分配"到关注"承认"》,《教育研究》2016 年第 4 期。
③ 陆爱勇:《论医疗改革的伦理本位》,《重庆大学学报》(社会科学版) 2013 年第 2 期。

二，对医疗改革中主体责任伦理的分析。郑大喜从政府责任的角度对医疗改革中的公正性进行考量。他认为，医疗公正的本质是生命公正。过去由于医疗服务过度市场化，政府责任缺位，使医疗改革背离了公正的伦理目标。① 除此之外，也有研究者关注医疗改革中医护人员②、医生的责任伦理。其三，医疗改革中多元主体的伦理关系分析。医疗改革中的伦理关系主要是医患关系，这也是医疗改革的矛盾焦点所在。有学者从医患关系的伦理属性、医生职业的伦理特色、患者角色的弱势身份、和谐医患关系的伦理原则构建来展开研究。③ 也有学者从哈贝马斯商谈伦理④、生命伦理⑤、法律伦理⑥等不同视角解读医患矛盾，并试图探究医患矛盾的解决对策。

二是政治改革的公共伦理研究。行政改革由权力主导，政府在其中扮演着重要职能，行政改革在很大程度上是政治行为。从政治哲学的视角，公正与民主是政治改革的主要伦理诉求。从卢梭的《社会契约论》到罗尔斯"作为公平的正义"，政治哲学家们都在探讨公共行政中的道德价值。从国内已有研究来看，相关研究主要从政治改革中需要迫切关注的伦理问题和公众在政治改革中所表达的伦理诉求出发，探究政治改革的有效性问题。经济政治改革专家汪丁丁认为正义诉求是社会基本问题的初级形态，而高级形态在于人们精神生活的满足。他认为政治体制改革是解决大众对于"正义"的伦理诉求最彻底、最根本的途径。王垒从伦理学的角度研究中国近代政治转型的困局。他认为以儒家孝道为核心的政治伦理走向崩溃是历史的必然，而发展民主政治是政治改革的潮流

---

① 郑大喜：《医疗改革中的政府责任：基于公正伦理原则的考量》，《医学与社会》2009 年第 7 期。
② 于景：《试论医疗改革中医护人员在收费中的伦理责任》，《中国医学伦理学》1999 年第 4 期。
③ 沈振亚：《医患关系伦理研究》，博士学位论文，苏州大学，2018 年，第 25 页。
④ 罗会宇：《基于哈贝马斯商谈伦理透视医患沟通之困》，《中国农村卫生事业管理》2018 年第 4 期。
⑤ 窦蕾：《从生命伦理视角下看当代医患矛盾》，《科技风》2017 年第 18 期。
⑥ 傅伟韬、郭自力：《法律视阈下的医患伦理关系研究》，《社会科学战线》2015 年第 11 期。

与趋势。① 王四达认为以宗法为核心的中国古代政治制度实行的是奴役伦理，近代以来，中国社会经历了一系列政治革命和思想启蒙，但是伦理觉悟的历史课题并没有完成，只有唤醒官员的伦理觉悟，才能深化政治体制改革，中国社会的现代转型才会具有真实的生命力。② 周瑾平认为政治改革的要点在于社会治理，社会治理要结合政治伦理文化，以社会治理为抓手引领传统政治伦理文化的现代转型，以社会治理为切入点建构现代政治伦理文化话语体系，以社会治理为平台拓展政治伦理文化的现代视野。③

三是环境治理的公共伦理研究。这部分的研究主要从生态伦理的视角，探究环境治理与人的可持续发展之间的关系。生态伦理是将人与人之间的伦理道德观扩展到人与生态系统之间，它是人类与自然生态环境之间的道德关系，本质上是人类应该对生态环境承担的伦理责任，生态伦理价值观的践行是推进生态文明建设、落实治理国家、建设美丽中国的思想引导和价值保障。为保障生态文明建设的切实推进，政府要在生态治理中承担重要责任，要对环境治理的行政理念、管理体制、运行机制和行为方式进行深度变革。④ 有学者通过探究人与自然生态的道德伦理关系以及自然环境对人类生产和生活的影响，提出解决农村污染治理中的问题要遵循"公平正义""以人为本"的生态伦理原则。⑤ 有学者提出生态文明建设的前提在于明确、合理的生态伦理价值定位，以此实现生态正义，满足善治。⑥

四是经济改革的公共伦理研究。相关学者主要从两个方面探索经济改革与公共伦理的关系：其一，经济发展中的伦理观研究。如面对日益兴起的共享经济，崔聪和胡雁楠提出从公共利益、公共规范和公共责任

---

① 王垒：《近代中国政治转型困局的伦理透视》，《学术研究》2007 年第 5 期。
② 王四达：《伦理觉悟：中国现代政治转型的内在生命》，《理论学刊》2012 年第 7 期。
③ 周瑾平：《政治伦理文化与社会治理》，《伦理学研究》2018 年第 6 期。
④ 王欣：《生态伦理与政府生态治理变革》，《伦理与文明》2014 年第 00 期。
⑤ 陈浩：《生态伦理视域下农村污染治理的思考》，硕士学位论文，南华大学，2016 年，第 16 页。
⑥ 孙欢、廖小平：《国家治理的生态伦理意蕴》，《伦理学研究》2017 年第 5 期。

三方面解决共享经济发展中出现的公共伦理问题。① 对于发展循环经济，黄翠新提出，约纳斯的责任伦理学说可以为发展循环经济的各方主体承担的责任提供理论根基。② 其二，经济形态背后所体现的伦理精神。姚兰认为不同的经济形态以不同的伦理观作为支撑。她指出资本主义发展的是韦伯在《新教伦理与资本主义精神》中诠释的宗教伦理内核，而东南亚经济腾飞则体现了儒家伦理内核。③ 王生团详细分析了社会达尔文主义是一种为资本主义自由竞争辩护的思想意识，并指出社会达尔文主义对美国镀金时代乃至后面的工业革命时期经济与社会发展的重要影响。④ 乔法容指出循环经济旨在构建"经济—生态—社会"和谐可持续发展的链条，体现"代内公正""代际公正"和"人地公正"的伦理思想。⑤ 此外，还有关于经济发展的伦理原则、重要人物的经济伦理思想等相关研究。

从已有研究来看，公共改革处理的是公共领域的事务，以公共利益为价值目标，因此，最重要的是体现"公意"。但是同时，每种改革都有不同的伦理特质，处理不同的伦理关系。有的是人与自然的关系，有的是人与货币的关系，有的是人与政治的关系等，不同的关系对应着不同的伦理冲突。公共伦理是为处理这些冲突与矛盾提供的思想引导和价值保障，最终的落脚点是公共政策和制度体系的完善。按照这一思路，研究课程改革的公共伦理，首先要厘清其伦理本质是什么，主要处理的矛盾关系是什么。在此基础上，通过建立符合公共道德价值的课程改革制度从而缔结"公约"，维护公共利益的实现，促进公共道德秩序的生成。

---

① 崔聪、胡雁楠：《对共享经济发展中公共伦理问题的几点思考》，《河南工业大学学报》（社会科学版）2018 年第 1 期。

② 黄翠新：《循环经济发展的伦理责任担当研究》，《中南林业科技大学学报》（社会科学版）2017 年第 4 期。

③ 姚兰：《经济发展与伦理精神——新教伦理与儒家伦理之比较》，《中国商论》2017 年第 32 期。

④ 王生团：《赫伯特·斯宾塞的思想对镀金时代美国社会影响研究》，博士学位论文，东北师范大学，2017 年，第 23 页。

⑤ 乔法容：《试论循环经济伦理的价值原则》，《道德与文明》2008 年第 3 期。

(三) 教育改革的公共伦理研究

教育变革理论专家哈维洛克认为，教育改革是教育现状所发生的任何有意义的转变。教育改革是一项系统工程，是一个总体性的概念，裹挟在其中的包括不同阶段（学前教育、基础教育、高等教育、职业教育、成人教育）、不同层面（人才培养模式、课程教学、办学模式、教育发展环境、管理制度、投入机制）所发生的各种变革。课程改革是整个基础教育改革的核心问题。通过对教育改革的公共伦理研究进行概述，有利于为课程改革的公共伦理研究打开视角，提供价值和内容方面的参考。从已有文献来看，关于教育改革的公共伦理研究主要集中在以下几个方面：

其一，关于教育改革的伦理问题研究。劳凯声指出，中国教育体制改革面临两个重大的伦理问题：一是改革应如何坚守公立学校的公共性，二是改革应如何维护简政放权改革所形成的公立学校的自主性。他认为这是两个不同的、难以同时兼顾的，甚至会产生冲突的伦理问题。既要坚持公立学校机构的公共性质，又要坚持公立学校办学的自主性质，当前教育体制改革中的改革伦理问题的关键就在这里。① 细化到教育实践层面，教育体制改革的伦理问题体现在四个方面：商业文化的侵蚀问题、教育机会平等问题、教育腐败问题、坚守教育公益性问题。薛二勇、王哲先认为公平、质量与选择是教育改革中最重要的伦理问题。② 吴康宁认为制约中国教育改革发展的关键原因是教育改革身处复杂而又特殊的"中国场域"。政府角色、领导意愿、价值标签、区域差异、关系网络、考试竞争、社会基础等是构成"中国场域"的要素，正是因为这些因素的复杂影响，使教育改革在实现民主化的道路上任重道远。③

其二，关于教育改革的伦理诉求研究。吴康宁认为，教育改革有三

---

① 劳凯声：《教育体制改革与改革伦理问题》，《首都师范大学学报》（社会科学版）2011年第4期。
② 薛二勇、王哲先：《公平、质量与选择——教育改革中的伦理问题学术研讨会报道》，《中国教师》2012年第4期。
③ 吴康宁：《制约中国教育改革的特殊场域》，《教育研究》2008年第12期。

种伦理诉求：一是所有学生的发展，这是教育改革道德正当性的来源；二是合理的利益回报，这是教育改革社会合法性的前提；三是民主的推进方式，这是教育改革过程有效性的保证。三个方面共同决定了教育改革是否能够取得成功。① 王本陆提出，中国农村教育改革的伦理诉求是消除双轨制。他认为中国城乡教育的差异，除了地域性差异外，更多是一种制度设计上的区别对待，这是一种变相的双轨制，在利益分配上对优势群体有限，是一种不公正的制度安排。因此，应在公平正义原则的基础上，重新设计教育体制，消除城乡教育双轨制。② 蒋立兵在分析当前教育技术运用中所体现出的教学异化、技术奴役、缺乏关怀、效率至上等伦理问题的基础上，提出教学技术改革中应体现辩证认识教学技术、多维路径提升教师的技术伦理素养、家校联动加强学生的信息道德教育，教学评价关照技术应用的伦理诉求。③

其三，关于教育改革的伦理责任研究。基于伦理责任，教育改革的不同主体都应当在改革中承担一定责任。立足于吴康宁谈到的中国境遇的特殊性，已有研究中最多的是探讨政府在教育改革中的责任。由于政府在教育改革中扮演多重角色，政府在教育改革中处于强势地位，承担改革决策、选拔校长、分配资源、制造等级等多种责任，并且为保证责任的实现和防止权力腐败，政府应当在教育改革中受到更多的限制，具体体现制度的完善，包括在决策前的制衡机制、民主监督制以及责任追究制。④ 学者刘复兴认为，教育改革中政府责任主要体现在制度建设中要体现教育公平，这是合理的制度伦理的体现，也是教育改革取得成功的价值前提。⑤ 鉴于校长在教育改革中扮演着领导、支持、问题解决、沟通协调等多种角色，具有承上启下的功能，也有学者关注校长在教育改革

---

① 吴康宁：《教育改革成功的基础》，《教育研究》2012年第1期。
② 王本陆：《消除双轨制：我国农村教育改革的伦理诉求》，《北京师范大学学报》（社会科学版）2004年第5期。
③ 蒋立兵：《现代教学技术应用的伦理诉求及理性回归》，《中国教育学刊》2016年第10期。
④ 朱丽、赵汉华：《责任伦理视角下的教育改革主体责任》，《华东师范大学学报》（教育科学版）2011年第3期。
⑤ 刘复兴：《教育改革的制度伦理：教育公平与政府责任》，《人民教育》2007年第11期。

中的责任。张承烈认为建立适合学校教育改革的长远目标、善于创建执行教育改革的政策环境等是校长在教育改革中的主要责任。[①] 此外，也有少部分关注教育改革的其他主体，如教师、社会大众在教育改革中的伦理责任。

表1　　　　　　　　政府官员在教育改革中的基本角色类型

		道德境界		
		奉公（推动者）	无欲（局外者）	谋私（寻租者）
行政能力	强	指导者	协助者	索取者
	中	合作者	观望者	交换者
	弱	服务者	逍遥者	坐等者

资料来源：吴康宁：《教育改革的"中国问题"》，南京师范大学出版社2015年版，第49页。

总的来说，关于教育改革的公共伦理，学者们已从教育改革的伦理问题、教育改革的伦理诉求和教育改革的伦理责任等角度进行了研究，能够为本书的开展提供一定的借鉴意义。但是，笔者认为，虽然已有研究涉及多角度、多主体，但是关于教育改革的公共伦理的分析还过于零散，集中在"具象"层面的研究，缺少宏观层面的整体把握和深层原因的具体分析。课程改革作为教育改革的一个分支，其伦理本质与教育改革相同，都是知识、权力与利益共同博弈的互动过程。因此，课程改革的公共伦理研究可从课程改革的内在结构出发，从宏观的视角，用"抽象"的眼光分析课程改革的伦理问题，从而对课程改革发展有一个整体性的把握。

（四）课程改革的伦理研究

随着课程改革的不断深入，人们对伦理道德在课程改革中的重要作

---

① 张承烈：《校长如何推动教育改革》，《教育科学研究》2001年第8期。

用的认识也日益深入。深化课程改革,提升人才培养质量,立德树人,以生为本的呼声,反映出人们已经深刻地认识到规范课程改革与提高教育质量之间,课程改革的伦理取向与课程改革实效之间存在着必然联系。课程改革必然蕴含着教育性,教育性必然又包含伦理性,课程改革的伦理性就是课程改革的基本道德价值规范体系,决定了课程改革的基本立场和方向。从已有文献来看,有关课程改革的伦理研究主要集中在对课程改革"公正""人道""民主"等伦理性的关注。

其一是课程改革的公正性。公正是伦理学的基本伦理范畴,意为"公平正直,没有偏私",暗含公平、正义等多种价值。课程改革意在革除原来学校课程体系中不合理、不公平的地方,例如霸权主义的文化控制、弱势群体的利益失衡、各个民族之间的文化碰撞等,这些冲突促成课程改革,因此,公正取向是课程改革的价值基础。同时,课程改革的对象往往是全体学生,要增进全体学生的利益。罗尔斯认为,衡量是否增进全体学生的利益的观测点应该考察最不利学生的利益,最不利学生在学校场域中主要是学业成绩落后、行为表现不良的学生。学校改革如果忽略或抛弃了这部分学生,则是不道德的。[①] 从这个角度来看,中国学校课程改革应为课程趋向公正做出相应的努力。龙安邦认为,当前中国基础教育课程改革主要有两种取向:公平取向和效率取向。历史上的课程改革存在着效率与公平的矛盾,效率取向的课程改革往往走向公平缺失,而公平取向的课程改革又可能走向效率低下。他提出要建立公平与效率协同的课程改革,"毽子型"课程体系就是"有效率的公平"的课程改革的实现方式。[②]

其二是课程改革的人道性。人道是课程改革的人性选择。人道曾是儒学"爱人"信念的核心,也是基督教人道与资产阶级"博爱"精神的思想价值源泉。人道包含尊重、理解、关心、关怀、爱护、宽容等多种价值,是将人当作目的的高层次伦理观。课程改革有人道的伦理需

---

① [美]约翰·罗尔斯:《正义论》,何怀宏等译,中国社会科学出版社1988年版,第56页。
② 龙安邦:《基础教育课程改革中的效率与公平》,博士学位论文,西南大学,2013年,第5页。

求。一方面体现在改革自身的目的是指向"社会"与"受教育者",而不是指向"改革者"本人,从"利人"的角度定位,课程改革的内在指向性是趋向人道的。基于此,彭泽平提出,在中国新一轮基础教育课程改革中,"人"的发展在新课程的理念和实践中均得到了前所未有的重视和彰显,体现出浓郁的人文关怀。人文关怀成为新一轮基础教育课程改革价值转型的表征。① 另一方面,课程改革有促进人的价值实现的人道主义精神。例如有学者认为,强调"以人为本"的新一轮基础教育课程改革,旨在满足每个学生终身发展的需要,促进每个学生身心健康发展、培养良好品质,培养学生终身学习的愿望和能力,对于在少数民族地区的学生而言体现了崇高的人文关怀。② 具体而言,人道主义精神体现在,课程改革要观照每一位主体的价值需求,结合不同群体的实际情况制定决策。例如,如果课程改革为了学生的幸福,而置教师的利益于不顾,导致他们拼命加班,这样的课程改革是不符合人道主义精神的。也有学者根据不同学科的学科特色,提出课程改革应当体现的关怀取向。例如体育课程改革的"生命关怀"③"人本关怀"④、语文课程改革的"人文关怀"⑤ 等。

其三是课程改革的民主性。民主是课程改革目的实现的价值保障。张华提出,道德的课程改革呼吁民主的课程领导。他认为中国的课程改革主要是工具化的。第八次课程改革第一次确立了"为了每位学生发展"的课程哲学,克服了工具化思维,是转向课程改革道德化的标志。⑥ 有学者认为课程改革的本质就是课程民主。纵观中国课程改革的历史,从过

---

① 彭泽平:《人性关怀——我国新一轮基础教育课程改革价值转型的表征》,《河北师范大学学报》(教育科学版) 2006 年第 1 期。
② 彭运锋:《基础教育课程改革对少数民族地区的人文关怀》,《江西教育科研》2006 年第 2 期。
③ 丁勇、王成明:《生命关怀——体育课程改革的价值取向研究》,《内蒙古师范大学学报》(教育科学版) 2015 年第 6 期。
④ 汤万松:《人本关怀下的体育课程改革研究》,博士学位论文,湖南师范大学,2016 年,第 14 页。
⑤ 张良、刘茜:《关怀文化传统:课程改革的又一使命》,《湖南师范大学教育科学学报》2010 年第 4 期。
⑥ 张华:《道德的课程改革与民主的课程领导》,《全球教育展望》2006 年第 4 期。

去的"一纲一本"到现在的"一标多本",从"以纲为纲、以本为本"到现在的"用教材教而不是教教材",其背后的深意就在于授予学校和教师更大的课程自主权。除此之外,课程价值方面,更加重视创新精神、实践能力和社会责任感的培养;课程管理方面,更加重视学生的个性发展,尊重学生选择课程的自主权;教学方式方面,更加重视合作、探究、自主教学;课程发展方面,更加重视校本课程的建设等。① 这些都是课程由封闭走向开放的过程,是课程民主需求不断得以满足的过程,也是课程思想进步的体现。

除此之外,已有研究中还有关于课程改革的平等、理性等伦理性的研究。本书在已有课程改革伦理研究的基础上,探究课程改革的伦理需求并构成价值规范体系。这一价值规范体系在课程改革全过程中具有协调和导向、评估和反馈作用,有利于促进课程改革活动完整而有效地开展、促进教育目的实现,有利于帮助和督促课程实现其"求善"的应然追求。

(五) 课程改革的公共伦理研究

有关课程改革公共伦理的研究主要集中在:

首先,课程改革权力伦理的研究。主要包括三个方面的内容:第一,课程改革的权力主体的权力运作。邹慧明从政治学的视角分析课程改革中主要有三类权力主体:一是行政主体,主要由行政官员组成,他们直接影响着改革方案的确立,促进改革方案合法性的形成;二是社会主体,他们是公共利益诉求者和行政权力制衡者;三是专业主体,他们是课程方案的直接执行者。只有当三类主体相互合作,互相制衡,才能促进课程改革方案的科学化、民主化及公正的实现。② 王守纪等人认为,国家、社会和教师是课程改革政治博弈的在场者:国家居于主导性的地位,社会主要以自发的监督力量形成有效影响,而教师具有参与课程改革的专

---

① 张志勇:《课程改革的本质就是课程民主》,《中国教育学刊》2014 年第 5 期。
② 邹慧明:《权力运作与政治控制—政治学视域的课程改革研究》,博士学位论文,湖南师范大学,2015 年,第 12 页。

业权力与实践优势，是课程改革实践活动的组织者。① 分析课程改革权力主体的互动关系，将有助于澄清课程改革的权力因素，促进课程改革运作的有效性。第二，课程改革中的教师权力的伦理性。在课程改革中，教师权力是影响课程改革实效的最重要因素，因此，已有研究着重分析了教师权力及其运作。谢艺泉运用福柯的权力分析方法和权力观，重构课程改革中的教师权力。② 张文桂认为，课程改革中的教师权力具有从众性、虚置性、教师权力失衡、教师权力异化等特征，需要从赋予教师权力资本、培养教师权力意识和提供教师权力场域等方面改进教师权力。③ 也有学者研究了其他国家的课程改革中的教师权力。如王晓燕分析了20世纪90年代以来，韩国出台一系列政策法规，使教师从课程改革的被研究者转为研究者，在课程改革中拥有了决策权。④

其次，关于课程改革制度伦理的研究，主要集中在以下几个方面：其一，课程改革制度伦理的困境及对策。李洪修认为，当前中国学校课程改革在制度方式上还存在着单向控制为主、管理者为主、制度功能单一、制度诉求缺失等问题。为建设民主、公平、效率、和谐的课程改革制度，需要突出人性化的制度供给、重视利益主体的多元性、高效地执行制度、关注学校课程制度的变迁。⑤ 邢伟荣、任顺元认为中国课程改革制度存在的伦理问题有：忽视地区差异、缺乏平等对待；行政强势推进，缺乏课程民主；实践呼声被遮蔽。为改变课程改革制度的伦理现状，可从制度设计伦理（"是什么""为什么""做什么"的伦理）、制度运行伦理（"怎么做"的伦理）两方面来建构课程改革的制度伦理。⑥ 其二，课

---

① 王守纪、陈仁、李颖辉：《课程改革的政治学：启蒙、政治与权力博弈》，《湖南师范大学教育科学学报》2015年第5期。

② 谢艺泉：《课程改革中教师的权力——福柯权力观的视角》，《外国教育研究》2011年第11期。

③ 张文桂：《课程改革中教师课程权力的虚置与改进》，《教育探索》2011年第6期。

④ 王晓燕：《教师权力对课程改革的影响——以韩国为例》，《南通大学学报》（教育科学版）2006年第2期。

⑤ 李洪修：《学校课程改革的制度困境及其调适》，《社会科学战线》2014年第8期。

⑥ 邢伟荣、任顺元：《新课程改革中制度伦理存在的问题与对策》，《教育探索》2008年第10期。

程改革制度伦理的本质研究。邢伟荣、任顺元认为课程改革的制度伦理是指课程改革制度赖以建立和存在的伦理基础，以及制度中所蕴含的伦理追求、道德原则和价值判断，其本质是课程改革制度的合道德性。① 廖辉认为，学校课程改革制度是一定伦理观念的实体化与具体化。伦理性是学校课程制度得以产生的价值与观念先导，是奠定学校课程制度建设的道德基础，有利于学校课程改革制度功能的有效实现。学校课程改革制度应当遵循公平、效益与服从的伦理原则。②

再次，关于课程改革秩序伦理的研究。张红霞等人从"个人知识秩序"建构的角度分析课程改革的影响，得出中国高等教育专业课程改革通过制定促进个人知识生成的专业课程体系，构建"纵向贯通、横向融合、层次递进"的课程，开发注重自由发展的隐性课程，配合"服务学生行动"的课程实施方案，最终达到促进个人知识生成，以学生为中心的课程秩序模式的结论。③ 刘建琼通过分析中国基础教育课程改革的价值取向，得出中国基础教育阶段致力于建设学生活力与教师智慧、把准学科教学基本途径与方法、明晰学科性质与价值、满足课堂健康成长需要丰厚的基础土壤的结论。④ 也有学者基于当前核心素养对课程教学的解构与重构，提出基础教育阶段课程改革要致力于建立"核心素养本位"的课程范式，提升学生个人知识的建构能力；坚持国际化与本土化相结合，以及学生的生活需要规范课程的文化秩序。⑤

最后，通过对已有文献的收集和分析，课程改革的公共伦理研究主要集中在课程改革的权力伦理、课程改革的制度伦理和课程改革的秩序伦理三大部分。其中，课程改革权力伦理的研究聚焦从政治学的视角研

---

① 邢伟荣、任顺元：《制度伦理视角下的新课程改革》，《教育理论与实践》2008年第20期。
② 廖辉：《学校课程制度建设的伦理意蕴》，《中国教育学刊》2011年第8期。
③ 张红霞、肖军弼、宫法明：《基于"个人知识秩序"的高等教育专业课程改革》，《中国成人教育》2016年第16期。
④ 刘建琼：《基础教育课程改革价值取向与课堂秩序重建》，《湖南社会科学》2016年第6期。
⑤ 孙智琳：《核心素养视域下我国基础教育课程秩序重建》，《当代教育与文化》2017年第6期。

究课程改革的权力运行以及权力主体之间的互动关系。将伦理学的方法论作为基础，探讨课程改革权力伦理性问题的专门研究较少。有关研究中关于课程改革制度伦理的探讨主要集中在制度运作中所体现的伦理精神和反映的伦理问题，是从宏观的角度研究课程改革的制度伦理，且相关研究不足十篇，还未得到充分的探讨。从微观角度，以课程改革制度文本作为分析对象，研究课程改革制度的道德性问题，是对课程改革制度伦理研究的进一步补充。此外，已有研究大多数是从课堂教学、知识生成的角度来建构基础教育课程改革秩序，尚未发现关于课程改革秩序生成过程中存在的伦理问题和表达的伦理诉求的专门研究。

（六）已有研究评述

本书围绕研究主题，分别对公共伦理在教育领域的应用研究、公共改革的公共伦理研究、教育改革的公共伦理研究、课程改革的伦理研究、课程改革的公共伦理研究五个方面展开综述。整体而言，由于研究者视角和研究领域的差异，有关课程改革的公共伦理的研究主要呈现以下几个特点：

其一，公共伦理在管理学领域研究多，在教育领域关注不足。公共伦理是管理学与应用伦理学的交叉领域，作为一门独立的学科，它的研究对象是社会公共领域处理公共事务的道德科学。广义的社会公共领域包括社会生活的方方面面，狭义的社会公共领域主要指公共行政和公共管理。本书探讨的公共改革是广义上公共领域的改革，包括公共医疗改革、环境改革、政治改革等，这些领域中都有关于公共伦理问题的研究和探讨。教育改革是国家最重要的公共改革之一。有关研究中虽然对于教育改革中的伦理矛盾、伦理取向、伦理诉求等话题有所涉猎，但是对探讨课程改革在公共性、公共精神、公共利益追求方面的问题关注不足。特别是有关课程改革的公共伦理方面的研究尚未得到充分的探讨，值得研究者进一步的研究。

其二，以教育学、政治学视角研究课程改革的较多，伦理学视角少。既有文献大多以政治学、教育学作为分析框架，分析课程改革的现状及问题。以政治学为分析视角，着重于探讨权力、权利、制度等政治因素对课程改革的影响；从教育学的角度切入，侧重考察课程改革中的知识与内容体系的建构、教师的教与学生的学的转变。由于这些视角在观察方法、工具和对象选择上的差异，对于课程改革的研究都起到了不同程度的积极推动作用。然而，课程改革是一项涉及全社会、多主体、多学科的复杂活动，单一视角研究课程改革如同"管中窥豹"，是有限的、不完全的，只能略见一斑，对现象及原因的解释力有限。因此，课程改革的研究不能停留于原有的视角，需借助于多学科的视角进行全方位立体化研究。目前，少有以伦理学为视角对课程改革的专门研究。因此，课程改革的公共伦理研究是对已有课程改革理论研究的视域拓展。

其三，微观实践研究多，宏观理论研究少。近年来，由于教育研究的实证主义倾向，课程改革研究者大多趋向于从微观问题入手，重视具体事务，解决实际问题。主要体现在关于课程改革定性、定量研究在数量上远远多于宏观研究，并且由于期刊发文的偏好性，使微观实践研究有迅猛增长的趋势。事实上，课程改革的宏观和微观研究有各自的特点和适应范围。微观研究注重针对性、具体性和实用性，强调对现实问题的指导作用；而宏观研究注重理论性、超前性和预测性，作用范围更广，其研究成果更易于为同行所承认，被更多读者所理解。因此，在将来的研究中，不仅要继续强调微观实践研究，也要加强对宏观研究的关注，把课程改革的宏观研究和微观研究结合起来。从多学科、多向度的视角增强课程改革研究的多样性和丰富性。

综上，本书构建当前基础教育课程改革伦理研究的分析框架，并且根据这一框架解剖课程改革在实践中存在的伦理问题，表达课程改革实践中的伦理诉求。这一问题既是基于现实发展对课程改革的解剖和分析，也是对已有课程改革理论研究的扩展和补充，有着非常重要的理论和实践意义。

三 核心概念界定

本书从课程改革公共伦理的视角来审视课程改革，将课程改革的过程分为权力运作、制度构建和秩序生成三个宏观的部分，分别考察其中的伦理价值,以促进课程改革公共善的实现。从研究主题和核心内容出发,本书的主要概念有:课程改革、公共伦理、课程改革的公共伦理。

(一) 课程改革

关于课程改革的理解,主要有几种观点:

一是课程改革的文化观。持有这种观点的学者认为课程改革是一种文化的再生与重塑的过程。张华等学者提出,课程改革本质上是一种"文化创造",同时,"课程中的文化""课程的文化"与"变革文化"共同构成了课程改革的文化基础。目前,中国基础教育阶段课程改革的任务是形成一种"合作探究文化"[1]。丁钢认为课程改革就需要一种"课程文化的视野"。课程改革的旨趣在于理解不同课程知识体系背后的历史文化处境及其教育价值取向,从而在与其他文化课程进行交往的过程中,逐渐建构一种突显本土文化价值并能够赢得其他文化尊重的课程体系。[2] 杨宏丽等学者认为基础教育课程改革所倡导的课堂文化与原有课堂文化之间由于差异性存在而必然产生文化冲突。新旧文化的冲突与交替是影响文化整合与课程改革生成的两个重要维度。[3] 张良、刘茜认为文化传统提供了课程改革的文化底色以及传统意蕴,文化传统的存在方式诠释了课程改革的知识基础。[4]

二是课程改革的价值观。持有这种观点的学者认为课程改革是一种教育价值观嬗变与建构的过程。黄东民等人认为课程范式经历了由自然主义、要素主义到人本主义的改革过程,构成其改革的真正动因是源自人性的解放需求。整体人的需求规定了课程改革的价值取向,未来课程

---

[1] 张华、刘宇:《试论课程变革的文化问题》,《教育发展研究》2007年第1期。
[2] 丁钢:《课程改革的文化处境》,《全球教育展望》2004年第1期。
[3] 杨宏丽、贺成立:《课程改革语境下课堂文化之重建》,《华南师范大学学报》(社会科学版)2013年第4期。
[4] 张良、刘茜:《历史的断裂与现实的迷失——课程变革中文化传统的境遇及其路径》,《教育理论与实践》2013年第19期。.

之走向就是整体性课程范式的确立。① 刘宇认为从"内容取向"转为"过程取向",是当代中国课程改革及其研究的重要走向。过程取向的课程改革研究在研究内容和研究方法上,以更具情境性、复杂性和脉络化的方式思考改革,运用整体性的、实践性的"合作探究"过程研究改革。② 程良宏认为,从事实存在到实践生成是课程改革的价值转向。③

三是课程改革的实施观。持有这一观点的学者是将课程改革看作一项组织活动,从课程改革实施的角度来定义课程改革。王晨光等学者认为课程改革是一项系统工程,现实中课程改革陷入困境的原因是缺乏对参与各方权利关系的合理安排、忽视课程实施环节的矛盾处理以及配套措施不到位。④ 夏雪梅从学校组织的视角,基于中国的学校是怎样的组织、中国学校组织如何实施自上而下的课程改革、课程改革与学校组织在实施过程中怎样相互作用三大问题,考察学校的组织层、制度层、管理层、技术层四个层级的课程改革实施过程。⑤ 杨帆结合国内现实及相关校本课程项目,从教育体系、学校体系和思维课程三个方面探究国内课程改革的组织体系。⑥

从课程改革实施的角度来看,中华人民共和国成立以来,共实施了 8 次大规模的课程改革。

第一次课程改革发生在 1949—1952 年。1949 年,中华人民共和国刚刚成立,教育部召开第一次全国教育工作会议,会上制定了教育改革的基本方针:借鉴苏联经验,建设新民主主义教育。1950 年,教育部颁发

---

① 黄东民、白云、郭晓波:《论课程变革及其取向》,《当代教育科学》2012 年第 7 期。
② 刘宇:《从"内容"到"过程"——"后实施时代"课程变革及其研究的走向》,《教育发展研究》2009 年第 18 期。
③ 程良宏:《从事实存在到实践生成:课程理解的转向》,《全球教育展望》2014 年第 6 期。
④ 王晨光、谢利民:《关于改进"新课改"运行模式的若干思考》,《西北师大学报》(社会科学版) 2008 年第 2 期。
⑤ 夏雪梅:《课程变革实施过程的研究:学校组织的视角》,博士学位论文,华东师范大学,2008 年,第 23 页。
⑥ 杨帆:《课程变革所面临的挑战及建议——基于国内现状及校本课程项目》,《海外英语》2016 年第 14 期。

了《中学暂行教学计划（草案）》，这是中华人民共和国第一份教学计划（1950年8月）。1951年3月，教育部通过了《普通中学（各科）课程标准（草案）》，设置了门类齐全的学科课程。[①] 1951年10月，政务院颁发了《关于改革学制的决定》，重新制定了中小学学制，规定小学实行五年一贯制，中学六年，分初中、高中两段，各三年。第一次课程改革的特点是模仿苏联的痕迹明显，且强调中央集权。

第二次课程改革发生在1953—1957年。当时小学规模急剧扩大，教育资源跟不上教育发展水平，严重影响教育质量；而中学的教育质量同样不高，据统计，1953年高考平均每科成绩低于40分的占46%，20分的占23%。[②] 为提高教育质量，国家颁布了三个主要的教学计划，《关于整顿和改进小学教育的指示》《关于改进和发展中学教育的指示》《小学（四二制）教学计划（草案）》。1954年，国家规定大幅削减教学时数，初中不设外语科，并且增设实习科。1956年颁布了中华人民共和国成立后第一套比较齐全的中学各科教学大纲，1956年出版第二套中小学教科书，这套教科书注重动手能力的培养，理论性有所加强。这一时期初步形成了较为全面的中小学课程体系，但是课程变动较为频繁，各学科之间联系不够紧密。

第三次课程改革发生在1958—1965年，这一时期是中国"左"倾思想影响萌芽的时期。1958年"大跃进"引发了"教育大革命"，大量缩短学制，精简课程，增加劳动，注重思想教育，还出现了多种学制的改革试验。[③] 1960年后，经过对"大跃进"的反思，中央以"调整、巩固、充实、提高"为指导思想对中小学课程进行改革。1963年，《全日制中小学新教学计划（草案）》颁布，该教学计划将小学语文、算术、音乐的课时增加，并在有条件的情况下在小学增设外语课。在中学方面，适当增

[①] 课程教材研究所：《20世纪中国中小学课程标准·教学大纲汇编：课程（教学）计划卷》，人民教育出版社2001年版，第12页。

[②] 吴相庭：《我国课程改革的历史回顾》（https://wenku.baidu.com/view/434c43fd31b765ce050814e4.html）。

[③] 改革实验主要包括：小学五年一贯制，中学五年一贯制，中小学十年一贯制，中小学九年一贯制，高中文理分科的初步实验。

加了语文、数学、外语的课时,并且在高中三年级增设选修课。1963年5月,教育部再次制定统一的教学大纲,并且强调"双基"的掌握和训练。第三次课程改革重新增设外语课,使中小学课程体系重新恢复完整。在课程结构方面,在高中课程中增设选修课,打破了中华人民共和国成立以来单一的、统一的课程结构模式,这些都是对课程改革的有益探索。然而,课程改革过多受到政治环境的影响,过多重视生产劳动在课程教学中的作用。①

第四次课程改革发生在1966—1976年。1966年"文化大革命"爆发,全国进入了混乱无序的状态,学校课程与教学经历了一场灾难。"文化大革命"十年期间,没有统一的教学计划、没有专门的教学大纲,师生都纷纷停课闹革命,全国只有一种教材,就是毛泽东著作和报刊社论。即使在1968年复课之后,也集中精力搞工农兵教育,严重破坏了原有的学科体系和教材结构。

第五次课程改革发生在1977—1980年。这一时期"文化大革命"结束,教育战线开始拨乱反正。1978年颁发《全日制十年制中小学教学计划试行草案》,统一规定全日制中小学学制十年,小学五年,中学五年。教育部颁布统一的教学大纲,强调双基培养。高中二、三年级建立了限定选修课形式的文理分科教学,出版了中华人民共和国成立以来第五套全国统编的中小学教材。这一阶段恢复了基本学科的应有地位,恢复了正常的教学秩序。

第六次课程改革发生在1981—1985年。根据邓小平"办重点小学、重点中学、重点大学"的指示精神,颁发了《全日制六年制重点中学教学计划(试行草案)》,并修订了五年制小学、中学教学计划。

第七次课程改革发生在1986—1999年。标志是1986年《中华人民共和国义务教育法》的出台。1986年,国家颁布《义务教育全日制小学、初级中学教学计划(试行草案)》,对这两个学段的学制、课程结构、课程管理进行了初步计划。1988年,国家教委确立教材"一纲多本"和

---

① 课程教材研究所:《20世纪中国中小学课程标准·教材大纲汇编:课程(教学)计划卷》,人民教育出版社2001年版,第12页。

"多纲多本"的改革方向。1992年，颁布《九年义务教育全日制小学、初级中学课程计划（试行）》，第一次将教学计划改为课程计划。1993年，中共中央颁发《中国教育改革和发展纲要》。1994年，国务院颁发《国务院关于〈中国教育改革和发展纲要〉的实施意见》。1995年《中华人民共和国教育法》正式颁发。1996年，《全日制普通高级中学课程计划（试验）》颁发，规定了高中课程由学科类课程和活动类课程组成，学科类课程又分为必修、限定选修和任意选修三种，第一次将课程管理作为课程计划中的一部分独立出来，规定普通高中由中央、地方、学校三级管理。[①] 总的来说，第七次课程改革体现了放权的思想，不仅在教材上实现"一纲多本"，并且在课程管理上也实现多级管理。在课程改革中逐步体现民主管理与个性发展的思想，并且开始突破传统应试教育的影响，实施选修课程、活动课程。

第八次课程改革始于1999年。1999年，《面向21世纪教育振兴行动计划》提出课程改革的构想。1999年，教育部颁发《中共中央国务院关于深化教育改革全面推进素质教育的决定》。2000年，《全日制普通高级中学课程计划（试验修订稿）》在必修课中增加了"综合实践活动"，在选修课中加大了地方和学校的作用。[②] 2001年教育部颁发《基础教育课程改革纲要（试行）》，全面推进素质教育。第八次基础教育课程改革改变了以往注重知识传授的倾向，强调积极主动的学习态度。在课程结构上，小学阶段以综合课程为主，初中阶段设置分科与综合相结合的课程，高中以分科课程为主，试行学分制管理。从小学至高中设置综合实践活动课程为必修课程。在课程标准上，应体现学生在知识与技能、过程与方法、情感态度价值观等方面的基本要求。在教学过程中，注重培养学生的独立性与自主性，大力推进信息技术在教学中的适用。在教材的开发与管理方面，对三级课程教材都建立严格的教材编写制度，实行编审分离，保证教材的高质量与多样化。在课程评价方面，建立促进学生全

---

① 金学方：《关于〈全日制普通高级中学课程计划（试验）的介绍〉》，《人民教育》1997年第9期。

② 吴相庭：《我国课程改革的历史回顾》（https：//wenku.baidu.com/view/4506afca514de518964bcf84b9d528ea80c72f54）。

面发展的评价体系,继续改革和完善考试制度。在课程管理方面,实行国家、地方和学校三级课程管理。①

除以上八次由国家主导的课程改革外,其他具有代表性的课程改革还有概念重建运动、核心素养体系构建运动等。概念重建运动兴起于1969年,施瓦布在美国教育研究协会上宣读他的论文《实践:课程的语言》,宣称课程领域已经濒临"死亡",并且把课程领域外表上的死亡归结于它的"脱离实践"。该"死亡宣言"极大地引起了听众的注意,并且在课程领域引起了广泛的讨论。于是,20世纪70年代初,派纳、舒伯特、格林、格鲁梅特、阿普尔等人从新的视角,掀起了挑战课程研究传统的概念重建运动。该运动是对传统课程理论和课程模式全面的、彻底的集体反叛,它巧妙地消解了传统的课程话语,促使现代课程开发范式向课程理解范式转变。中国概念重建运动兴起于第八次课程改革。当时,确立何种知识观成为决定课改成败的关键因素,由钟启泉、王策三等学者对"知识""学习""课堂文化"的概念进行重新解读,以重建课程观念体系。如钟启泉领导的"知识重建",强调知识是学生主动建构的过程,使得课程研究者与实践者对于课程目标、理念有深刻的反思与全新的理解。② 近十几年来,核心素养的教育与测评日益引起全球的关注,成为许多国家或地区制定教育政策、开展教育改革的思想基础。"核心素养"是21世纪学生需要养成及掌握的最核心的品质及能力。崔允漷认为,中国的课程改革经历了从重视"双基"(基础知识与基本技能),到三维目标(知识与技能、过程与方法、情感态度价值观),再到核心素养的发展历程,这是从教书走向育人这一过程的不同阶段。③ 2016年,北京师范大学发表研究成果《中国学生发展核心素养》,提出中国学生核心素养的一个核心、

---

① 教育部:《基础教育课程改革纲要(试行)》(http://www.moe.gov.cn/srcsite/A26/jcj_kcjcgh/200106/t20010608_167343.html)。

② 详见钟启泉教授2005年在《北京大学教育评论》第一期上发表的文章《概念重建与我国课程创新——与〈认真对待"轻视知识"的教育思潮〉作者商榷》以及王策三教授2008年在《课程·教材·教法》第七期上发表的文章《"新课程理念""概念重建运动"与学习凯洛夫教育学》。

③ 崔允漷:《新课程呼唤什么样的"新"教学?》(https://www.sohu.com/a/649389595_121124336)。

三个方面、六大素养和十八个基本点。① 目前,这一研究成果已经深入一线教育教学实践,成为课程设计与实施的重要参考。

本书主要从实施的角度,关注由政府推动的、自上而下的、行政导向的基础教育阶段课程改革。课程改革是一个过程,不是孤立的一个事件。课程改革作为一项政治社会化活动,主要分为两大阶段。第一阶段是课程改革的各方利益主体通过权力博弈,形成契约,从而通过政府制定课程改革的行政方针、确定改革目标、制定改革计划、颁布改革文件、下达改革任务、启动改革进程、形成课程改革"制度丛"的阶段。第二阶段是课程改革制度通过具体落实,逐渐模式化、常规化、生活化,潜移默化地融入师生的日常教学生活之中,成为一种教育教学规律的阶段。由这两个阶段出发,课程改革主要包括权力运作、制度建构和秩序生成三大过程。在这三大过程中,融合的课程改革的主要要素有:第一,课程改革的主体。课程改革的主体主要包括政府教育官员、课程专家、教师、学生等。按照他们的职能分工可分为课程改革的决策主体、监督主体与执行主体,他们的主体性质可根据改革方式发生改变。第二,课程改革的制度。包括政策性文件、法律条文等,它们构成了课程改革的制度和规则体系。如一纲一本、一纲多本的教材制度;传统的传授式的教学方式、接受式的学习方式、师生互动教学方式、强调发现式学习、探究式学习、研究式学习的教学制度;强调评价的甄别和选拔功能的单一化评价以及多元评价制度等。第三,课程改革活动,课程改革活动是从"他组织"到"自组织"的过程,最终形成课程改革秩序。课程改革秩序形成的标准是成员之间拥有共同的价值体系和行为准则,主要包括价值秩序、规则秩序、行为秩序。课程改革秩序是课程改革的最终状态和稳定结果。

---

① 根据北京师范大学课题研究组发布的《中国学生发展核心素养》研究成果,核心素养以培养"全面发展的人"为核心,分为文化基础、自主发展、社会参与三个方面,综合表现为人文底蕴、科学精神、学会学习、健康生活、责任担当、实践创新六大素养,具体细化为国家认同、理性思维等十八个基本要点。

（二）公共伦理

根据已有文献中对公共伦理的定义，大多数学者都将其与管理伦理、政治伦理相混淆。例如王家峰等人认为公共伦理是公共管理行为应遵循的准则与规范体系，其功能在于有效调节、规范和引导公共管理行为，促进公共管理目标的实现。① 何怀宏等人认为公共伦理是一种公共领域里处理公共事务的伦理。② 何历宇等人认为公共伦理主要关注的是作为现代市民社会的理性交往。③ 以上概念都陷入了将公共伦理与公共管理伦理、政治伦理、市民社会伦理相混淆的误区。

本书认为研究社会公共领域处理公共事务的道德规律的科学即公共伦理。公共伦理强调社会管理要强调回应公民的需要而不是公共组织本身的需要。它直接决定着公共领域的道德走向与精神建构，具有公共性、服务性、灵活性、普适性等特征。公共伦理是社会公共领域中的基本道德价值观与社会公共行为的基本道德规范，是在个性发展和道德约束间保持合理张力、规范公共领域中所有公共行为的价值准则，以及社会公共的伦理精神和社会公共领域的价值追求。公共伦理既汲取了市民社会伦理中与私人领域、私人利益相区别的公共伦理精神，也包含了行政伦理中对权力主体的道德规范，更囊括了公共管理伦理中维护公共秩序的道德规则。

（三）课程改革的公共伦理

本书认为，课程改革的公共伦理是指课程改革作为一项社会政治过程，在权力、制度、秩序的破除和再造过程中所要表达的指向公共精神、体现公共利益的公共价值。课程改革的公共伦理的研究对象是课程改革权力运作、制度建构和秩序生成的全过程，主旨思想是课程改革作为一

---

① 王家峰：《公共利益：公共伦理的价值基础》，《伦理学研究》2006年第3期。
② 何怀宏：《应当重视公共伦理的探索》，（https://news.sina.com.cn/c/2004-01-13/09011572999s.shtml）。
③ 何历宇：《论我国公共伦理研究的三个向度及其基本范式》，《道德与文明》2009年第1期。

项公共事务，在运作过程中应遵循公共领域的道德规律，承担起公共责任，满足公共利益需求。具体表现是，课程改革不仅要适应政府和其他外在的组织的需求，关注效率和经济等价值，更重要的是回应公民的需要，体现出对多元主体的价值关怀，彰显民主、正义、公平、公正、自由、和谐等公共价值。课程改革的公共伦理主要关注课程改革利益分配的公平正义性、课程改革制度中的道德调控机制以及最终课程改革道德秩序的实现。具体涉及课程改革主体、课程改革政策、课程改革活动中的伦理指向及现实伦理诉求，分别对应课程改革的权力伦理、课程改革的制度伦理和课程改革的秩序伦理三大层次。课程改革的公共伦理承载着教育的应然价值追求，是课程改革目标确立、方案制订及育人功能实现的首要标准和本质要求，在课程改革全过程中具有协调和导向、评估和反馈作用，帮助和督促其实现目的的正当性与规律的正当性。通过对课程改革公共伦理的研究，有利于引导课程改革的发展方向，规范课程改革中组织行为与规章制度，促进课程"崇善"价值的实现。

第一章

课程改革公共伦理的意蕴诠释

本书旨在探明课程改革作为一项公共事务，在运作过程中的道德性问题。由于课程改革是与教育的路线设计和发展前景息息相关的公共事业，课程改革的道德性问题关系到对每个人来说至关重要的切身利益，因此，这一问题应受到研究者，甚至广大群众的热切关注。本章以社会学和伦理学为视角，从课程改革实施的整体过程所需体现的伦理性的角度，提出课程改革的公共伦理的理论内涵、层次范畴、基本理念和所要遵循的基本道德原则及其特点，在学理层面建构课程改革公共伦理的逻辑框架和理论体系。

一 课程改革公共伦理的逻辑起点

（一）课程改革作为社会政治过程的社会学分析

从社会学的视角来看，课程改革不是一个单一的事件，而是一个过程。课程改革实质上是对原有课程体系的改变而引发的一系列权力、制度、秩序的破除和再造。在传统的教育系统中，通常存在着相对稳定的观念体系和实践规范，构成课程领域的"游戏规则"，使课程资源配置得以有效运行，在阶段和局部上不会有大的风险。新的课程改革提出后，在理念变革的同时，也意味着权力格局的改变。权力主体围绕文化资本观照下的资源再分配，实现权力控制下的知识结构与利益的再分配。通过知识、权力与利益三者的互动博弈，各个利益主体通过对改革环境的不断了解，或者是通过试错的方式增加认识，从而选择、调整策略，最终使利益主体之间形成多边契约。知识、权力与利益在理性交往的过程中达成共识，使利益分配在动态过程中达到稳定状态，课程改革的制度变迁就是这种多边契约的结果。从权力博弈走向制度规则系统的建立和完善，建立课程改革制度，这是课程改革第一阶段，即艾森斯塔德所说的不同规范、思想和结构框架结晶化的阶段。课程改革制度的建立奠定了课程改革发展的总体基调，接下来便需要稳步推进，使新的课程理念、课程实施方式与评价方式等走向常规，融入师生的教学生活，变成师生的日常生存状态，也就是马奇所说的"制度框架内行动者行为的模式化"。通过制度发挥作用，使课程改革方案实施走向生活化、常态化或常规化。[①] 由此，通过对权力、制度、秩序的破除和再造，课程领域到达了一个新的平衡态，标志着课程改革过程意义上的完结。过程意义上的课程改革实质上是文化资本的重组与再分配、多元文化观与教育观的融合与对决、权力与利益在争夺中形成改革共识的过程，是教育场域的一次"大换血"。从社会学的视角审视课程改革，能够对课程改革的过程的复杂性、主体的多元性、利益需求的多样性有一个整体性的刻画，从而对课程改革有一个宏观的规律性的认知。

（二）课程改革作为公共领域的伦理学分析

作为社会公共领域的一项公共事务，课程改革须以公共伦理作为其价值合理性与实践规范性的依据。

首先，从价值层面，课程改革作为社会公共事业，与公共伦理具有目标一致性和价值契合点。从20世纪60年代以来全世界范围内轰轰烈烈开展的教育市场化改革的经验来看，教育虽然可以在一定程度上引进市场机制，将部分选择权交还给家长和学校，然而，教育和知识绝不可能像商品一样完全通过市场来提供，这是由教育的公益性所决定的。如果教育变成了一个营利性的领域，就会出现片面追求效率而将公平抛之脑后的局面，导致教育的伦理性被放逐。课程改革亦同。作为教育的实践活动，课程改革承载着教育思想、教育目标和教育内容，在促进教育规

---

① 肖磊：《课程改革制度化论纲》，《课程·教材·教法》2016年第8期。

律的实现，推动人才培养中发挥着核心作用。课程改革的价值基础决定了我们不能以市场的眼光来看待课程改革，课程改革从根本上不是为了谋取利益，获得利润，而是为了从文化、精神、体质等方面开发人的潜能，为了造福他人，为了教育、社会乃至整个人类的发展的一项事业。课程改革的公益性是其区别于其他私人事务的价值前提，也体现了课程改革极为"质朴"而又无比"崇高"的伦理精神。如同人的道德性是人的一种精神境界一样，课程改革的道德性代表课程改革的发展水平，至少是其发展水平的一个向度。追求公共利益是课程改革的道德理想，也是课程改革的公共责任，这与公共伦理追求公共"善"的道德目标是一致的。

其次，从实践层面，公共伦理可为课程改革的权力、制度、秩序提供实践道德规范。课程改革是影响到广大儿童的健康成长，关系到教育事业的兴衰发展，关系到国家综合国力提升的国家公共事业。课程改革权力的变迁与运作、制度的破除与再造、文化秩序的重新生成都是发生在社会公共领域的公共事务，需要公共精神的引导和公共伦理价值的规范，从而避免权力的压制、价值的偏差和利益的失衡。公共伦理不仅包含基本的价值理念，也包含道德原则，可为课程改革公共领域中的道德行为提供规范性指导。因此，以公共伦理作为伦理基础，既是为课程改革的价值合理性和实践规范性提供价值依据，也是为实现课程改革规律性与目的性的统一，更是对课程改革最高道德理想的呼唤与追寻。

最后，课程改革是涉及权力、制度和秩序的破除与再造的社会政治过程，这一过程中存在一定的伦理问题，表达一定的伦理诉求，需要借助公共伦理进行价值严明和实践规范。

二 课程改革公共伦理的内涵阐释

（一）公共伦理的内涵

公共伦理是公共伦理学的核心概念，而公共伦理学是应用伦理学的一个分支。从前 4 世纪到现在，伦理学作为一门古老的哲学，经历了从元伦理学到规范伦理学再到应用伦理学的发展史。元伦理学聚焦德性知识，研究道德概念的精确语义表述问题。自亚里士多德以来的伦理学注重将道德知识付诸实践，被称为规范伦理学。规范伦理学将伦理学的研究内容从抽象的、不可感知的道德知识中抽离出来，投射到具体的道德现象之中，从人类社会生活中的行为选择、道德原则、道德规范、人生价值以及幸福和善恶的评判等方面归纳出道德规律，从而指导人们的行为。20世纪以来，一些伦理学家从规范伦理学的立场，审视现代社会中人们生活价值迷失的现象，将伦理道德规范与生产生活的各个方面相结合，开辟了应用伦理学的研究天地。公共伦理学正是在应用伦理学蓬勃兴起的势头中，成为理论发展和视域拓展的成果之一。

公共伦理学是一门由伦理学、政治学、管理学等多学科交融的应用型交叉学科。一方面，它是伦理学理论发展的结果；另一方面，它的出现也与人类社会的现代性密切相关。第二次工业革命以来，伴随着市场经济全球化体制的迅速发展，人类生活领域范围出现了明确的分化，公共领域不断扩展。公共领域中公共事务管理与公共利益的客观存在，导向人们对公共管理秩序与伦理规范的普遍追求，公共伦理学应运而生。从19世纪公共伦理学兴起到现在，人们对公共伦理学的研究对象和研究内容进行不断探索，在其发展过程中形成了不同的思想和视角。

一是公共生活中的伦理学，或市民交往中的伦理学。诺兰认为，"宗教改革家的道德假设所造成的影响最大、影响时间最长的后果，也许是他们区分了个人道德与（市民）社会道德"。[①] 按照市民社会理论，在公共领域与私人领域相区别的现实社会基础上区分公共道德与私人道德，是公共伦理学得以成立的思想基础。黑格尔在《法哲学原理》中对"市民社会"中的伦理发生方式做了系统的、深入的分析。他认为，在市民社会中虽然每个人都不自觉地追求私利，但又必须服从普遍规律而彼此制约，使得人权具有普遍性。国家社会正是为了维护人权而建立起来，它的首要功能之一在于消除由于利益冲突而造成的动乱。因此，与个人

---

① 李春成：《公共道德与私人道德》，《浙江社会科学》2001年第5期。

活动对立的"公共社会"就发展起来了。① 在"公共社会"中，公民为了家庭生活或者社会交往需要，进入公共领域从事各种活动，在对良好秩序社会的孜孜追求中，公民之间缔结"契约"，共同遵守一些最基本的、最简单的行为准则，简称社会公德。社会公德是社会全体人员的自我约束机制，在此机制中，全体社会成员既是规则的制定者和监督者，也是规范的执行者和成果的享有者。对于反对将社会公德等同于公共伦理的人而言，与社会公德相比，公共伦理具有组织属性和政治、行政等职业特点，而不是简单易行的文明礼貌、助人为乐、保护环境等最基本、最简单的生活准则和行为规范。②

二是公共行政中的伦理学，或政治伦理学。约瑟夫·拉兹在《自由的道德》中提出，政治道德主要是关注保护与促进人们的福利，因此，公共伦理的实现以政治道德作为根基。从更广泛的意义上，社会公共行为主要由国家或政府通过公共权力、国家制度、普遍利益体现出来，社会的公共事务主要由国家和政府来管理和承担，因此持这一观点的人认为，公共伦理主要是指国家和政府在处理公共事务所应当遵循的伦理规范。公共行政伦理以决策论为思想基础，注重公共事务中决策的规范性，突出决策主体——高层管理者，即国家和政府在管理过程中的角色和作用。公共行政伦理以"责、权、利"的统一为基础，以协调个人、组织与社会的关系为核心，具体研究范畴包括公务员的个人品德、行政职业道德、行政组织伦理和公共政策伦理。对这一观点持反对意见的人认为，公共伦理的研究对象更广，不仅包括行政人员，还应当涵盖非政府组织及其成员的活动，以政府组织、非政府组织应当遵守的政治、行政伦理道德乃至管理道德为研究内容。③

三是公共管理中的伦理学。该理论认为，公共伦理学的研究对象是公共组织及其工作人员，探讨公共管理主体与客体之间的伦理关系及伦理规范问题是公共伦理学的主要任务。其原因在于，一方面，公共伦理

---

① 胡义成：《公共伦理：个人主义的丧钟已响——国外关于"公共生活伦理"问题的研究状况》，《湘潭师范学院学报》（社会科学版）1997年第4期。
② 高力主编：《公共伦理学》，高等教育出版社2012年版，第15页。
③ 高力主编：《公共伦理学》，高等教育出版社2012年版，第19页。

本质上是工业革命的产物，它体现了国家治理与社会治理范式的根本转换，是一种与新兴社会治理形态相适应的道德理论。① 另一方面，行政伦理学的诞生为公共伦理学的研究提供了相应的思维视野，对于公共领域，其主体与客体主要为公共事务的管理者与被管理者，因此，公共伦理的研究对象从政府组织、行政人员拓展到其他社会管理组织和管理者的职业道德。② 公共管理伦理立足于管理理论的人性假设。其中，西方比较著名的管理人性假设模型有：麦格雷戈的"X 理论"，该理论认为人始终追求自己的利益，在管理过程中扮演着"经济人"的角色，只要能够满足和实现人的利益，就能维护管理秩序；"Y 理论"认为人有自我实现的需要，因此，改善工作环境，激发创造力能够起到管理的目的，该理论将人看作"自我实现人"；"Z 理论"以人为中心，强调人自我超越的需求，包括其高峰体验和灵性成长等，这实质上是一种"伦理人"的管理模式。无论是"经济人""自我实现人"还是"伦理人"，都涉及管理中的重要问题——人性问题，而公共管理伦理则是将这一理解趋于实践的科学。对将公共伦理视同为公共管理伦理的反对者认为，公共伦理的研究范围要大于公共管理伦理，并且，二者研究目的存在差异，公共管理伦理的重心在"管理"而不是"伦理"；而公共伦理学的重心恰恰在"伦理"本身，关注"公共伦理"本身的基本内涵及其合理性，并为各种具体的公共活动提供伦理规范和评价标准。③

目前国内学界对公共伦理学研究内容的三种主流观点的争锋点在于对"公共"这一概念的界定。由于伦理学重在对关系的探讨，对行为的规范，学界的这三种观点同时对应了三种不同伦理关系——公共生活、公共行政和公共管理中的伦理关系，也决定了公共伦理不同的研究对象，即公共伦理到底是规范日常生活中人们的行为，还是对公务人员行政行为，抑或是公共事务的管理行为的规范。换言之，研究社会公共领域处理公共事务的道德规律的科学即公共伦理学。三种观点的本质是相同的，

---

① 张康之：《公共管理伦理学的基础和特征》，《东南学术》2002 年第 5 期。
② 高力：《公共伦理学的构建何以可能》，《云南行政学院学报》2003 年第 4 期。
③ 何历宇：《论我国公共伦理研究的三个向度及其基本范式》，《道德与文明》2009 年第 1 期。

只不过在"公共"的范围大小上有所差异。

如果换一种思路,从目的论的角度,公共伦理旨在研究社会组织如何保障个人权利得以实现。目的论是根据某一项理论产生的目的来考察其存在的依据。传统的伦理学更多地关注个人的行为选择、道德责任、人生价值及善恶评判问题,而关于社会的道德责任被削弱了。然而,个人与社会是相互依存,不可分割的,关于个人品性的思考也不能离开公共组织的行为,追究其对个人的责任。如果改变对象,从个人过渡到组织,研究社会组织如何维护和保障个人权利,公共伦理就是对这一问题的积极回应。按照罗尔斯的观点,对社会的道德评价和选择优先于对个人的道德评价和选择。原初状态中首先选择用于社会的道德原则,然后才选择运用于个人的道德准则——义务和责任,这种次序是有道理的。离开社会来谈个人的道德修养完善,甚至对个人提出严格的道德要求,那只是充当一个牧师的角色。罗尔斯把个人的道德与社会的道德、个人理想与社会理想联系起来,并专注于后者,这无疑是非常有意义的。[①]

究竟哪些权利是社会组织需要维护的,为什么它们是符合道德规定的呢?权利利益理论认为,"世界上之所以存在权利就是因为世上存在个人或者集体利益。"[②] 权利作为联系人与利益之间的纽带,与利益息息相关,不可分割,研究权利的维护与保障离不开对个人利益的探讨。利益依附于人的欲望而生,德国法学家耶林认为,受法律保护的、受道德约束的才是社会组织应当维护的权利。[③] 例如我们对人的自由、平等等基本权利的追寻是因为我们有被人尊重的需求,有自我实现的愿望,而偷盗、抢劫等行为虽然在一定程度上满足了人的欲望需求,但却是不合理、不合法的,不能作为人的基本权利。换言之,权利即人的合法利益。在现实情况中,人们的合法利益有一致的方面,也有不同的方面,而人人都想得到较大的一份利益,因此很难实现利益的公平分配。按照社会契约

---

① [美]约翰·罗尔斯:《正义论》,何怀宏、何包钢、廖申白译,中国社会科学出版社1988年版,第21页。

② Matthew H. Kramer, N. E. Simmonds and Hillel Steiner, *A Debate Over Rights: Philosophial Enqniries*, New York: Oxford Unversity Press, 1998, p. 1–2.

③ 何怀宏:《底线伦理》,辽宁人民出版社1998年版,第6页。

论的观点，人们通过订立契约来建立国家，国家就是人民契约的结合体。任何一个国家或者城邦，都要按照最有利于全体的方式来分配各种利益关系，这需要通过公约，有了这种公约，每个人对所有的人承担了义务，所有的人也对每一个人承担了义务，这就使得人与人之间即使有智力与体力的不平等，但是他们却拥有了权利的平等。公共伦理即衡量公约公正与否的道德标准，它是一种普遍的道德约束力，是衡量公共组织在处理公共事务时道德与否的价值尺度。同时，公共伦理也包括公众在处理具体不道德问题时具体的道德规范。通过具体道德规范与抽象道德法则的结合，公共伦理试图从最大程度上减小组织内部的利益冲突，维护个人权利，以建立组织良好的公共道德秩序。

为进一步明确公共伦理的含义，我们有必要对与公共伦理容易混淆或者模糊不清的概念加以区分。

1. 公共伦理与私人伦理

公共伦理与私人伦理的区别在于，二者代表了不同的伦理取向。根据约翰·密尔的观点，以公私领域为标尺区分公共伦理与私人伦理，即当人们的行为涉及私人以外的其他人的利益时为公共领域，其范围包括世界、民族、国家、社会、家庭等领域，在这些领域人们尽量遵守规则、约束自我，不损伤他人利益，不妨碍他人的价值观念与行为规范即公共伦理；而私人伦理只涉及个人私密领域，是针对个人人格素养与心性修养的道德价值与规范，如正直、善良、诚信、敬业、勤劳等，则成为私人伦理。在本书中，公共伦理是对公共组织的道德约束，其目的是维护个人权利，维护社会秩序，而私人伦理是伦理主体的道德自律。康德说"有两种东西，我愈经常的加以反复思索，它们就愈给人心灌输时时在翻新，有加无已的赞叹和敬畏：头上的星空和心中的道德法则。"① 康德解释说，头上的星空提醒我们处于一个有形但是趋于无限的形质世界中，心中的道德法则提醒我们处于一个真正无限的世界中，如果说前一个世界好像消灭了动物性我的重要性，那么后一个世界却"通过我的人格无

---

① ［德］康德：《实践理性批判》，韩水法译，商务印书馆2009年版，第177页。

限地提升我作为理智存在者的价值。"① 私人伦理就是康德所说的这种心中的道德法则,这种心中的道德法则是我们约束自己行为,追求崇高美好道德境界的基础。因此,公共伦理与私人伦理在领域、对象、目的方面有本质的区别。

通过对已有文献的梳理,公共伦理与私人伦理价值观的区别详见表1-1。②

表1-1　　　　　公共伦理价值观与私人伦理价值观区分

公共伦理价值观	正义	民主	平等	诚信	感恩	友善	宽容	自由	公平
	爱国	团结	和睦	仁爱	公忠	爱物	责任	廉洁	公正
	尊重	厚生	抗争	包容	奉献	节能	环保	孝慈	谦恭
	礼让	多元	信义	守规	合作	文明	和谐	互利	
私人伦理价值观	勤劳	节俭	勇敢	诚实	善良	谦虚	自尊	自信	自强
	进取	明智	乐观	好学	务实	简朴	大方	礼貌	正直
	坚强	独立	自省	知耻	整洁	亲切	开明	扶危	助人
	守约	济困	忠贞	知报	气节	勤奋	踏实		

2. 公共伦理与公共道德

公共伦理与公共道德是一对容易混淆的概念,对于这两者的差别,主要有两种观点。

第一种是"伦理"与"道德"的区别,尧新瑜从词源学的意义上分析两个概念,他认为源于希腊语的"ethical"或"ethics"具有更多理性特征,如强调规矩、规格、标准等;而源自拉丁语的"moral"或"morality"包含更多情性特征,强调精神、心理、内心。其具体区别体现在:其一,二者在进行道德选择或者行为的正误判断时,道德处于实践状态,伦理处于理论状态;其二,道德一般运用于生活世界或者私人领域中的非职业情境,而伦理运用于生活的不同领域;其三,道德具有主观性、

---

① [德]康德:《实践理性批判》,韩水法译,商务印书馆2009年版,第177页。
② 潘素洁、刘林山:《公共伦理与和谐之治》,《求索》2009年第12期。

情境性、个体性等特征，伦理具有普遍性、习俗性、客观性。① 比较伦理学者黄健中曾经对已有伦理的概念做过归纳总结，他认为目前至少有九种关于伦理的定义，分别是：（1）研究责任与义务之学；（2）研究行为与品行之学；（3）研究善意正邪之学；（4）研究追求幸福之学；（5）研究道德觉识之学；（6）研究终鹄与至善之学；（7）研究道德现象之学；（8）研究道德价值之学；（9）研究人生关系之学。② 在大部分的定义中，道德是包含在伦理的研究范围之中，属于伦理的二级概念，道德是伦理的载体和形式，换言之，伦理是道德的道德。

第二种是公共伦理与社会公德的区别。这种理解是将公共道德等同于社会公德。戴茂堂认为，道德本来就具有公共性，公共道德就是大家都要遵循的道德原则。公共道德萌芽于西方的公共意识思想，在古希腊时期就得到强调。古希腊有一句谚语："公正是一切德性的总汇。"③ 他们提出道德是每个公民应当遵守的义务。亚里士多德指出："最善良的人，不但要以德性对待自己，更要以德性对待他人。"④ 这类似于中国古代"推己及人"的道德观念。循着这一思路，西方中世纪提出了"待人以德"的公德观念，即仁爱学说。发展到现代，公共道德更加具体的提出了每个公民应该遵守的基本义务，并将它作为公民道德建设的重要任务。特别是如今，一直被西方奉为神圣的个人主义日益暴露其严重局限性，加剧社会矛盾，公共道德更是成为伦理学关注的热点。与公共道德不同，公共伦理不是每个公民所需遵守的义务和道德法则，而是社会组织所要遵循的义务和道德法则。社会组织通过公共行为发扬社会公共的伦理精神，追求公共伦理价值，保障公民的基本权益不受侵害，它们既关注公共行为的规则也关注结果，最终以实现公共利益为宗旨。

3. 公共伦理与公共正义

公共正义是公共伦理的一种道德价值。伦理，从本质而言，是处理

---

① 尧新瑜：《"伦理"与"道德"概念的三重比较义》，《伦理学研究》2006年第4期。
② 万俊人：《伦理学新论》，中国青年出版社1994版，第307页。
③ 戴茂堂：《论道德的公共性》，"迎奥运、讲文明、树新风"——公共文明论坛文集，北京，2007年12月，第4页。
④ ［古希腊］亚里士多德：《尼各马可伦理学》，王旭凤等译，中国社会科学出版社1990年版，第90页。

人与自我、人与人、人与社会、人与自我之间关系的道德原则，如正义、善、平等、仁爱等，这些是人们所追求的道德价值。公共伦理集中处理的是社会与人之间的关系的道德原则，公共伦理需要追求哪些道德价值呢？罗尔斯认为，正义是一个社会追求的首要价值。罗尔斯沿着社会契约论的传统，进行了一场思辨的设计，假设我们都处于一种"无知之幕"① 的"原初状态"，大家齐心合力共同构建一种理想的政体，这种政体符合两个正义原则：第一个原则是平等自由原则，第二个原则是机会的公正平等原则和差别原则的结合。第一个原则优先于第二个原则，而第二个原则的机会公正平等原则又优先于差别原则。两个原则的目的是平等地分配各种基本权利和义务，同时尽量平等地分配社会合作所产生的利益和负担（通过最少受惠者的利益补偿，即差别原则），从而达成正义社会。在罗尔斯对理想社会的设计中，公共伦理所要追求的道德价值即公共正义。诚然，这种正义社会中也包含了其他道德价值，如平等、自由，但是按照罗尔斯提出的两个优先性，这些道德价值需按照一定的秩序加以排列，而正义是其终极的价值，对任何一种其他价值的追求都应该让位于对正义的追求。如果我们换一种视角，如按自由主义的观点，强调个人权利、个人自由和个人解放，自由则是社会应该追求的首要价值。也就是说，站在不同的理论视角，我们对公共伦理所包含的道德原则的认识不同。实质上，社会大众有不同的利益需求，需要不同的道德原则加以规范，公共正义只是其中的一种。要判断公共伦理包含哪些道德原则，需结合社会的实际情况，考察人们的实际需求，才能较为全面、客观的做出判断。

（二）课程改革公共伦理的内涵

课程改革作为一场规模浩大的国家教育工程，立足于学生、社会和学科本身的现实发展需求，从宏观的改革目标与理念、中层的体系架构、具体的实施推广等方面全方位展开，是一项公共事业。作为一项公共事

---

① 缔约者不知道自己的处境，无法从特定利益立场提出主张，由此得出的正义可谓"公平的正义"。

业，如果缺乏公共伦理的约束，课程改革就会失去价值尺度，不仅可能导致课程发展偏离方向，也往往会给整个教育系统带来不可预计的麻烦和难以解决的一系列问题。当前，由于中国课程改革"自上而下"的推进模式与行政化的管理方式，使得课程改革更加重视效率和经济等管理层面的价值，而轻视公共价值，由此，触发一系列伦理危机。主要表现为课程改革中人的权利、利益的博弈及伦理价值观的矛盾冲突。危机引发思考，教育研究者有必要对课程改革本身所应体现的伦理价值观进行反思与厘清，重建课程改革作为公共事务的伦理精神。将管理学中公共伦理的道德原则迁移运用到课程改革之中，使课程改革能够发扬公共伦理精神，有利于解除当前课程改革中的伦理危机。同时，公共伦理作为规范公共组织行为的道德准则体系，与课程改革的本质作用相同，都是为课程改革指明方向，从"可为"和"不可为"两方面规范主体行为，协调利益关系，提高生产效率。这一相同的作用本质，决定了两者在具体目标上的一致性，将二者结合有利于优化课程生产，使课程改革形成道德秩序。基于此，课程改革的公共伦理这一命题的提出具有现实合理性和理论合法性。

课程改革公共伦理的理论内涵是指课程改革作为一项社会政治过程，在权力、制度、秩序的破除和再造过程中所要表达的指向公共精神、体现公共利益的公共价值。课程改革的公共伦理的研究对象是课程改革权力运作、制度建构和秩序生成的全过程，主旨思想是课程改革作为一项公共事务，在运作过程中应遵循公共领域的道德规律，承担起公共责任，满足公共利益需求。课程改革的公共伦理研究，是一种特殊道德现象的研究，这种道德现象发生在课程改革全过程之中，反映着课程改革的价值判断与基本立场，即课程改革是否蕴含和体现公共道德精神和价值观念，是否维护和保障个人权利，是否体现出对多元主体的价值关怀。课程改革的公共伦理具体涉及课程改革权力、课程改革制度、课程改革秩序中的公共价值及伦理诉求。其理论旨趣在于在了解课程改革中利益相关者的价值需求的基础上，找到课程改革所遵循的一般性公共伦理诉求，并且通过对课程改革的发生机理与实施过程进行分析，探索内生与外发的伦理实践路径，以引导课程变革的发展方向，规范课程改革中组织行为与规章制度，促进课程"崇善"追求的实现。

课程改革的公共伦理包含着对于课程改革的有效管理与其道德性的更深层次的思考。一般而言，管理具有强制性，这种强制性来自组织内部的权威性和制度的约束力。道德具有非强制性，依靠道德信念、大众舆论与文化习惯制约个体行为。① 然而，管理的权力、制度必须受到道德的制约才具有合法性，否则容易误入"极权政治"的藩篱。从课程改革公共伦理的视角观照课程改革，一方面，可以避免课程改革沦为部分社会主体占有社会文化资本、追求自身利益最大化的工具，通过了解大众的改革需求，提升课程改革道德上的正当性以促进课程革新与社会发展；另一方面，对课程改革制定道德规范，有利于调整课程改革中的人际关系，提高管理效率。

从政治学的理论视角来看，课程改革的公共伦理具有政治伦理学属性。历史的经验告诉我们：政治是课程改革的关键动力。从秦朝的"焚书坑儒"到从汉代的"独尊儒术"，从日本明治维新时期颁布的"学制令"到为应对苏美争霸，美国《国防教育法》的出台，再到中华人民共和国成立以来中国八次大的课程改革，每一次课程改革背后都隐藏着强大政治力量的推动和支持。课程改革通常由国家主导，通过行政部门的推进，从而深入基层教学实践。作为一种自上而下的政府行为，课程改革如何重新编排课程，学生学什么，怎么学，都体现了国家的意识形态，代表了政府所追求的公共利益。然而，许多学者认为，政府也具有自身利益，公共选择学派认为，政府也是经济人，存在自利性，会追求自身利益的最大化。诺斯认为，政府的统治者收入最大化和增加税收都是以追求政府自身利益为前提的。② 政府所代表的自身利益与公众所追求的公共利益有一致性，但也不可避免地存在矛盾冲突。特别是政府的课程改革行为伤害到教师或者学生的根本利益，这时政府行为则不能代表公共利益，甚至是不合法的。如何引导政府行为，使政府寻求自身利益的出发点以实现公共利益为前提，同时制约政府行为，使其追求合理范围内的政府利益，

---

① 高力：《公共伦理学》，高等教育出版社2012年版，第19页。
② 涂晓芳：《政府利益对政府行为的影响》，《中国行政管理》2002年第10期。

协调处理好政府利益与其他利益主体需求之间的矛盾，使政府利益与公共利益达成内在一致性，是课程改革的公共伦理所关注的重要问题。

课程改革的公共伦理主要关注三个方面的内容：

1. 课程改革利益分配的公平正义性

每一种改革都是利益格局重新调整的过程，课程改革也不例外，课程改革过程中，某些既得利益者的利益必然受到冲击，从而导致利益冲突。正是这些利益冲突，影响课程改革的效率，阻碍课程改革前进的步伐。在中国，课程改革作为增强综合国力的战略措施，总是牵一发而动全身，参与者众多。改革开放以来，中国进行了 8 次大规模的课程改革，每一次都从教育部发端，然后深入学校课程教学的各个方面。在课程改革的实施过程中，人际关系交错纵横，十分复杂，既有政府与地方教育部门成员之间的关系，也有教育部门与学校领导之间、学校领导与教师之间、教师与家长之间、教师与学生之间等各种人际关系。在这些关系中，由于成员之间所秉持的价值取向、学科立场不同，内在的知识结构、文化背景不同，因而容易出现利益冲突。如由于农村"撤点并校"、教科书编制、考试评价制度方面的原因，导致课程改革最根本的利益群体——部分学生，尤其是那些社会底层家庭出身的学生的利益受损；有些教师在执行课程改革政策时使班级升学率下降，导致自身利益受损，而那些按照原来办法进行教学的教师，由于保持现状反而利益并不受损。面对课程改革中成员之间不同的利益需求，如何调节这种冲突，实现课程改革中利益分配的公平性，是课程改革的公共伦理的第一要义。课程改革应该体现最广大人民群众的共同利益，而不是仅仅满足于部分利益群体的需求。政府作为提供教育的最重要权力主体，需以维护公共利益为课程改革的基本价值取向。针对现实中利益冲突问题，政府有义务通过合理方式形成课程改革利益分配的新格局。杨晓霞认为，当前对中国义务教育均衡发展中利益整合的方式主要有三种：经济方式、观念方式和制度方式。① 现实中课程改革的利益协调需要借助权力的力量。阿普尔

---

① 杨晓霞：《义务教育均衡发展改革中的利益整合研究》，博士学位论文，华中师范大学，2013 年，第 56 页。

认为,"什么知识值得传递给下一代的学生,哪些文化可以被忽略"这样的问题与什么人在社会中拥有权力直接相关,并且,不管我们喜不喜欢,支不支持,这样的力量都会直接侵入课程改革之中。① 如果课程改革的权力主体缺乏道德约束力,则极可能模糊权力的边界,行私欲,谋私利,造成权力的任性,管理的压制,文化的霸权以及利益的失衡。因此,良好的课程改革通过对权力进行道德和制度约束,保证权力的合法性,建立公平正义的利益分配机制,从而保证课程改革参与者的权利和义务的分配相对均衡,在保障个人权利的同时最大限度地增加社会整体利益。如此,才能使课程改革走上预期的轨道,得到人民群众的承认。

2. 课程改革制度中的道德调控机制

新制度经济学认为,制度就是管束人们行为的一系列规则。课程改革的发生始于一个对原有制度的善恶评价问题,即我们采取的措施是否合理?哪些制度是公正的?哪些是不公正的?这些善恶评价始终会作为一种价值预设存在于改革者的头脑中,时时刻刻都影响着改革者的行为决策。从课程改革的过程来说,课程改革制度的道德性决定着机会的公平性、利益分配的合理性、权力与义务的平衡性等问题,对引领课程改革实践,决定课程改革成败起着至关重要的作用。根据亚当·斯密的"经济人"假设,人都希望以尽可能少的付出,获得最大限度的收获,并为此可不择手段。"恶"的制度可能导致某些群体利用某些特殊资源,搭上制度的"便车",为自己谋取利益,从而造成更大的不平等。而"善"的课程改革制度始终指向正义,能够纠正部分群体的"极端自私""过于追求利益最大化"的行为,为课程改革营造一个公平公正、安全和谐的环境,对引导课程改革良性发展起到辅助作用。当前课程改革存在的诸如忽视地区差异、侵犯教师民主、两极分化倾向、平等交流机制的缺失等问题,导致课程改革实施中出现教师参与积极性不高、地区发展不平衡、改革实践流于形式等道德失范现象。要解决课程改革这一困境,必须从制度伦理出发,去反思课程改革的制度,引导课程改

---

① 肖磊:《论课程改革的社会属性——兼谈课程改革制度化的立论之基》,《西南大学学报》(社会科学版) 2017 年第 5 期。

革制度向善。①

3. 课程改革道德秩序的实现

世间万物皆有秩序，鸟在空中飞，鱼在水中游，日月交替，四季流转，农作物春种秋收，山野间花开花落……这些都是那么自然而然，我们要做的就是"致虚极，守静笃，万物并作，吾以观其复"，体会这种循环往复，顺其自然，遵循规律。大自然的规律与秩序是自生自发的，而人类社会的秩序是由人类有意识构建的。② 秩序构建的缘由是为了在完全自由和社会安定之间找到一个平衡点。人人都向往自由，但是又不得不受规则束缚，既包含道德规则，也包含法律规则，通过这些规则，人与人之间达成合作与竞争的关系，从而形成稳定的社会运行的规律，即道德秩序。道德秩序意味着主体之间遵从一定的规则而形成一种动态平衡的关系，这种关系既不是彼此对立，因为这会导致主体之间针锋相对，容易挑起矛盾与战争，导致平衡状态被打破；又不至于被条条框框完全锁死，使个人失去自由，完全没有任何发展空间。这样社会就会变成一潭死水，毫无生机可言。美国法理学家博登海默曾指出，道德的社会秩序有三个特征：社会运行的稳定性、主体之间通过遵守共同制定的规则而形成的一种既相互竞争又相互合作的动态平衡关系、主体之间可以通过规则的运行预测他人行为。③ 可见道德规则与道德秩序相生相随，道德规则的最高理想是实现道德秩序。课程改革中的道德制度即为道德规则，从课程改革道德制度出发，课程改革要想取得预期的成果，必须处理好道德制度和道德秩序的问题，也就是道德规则与道德秩序的关系问题。如果课程改革的规则太多，给课程改革主体的自由裁量权太少，那么课程改革主体将缺乏动力，难以创新；但如果没有道德规则，课程改革就会陷入一种混乱无序的糟糕状态，不仅无法顺利开展课程改革，教育质量也难以保障。因此，课程改革的公共伦理关注课程改革道

---

① 邢伟荣、唐长河：《基础教育课程改革的制度伦理探析》，《教育理论与实践》2009 年第 2 期。

② 肖磊：《课程改革的制度化研究》，博士学位论文，西南大学，2014 年，第 30 页。

③ ［美］博登海默：《法理学：法律哲学与法律方法》，邓正来译，中国政法大学出版社 2004 年版，第 227—228 页。

德秩序的形成，这种道德秩序是建立在道德规则与自由之间的，使课程改革中的人能够发挥主观能动性的道德秩序，是一种有活力的道德秩序。

总之，课程改革作为一种公共的政府行为，其发展的过程是一种由权力生成制度，由制度形成秩序的过程，课程改革的公共伦理主要关注课程改革过程中权力、制度与秩序所体现的伦理精神，检视这种伦理精神是否利于维护个人权利，协调公共利益与个人利益的关系，由此，课程改革才能够良性的运行与发展。

（三）课程改革公共伦理的实质

课程改革的公共伦理不仅仅揭示了课程改革活动过程中的道德问题，从根本意义上，课程改革公共伦理的实质存在于课程改革的内在规律中。

1. 课程改革的公共伦理是衡量课程改革是否向善的价值尺度

如果说课程是教与学的公用的"跑道"，是意识形态的"跑道"，是文化的"跑道"，那么课程改革就是这条"跑道"的"设计者"，决定了这条跑道的外观与作用，而课程改革的公共伦理则决定了这条"跑道"的材质与品性，是粗制滥造还是精雕细琢？是陷阱重生还是畅通无阻？是迈向悬崖还是通往光明？换言之，公共伦理，为课程改革的"善"与"恶"，"好"与"坏"提供价值参考，为课程改革的实施起到价值引导作用。在现实中，课程改革中存在"事实"与"价值"分离的现象。如由于教育权力分配的不对称导致教育权力的授予和学习权利的保障之间的不对等，以至于遗忘了作为课程利益主体的学生应该享有的基本学习权利；由于管理方式的不恰当致使各个行为主体产生消极抵触情绪，以至于陷入混乱的局面；由于课程制度的不公正，而导致的学生发展机会不平等等问题。事实上，自休谟提出"事实"与"价值"二分问题来，西方研究学者就注意到在人们生活水平日益提高的美好表象下，道德价值与政治、经济、文化、教育等社会范畴的深刻"分离"造成了人们对价值持怀疑和批判态度，从而建立起了"价值虚无主义"，导致社会道德标准失去公信力，道德伦理体系"土崩瓦解"。课程改革的实施是一个"事实领域"，涉及行政、管理等一系列实践活动，而课程改革的公共伦理主要关注课程改革中的"价值领域",为课程改革提供价值性的、方向性的引导,避免课程改革"误入歧途",重新陷入"事实"与"价值"分离的尴尬境地。

2. 课程改革的公共伦理是"以人为本"的课程创生的价值基础

迈克尔·富兰在《教育变革新意义》一书中提道:"革新的缘由和所作决定的质量表明,变革未必就是一种进步。衡量变革必须永远要与变革所服务的特定价值观、目标和结果相联系。"[①] 课程改革的伦理取向就是课程变革的制定者与组织者所秉持的道德价值立场,它牵引着课程改革的方向,并通过价值观念的传递,渗透在新生产的课程要素结构的方方面面。与主张教育私有化,关照注重人心智发展和精英化培养的私人课程伦理取向不同,公共伦理取向突出课程的"公共性",将关照对象在范围上扩大至全体公民,所谓"各美其美,美之人美,美美与共,天下大同",课程改革的公共伦理更表达了对多元价值的整合与"教育公平"的美好愿景,承担着价值关怀与推动教育民主的功能。课程改革的公共伦理强调发展符合公众利益的课程体系,将人的需求的满足作为课程生产的第一绩效指标及考核标准,体现了对所有人权利、生活和尊严的尊重,从而为"以人为本"的课程创生奠定价值基础。与其说课程改革的公共伦理是一种行为规范体系,不如说是一种理想。它体现着对课程中所有群体利益的关照,使得他们能够在这种多元文化和经济环境下平等地谋求发展。基于此种原因,在各种课程价值研究"泛滥"的今天,课程改革的公共伦理仍然具有十分重要的研究意义。

3. 课程改革的公共伦理是课程改革目的正当性与规律正当性的共同立足点

公共伦理学作为一门科学,它是应用伦理学和管理学的交叉学科,以伦理学和管理学作为理论基础。以公共伦理的视角来研究课程改革,是两种学科的交叉与渗透。前者为课程改革指明目的的正确性,即保证课程改革的公正性、可持续发展、公共利益,以防止课程改革制度异化

[①] [加]迈克尔·富兰:《教育变革新意义》,赵中建、陈霞、李敏译,教育科学出版社2005年版,第10页。

为部分社会成员或团体谋取利益的工具;后者指明课程改革实施的具体途径、手段与障碍,引导课程改革在时代背景和意识形态影响下发展变化的规律,保障课程改革规律的正当性。换言之,公共伦理具有价值和规范的双重属性。从价值属性上,对课程改革的公共伦理问题研究有助于实现课程改革的预期目标,维护公共利益。从规范属性上,对课程改革实施组织和个人制定的价值原则和行为规范,有助于提高教育有关部门的执行能力,以保障课程改革合道德性、合逻辑性、合规律性。从哲学意义上,课程改革规律是功利主义取向的,课程改革规律的正当性追求的是科学性、效益与经济;而课程改革目的是人本主义取向的,追求的是公平、正义、民主等价值。以往关于课程改革的研究,大部分集中于对于课程改革目的、行为、结果的因素分析,以促进课程改革发展潜力的挖掘以及课程改革发展机制的完善,这是对于课程改革规律正当性的讨论。课程改革的公共伦理研究嵌入了伦理学的视角,自然也就蕴含了人的因素,包含了主观的价值评价尺度。这有利于摆脱两种思维的对立模式,使课程改革保持目的正当性与规律正当性的平衡。

4. 课程改革的公共伦理是规范与监督课程改革有效执行的"催化剂"

诚然,课程改革是否向善,这是对课程改革目的与结果的伦理审视,需要基于当时的时代背景与教育的长远价值加以考量。同时,课程改革的过程也需要伦理监督。1949 年至今,中国共经历了八次大规模的课程改革。但是由于复杂多元的区域环境和条件的束缚,课程改革经常从满怀希冀开始,以预期与成效的落差和结果的不尽如人意结束。有学者将中国课程改革运行方式的弊端归结为:(1)总是采取自上而下的行政推进方式;(2)在提出目标和方案前没有做充分的调研;(3)在课程改革中缺乏绩效的追踪性评估;(4)课改周期短,频繁变动主题和重点;(5)缺乏课程改革的问责机制;(6)课程改革中忽略教师的需求。[①]事实上,这些弊端也是课程改革屡屡遭遇"滑铁卢"的重要原因。迈克

---

① 吴刚:《奔走在迷津中的课程改革》,《北京大学教育评论》2013 年第 4 期。

尔·富兰认为,"教育变革是一种技术简单性与社会复杂性的变革。"① 在中国以往的课程改革中,技术简单性被无限放大了,绝大多数的政策与革新采取"简单粗暴"的自上而下的行政推进路线,而忽视了教育与社会中各种人的情感、价值需求等潜在变量的影响,致使课程改革在实践过程中困难重重,举步维艰。课程改革是一个过程,不是单一的一个事件。课程改革中的一些问题,例如,在课程改革的过程中发生了怎样的冲突?这些冲突的原因是什么?如何化解这些冲突,最大化地提高课程改革的效率,缩减课程改革预期目标与结果之间的差距?这些问题是课程改革的公共伦理所关注的主要问题。课程改革的公共伦理所要约束与规范的主要对象是课程改革的公共组织,也就是课程改革的"代理人",这些"代理人"既是决策者与管理者,也是利益者和成果共享者,通过对他们行为的监督能够最大可能的保证过程的公平公正性,减少课程改革的阻力。

三 课程改革公共伦理的层次范畴

从社会学的视角,课程改革作为政治社会化的社会活动,是一个不断制度化的过程。课程改革的制度化,包含了两层意义,分别对应课程改革的两个阶段:第一层意义是作为工具意义的制度化,对应课程改革"制度丛"的建立阶段。课程改革作为一项复杂的教育实践活动,需要建立起合理的、健全的"制度丛"来规约其朝着合理性的方向发展,并保障课程改革的顺利进行。建立课程改革制度,是全面深化课程改革的需要,正如《教育部关于全面深化课程改革,落实立德树人根本任务的意见》所指出的课程改革在总体上存在"与课程改革相适应的考试招生、评价制度不配套,制约着教学改革的全面推进;教师育人意识和能力有待加强,课程资源开发利用不足,支撑保障课程改革的机制不健全。这些困难和问题直接影响着立德树人的效果,必须引起高度重视,全面深

---

① [加]迈克尔·富兰:《教育变革新意义》,赵中建、陈霞、李敏译,教育科学出版社2005年版,第71页。

化课程改革，切实加以解决。"① 课程改革这个建立"制度丛"的过程是利益主体权力博弈的过程，各个利益主体通过对改革环境的不断了解，或者是通过试错的方式增加认识，从而选择、调整策略，最终使利益主体之间形成多边契约，使利益分配在动态过程中达到稳定状态，课程改革的制度变迁就是这种多边契约的结果。由此，从权力博弈走向制度规则系统的建立和完善，这是课程改革制度化的第一阶段，即艾森斯塔德所说的不同规范、思想和结构框架结晶化的阶段。第二层意义是作为过程意义上的制度化，对应课程改革的秩序生成阶段。课程改革"制度丛"的建立奠定了课程改革发展的总体基调，接下来便需要稳步推进，使新的课程理念、课程实施方式与评价方式等走向常规，融入师生的教学生活，变成师生的日常生存状态。这个过程是课程改革制度化的第二阶段，也就是马奇所说的"制度框架内行动者行为的模式化"，通过制度发挥作用，使课程改革方案实施走向生活化、常态化或常规化。② 迈克尔·富兰提出的教育变革三阶段：启动阶段、实施阶段、制度化阶段，其中第三阶段制度化阶段是指"变革已经深入成为系统的组织部分"。富兰所理解的制度化与本书过程意义上的制度化相吻合。过程意义上的课程改革制度化实质上是课程改革实现内在价值追求，达到理想状态或者预期目标，从而形成课程改革秩序。

从伦理学的视角，课程改革作为公共领域的伦理活动，需要公共伦理加以规范和引导。伦理学，一方面是讨论社会为何制定道德、社会伦理行为之事实如何及伦理行为之应该如何的真理，进而制定优良道德；另一方面是解决如何使人们遵守这种优良道德的真理，进而实现优良道德。伦理学的目的，是制定和实现优良道德。③ 从某种意义上讲，课程改革也是促进制定和实现社会优良道德的伦理活动。从价值而言，课程改革作为一种导向人生幸福的社会活动，蕴含着丰富的伦理精神，体现着浓厚的人文关怀。课程改革的目标中包含着是非对错、正义与非正义的

---

① 教育部：《关于全面深化课程改革落实立德树人根本任务的意见》（http：//www.moe.ov.cn/srcsite/A26/jcj_kcjcgh/201404/t20140408_167226.html）。
② 肖磊：《课程改革制度化论纲》，《课程·教材·教法》2016年第8期。
③ 王海明：《新伦理学》，商务印书馆2001年版，第3—5页。

基本判断，这些标准和判断蕴含着深刻的道德意义，构成了课程改革的价值体系，也是优良道德的判断依据。从实践而言，课程改革本质上是一场道德实践活动。课程改革是关涉人的活动，涉及多元主体之间的对话、交往和联系。主体之间对话和交往的方式映射着他们的道德价值取向。为减少课程改革中人际关系的冲突和损耗，协调和指挥课程生产，课程改革需要符合伦理性。同时，课程改革的权力的变迁与运作、制度的破除与再造、文化秩序的重新生成过程中都需要伦理价值进行实践规范。

从社会学和伦理学的视角出发，以课程改革作为一项公共事务，要体现公共精神、满足公共利益，实现对多元主体的价值关怀为思想主线，本书首先借鉴政治社会学的研究方法，从课程改革实施的角度，分解出中国课程改革实施过程的两大阶段：第一阶段是课程改革的各方利益主体通过权力博弈，形成契约，从而通过政府制定课程改革的行政方针、确定改革目标、制定改革计划、颁布改革文件、下达改革任务、启动改革进程、形成课程改革"制度丛"的阶段。第二阶段是课程改革制度通过具体落实，逐渐模式化、常规化、生活化，潜移默化地融入师生的日常教学生活之中，成为一种教育教学规律的阶段。由此总结出课程改革的三大核心板块：权力运作、制度构造和秩序生成。再以公共伦理为视点，分别剖析课程改革权力、课程改革制度和课程改革秩序所要体现的公共伦理精神，从而形成课程改革的公共伦理的三大层次：课程改革的权力伦理、课程改革的制度伦理、课程改革的秩序伦理。具体而言，课程改革的权力伦理，即对课程改革的中具体权力主体行为的道德约束，以维护利益相关者的利益；课程改革的权力主体需要制度进行约束，课程改革的制度伦理即将课程改革的道德规范上升到法理层次；课程改革制度化后形成课程改革秩序。秩序伦理即实现课程改革规律的自然达成，追求"道法自然"的境界。从整体上观之，课程改革的公共伦理三个层次：课程改革的权力伦理、课程改革的制度伦理、课程改革的秩序伦理三者之间层层递进，从具体到抽象，从形式到实质。实现课程改革的秩序伦理是课程改革的公共伦理追求的最高道德理想和价值旨归。课程改革过程与课程改革的公共伦理的关系具体见图1-1。

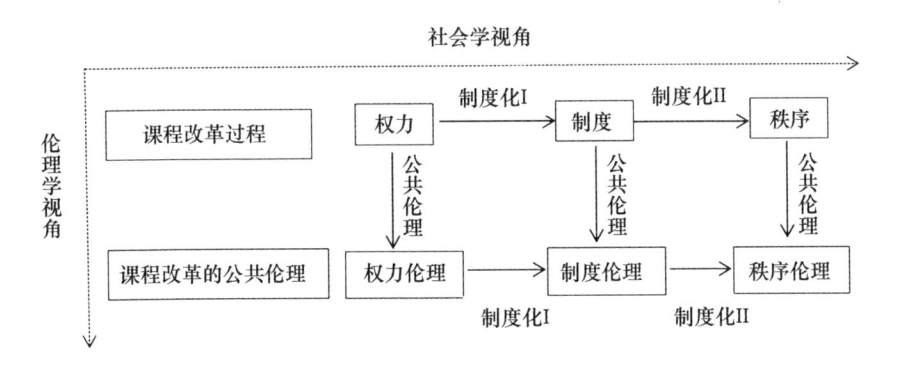

```
                              社会学视角
         ┌─────────────────────────────────────────────────→
伦  ┌──────────┐   ┌────┐ 制度化I ┌────┐ 制度化II ┌────┐
理  │课程改革过程│   │权力│────────→│制度│────────→│秩序│
学  └──────────┘   └────┘         └────┘         └────┘
视                   │公共          │公共          │公共
角                   │伦理          │伦理          │伦理
                     ↓              ↓              ↓
    ┌──────────────┐ ┌────┐        ┌──────┐       ┌──────┐
    │课程改革的公共伦理│ │权力伦理│──────→│制度伦理│──────→│秩序伦理│
    └──────────────┘ └────┘        └──────┘       └──────┘
                            制度化I          制度化II
```

图 1-1 课程改革过程与课程改革的公共伦理的关系

课程改革的公共伦理的具体研究内容为：

(一) 权力伦理：课程改革主体的行为规范

权力伦理是公共伦理的基本范畴之一。权力伦理的生命力之源在于权力主体的参与。这里的主体并不是指笛卡尔"主体－客体"框架基础上的与"客体"相对立的"主体"，而是一种建立在社会交往关系上，通过分工与协作，共同实现活动目标的个人或团体。福柯认为，主体与权力密不可分，当一个作为主体的人被置于生产和意义关系之中时，他也同样被置于错综复杂的权力关系之中。[①] 权力在关系中不断生成与建构，这意味着权力主体是课程改革中具有能动性的人，在社会分工与政治运作过程中暗自角力，竞相追逐而获得权力。权力的互相拉扯与竞逐编织出一个严密的"网"，让课程改革在其中发生，也在其中变化。在权力的运作过程中，权力主体占有某种资源，通过影响、支配与控制权力客体，使课程改革的宏观决策细化到微观的、具体的任务，从而推动课程改革。由此可见，如果没有权力，课程改革将混乱无序，权力在课程改革实践的发生、发展与运作中发挥着举足轻重的作用。然而，正是由于权力依附于主体而存在，代表主体意志，为主体所用，权力也容易滋生腐败。

---

① Michel Foucault, "The Subject and Power", *Critical Inquiry*, Vol 4, 1982.

所谓是非善恶，无非本源，人有"七情六欲"，权力也有"善恶两端"，这是一个不可回避的事实。在课程改革中不能盲目地使用权力，而应该冷静的分析它、妥善的安置它、正确的运用它、合理的限制它，避免权力沦为"野心勃勃"的统治集团积聚财富、谋取私利的"工具"，这便是权力伦理所要研究的主要内容。课程改革的权力伦理是在组织与管理课程改革活动中，对权力主体思想、行为的影响力、支配力和控制力的道德制约。权力伦理扮演着政治理性中对权力滥用现象监督的角色，其作用是防范权力超越管理经验而给予道德限定，使课程改革的权力主体在"有意影响"到"有益影响"之间找到合适的角色定位。通过对课程改革权力伦理的建构引导课程改革的权力自觉，培养富有真正的责任意识与正义感的权力主体，为自由的个人与秩序的改革之间的和谐作出自己的贡献。

权力主体的类型有不同的划分标准。从教育变革作用的角度，叶澜将教育变革的主体分为利益主体、决策主体与行为主体，三大主体不可分割，并且在改革的不同阶段发生着转换。[①] 根据课程变革的责任，迈克尔·富兰将课程变革的主体分为规划主体与应对主体，其中规划主体主要包括决策者和开发者，应对主体包括校长、教师等接收者。[②] 也有学者根据课程改革的要素结构，将课程改革中的权力主体分为课程决策主体、课程管理主体、教科书审查主体、课程实施主体和课程评价主体。[③] 本书从课程改革的权力类型，将课程改革权力主体分为决策主体、监督主体和执行主体。（1）决策主体对应课程改革的决策权，决策权直接决定课程改革的方向、重点、难点及质量，是课程改革活动的起点，也是课程改革中最重要的权力类型。[④] 课程改革的决策主体主要包括：在宏观层面上，党中央与国务院是最高决策主体；在中观层面上，包括中央和地方

---

① 叶澜：《当代中国教育变革的主体及其相互关系》，《教育研究》2006年第8期。
② ［加］迈克尔·富兰：《教育变革新意义》，赵中建、陈霞、李敏译，教育科学出版社2005年版，第109页。
③ 肖磊：《论课程改革的社会属性——兼谈课程改革制度化的立论之基》，《西南大学学报》（社会科学版）2017年第5期。
④ 叶澜：《当代中国教育变革的主体及其相互关系》，《教育研究》2006年第8期。

政府分管的教育部门,以及校级教育行政人员;在微观层面上,学校教师也是课程改革具体操作层面的决策主体。课程改革的决策主体呈现出科层性与部分交叉性。①(2)监督主体对应课程改革的监督权。课程改革的监督主体主要包括媒体、社区、家长、教师、学生,社会第三方评估机构,对课程改革进行批判性评估,以此检验课程改革是否符合人们的预期。(3)执行主体对应课程改革的执行权。课程改革的执行主体是将课程改革付诸实践的群体,主要指学校领导、教师。课程改革执行主体的态度与行为左右着课程改革的成败。

根据课程改革的权力主体,课程改革权力伦理的具体研究内容为:

1. 以决策主体的"权力制衡"深化课程改革权力的行为规范

决策主体是指拥有决策权的个人及其所在的组织,对应中央及地方行政主管、教育部门及教师,具有组织、决策、监督和管理课程改革的职责。有效的决策通常是道德的决策,课程改革的决策伦理不仅要研究怎样使行政主管行使权力的动机、目的与方法符合道德要求,同时也考察教育部门的改革决策是否考虑到教育系统内外各种利益相关者的需要,尤其是学生、家长、学校的利益,尽可能满足他们的需要而不损害他们的利益。由此,课程改革的决策就会得到他们真心的拥护与支持,课程改革获得成功的可能性更高。具体而言,课程改革决策主体的伦理规范包含两方面的内容:一是提升决策者的伦理道德素养。通常,课程改革决策者的道德信念体现在,在权力的场域之中,主体经常会受到私利诱惑,如果权力主体缺乏道德约束力,则极可能模糊权力的边界,行私欲,谋私利,造成权力的任性、管理的压制、文化的霸权以及利益的失衡。因此,课程改革的公共伦理要体现权力主体的道德素质。通常,课程改革主体者的道德信念体现在,受到私利诱惑时,能否保持理性,即是否具有"正义感"。有"正义感"的权力主体具有深刻的洞察力与鉴别力,能够透过现象看本质,分清是非、善恶、美丑、真假,保持价值立场上的清醒与坚定。同时,具有高度的责任感,同情心与民主精神,能够忠

---

① 靳玉乐、李志超:《我国课程改革决策的特点、问题及其改进》,《教育发展研究》2013年第12期。

于职守，勤政为民，发挥良好的道德示范作用。决策者的道德素养首先需要中央及地方行政部门严格把关，根据决策者的胜任力与道德水平进行筛选，保证决策者质量。在此基础上，决策者要自重、自律、自省、自警、自励，切记以身作则，言行一致。其次是完善惩罚、监督机制，以确保课程改革决策者的权力限度。二是发挥决策组织的公益性与服务性。在课程改革中，决策组织所倡导的理念是课程改革的核心与灵魂，是课程改革活动的最高准则。决策组织的道德性表现在决策上的民主原则、组织行为的公开透明原则、组织发展的开放性原则。对决策主体行为规范的具体措施是打破传统课程决策的官僚精英模式，逐步形成"公众参与，专家论证，政府决策"的民主决策机制，实现对决策主体的权力制衡。通过每一个人充分表达观点，做到思想的融会贯通，达成共识。哈贝马斯将这种集体审议，共同协商的决策情境称为"理想言辞情境"。①"理想言辞情境"主要有"在场性"与"参与实效性"两条标准，前者可通过"听证"和"陈述及申辩"权的维护得以实现；后者依赖于"禁止片面接触"、行政公开、"程序性权利"原则的落实和相关配套制度的构建与完善。②

2. 以监督主体的"身份建构"推进课程改革权力的有效监督

监督主体是对课程改革工作及其他权力主体进行监督的组织或者群体。监督权的本质是"以权力制约权力"。如果将课程改革的监督权比喻成课程改革的"免疫系统"，监督主体则是其中的"免疫细胞"或者"免疫组织"。监督主体的主要权力有知情权、批评权、咨询权、参与权、选择权、检举权、罢免权。在课程改革权力伦理的研究中，监督主体是防止权力任性、权力腐败的最大屏障。监督主体的道德责任体现在监督职能的最大限度发挥，以保护利益相关者的利益。由于课程改革是撼动教育发展的基石，事关千秋万业，利益相关者众多，使得这些利益相关者甘愿主动承担起监督的职责。如图1-2，课程改革的道德主体由各层

---

① 尹建国：《论"理想言谈情境"下的行政参与制度》，中国法学会行政法学研究会2009年年会论文集（上册），湖南长沙，2009年8月，第10页。

② 孙彩平：《教育的伦理精神》，山西教育出版社2007年版，第75页。

次群体组成，实线区代表体制内教育，虚线区代表非体制内教育。但是，由于监督主体大多属于非体制内群体，无法直接参与决策，也难以触及改革深处，缺乏对真相的知情权，所以只能对改革行为进行"隔岸观火"式的"指手画脚""评头品足"，如此"无关痛痒"的批评指导难以起到有效的监督作用。课程改革的权力伦理的研究重点在于如何实现监督主体的身份建构，一方面，由于监督权难以落到实处的根本"症结"在于课程改革监督制度不够完善，因此首要任务是建立健全监督机制，在保证监督主体的独立性与安全性的前提下，给予监督主体地位、监督职权与行动资源，打破信息封闭，让监督主体直接参与到课程改革的制定与实施当中，提高监督能力；另一方面，需要监督主体主动监督，积极监督，具有革命精神，勇于"自我革命"与"社会革命"，勇于揭露和纠正工作中的缺点和错误，坚决同消极腐败现象作斗争。此外，还应加强对监督者的监督，避免监督权的执行缺位或者执行乏力，建立监督举报奖惩机制，真正将权力关进制度的笼子里。

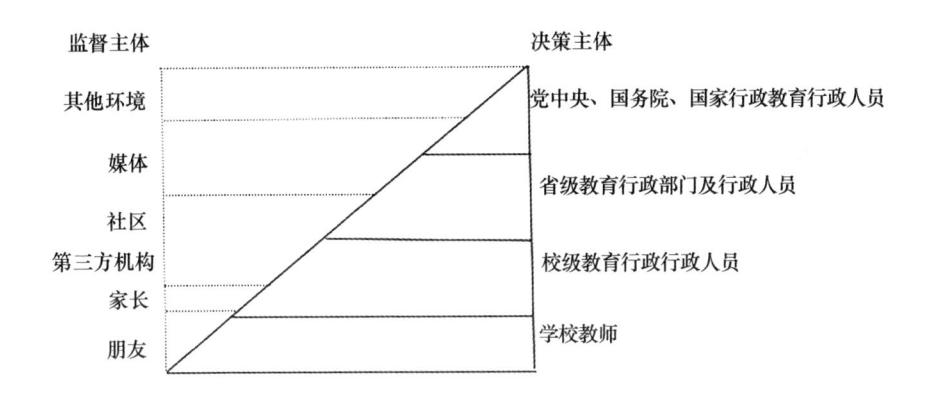

图 1-2 课程改革道德主体层次示意

3. 以执行主体的"重叠共识"驱动课程改革权力运用的程序正义

从广义上说，课程改革的执行主体包括参与课程改革的全部组成人员；本书从狭义的视角，将课程改革的执行主体限定为在实践中直接承担课程改革工作的群体，主要包括学校课程教学主管人员和教师。课程改革能否成功取决于执行的程度和质量，无论多么精细的计划，在执行过程中，也会根据执行主体的实际需求及认识进行修改和调整，这是课程改革的技术简单性背后的操作复杂性所在。如何尽可能缩小预期与实施的差距，保证改革执行的稳定性与持续性、忠实性互相调节并存，是课程改革权力伦理的研究重点之一。迈克尔·富兰认为，"课程改革计划之所以失败的基本原因之一，是改革的规划者或者决策者并不清楚未来的实施者所面临的形势。他们引入改革，但却没有提供鉴别和应对形势局限的方式，也没有去努力理解那些对于实施任何改革都至关重要的人员的价值观、思想和经历。"① 由此，课程改革执行的关键在于通过建立执行主体与决策主体的"重叠共识"，通过开放式交流了解彼此需要，明确任务，调节二者关系，努力营造一种"民主"的课程改革环境，从而减轻课程改革的实施阻力，增强课程改革计划的质量与实用性。同时，执行主体作为改革工作的"代理人"，也要与学生达成"共识"。课程教学主管人员和教师在权力运用的过程中需注意倾听学生在课程改革中的"声音"，了解学生在想什么？学生有什么需求？注重课改推进方式的民主性，以推动课程改革的程序正义。

总之，课程改革的顺利开展，离不开三级权力主体的协调配合。课程改革权力伦理的研究任务在于如何妥善安置与运用三级权力主体的权力，保证权力的"合法性"，从而使得课程改革决策者、监督者与执行者能够成为"改革合作共同体"，通过共享信息，合理分工，团结协作，相互监督，齐心协力为课程改革服务，为保护利益相关者的利益服务。

（二）制度伦理：课程改革政策的价值审视

课程改革的权力的结构化安排，生成了课程改革制度。诺斯认为，"所谓制度，就是一系列被制定出来的规则、守法程序和行为的道德伦理规范，它旨在约束追求主体福利或效用最大化利益的个人行为。"② 从本质上看，制度是公众维护公共利益的社会属性的一种物化形式，是社会

---

① ［加］迈克尔·富兰：《教育变革新意义》，赵中建、陈霞、李敏译，教育科学出版社 2005 年版，第 10、109、101 页。

② 汪荣有主编：《公共伦理学》，武汉大学出版社 2009 年版，第 96 页。

关系的整合机制，其效用本身蕴含着公共伦理的意味，制度伦理是公共伦理"道德立法"的根基。制度一般分为两种类型：一个是显性的制度层面，即清晰可见的社会约束体系，法学家将其称为"文法"，新制度经济学家将其归结为"正式的制度"，主要包括法律、法规、政策、规章和合同等。另一个是隐性的制度，由文化传统、道德观念、价值取向、风俗习惯、伦理规范等人们交往中约定俗成的观念形成，新制度经济学家将其归结为"非正式的制度"。本书聚焦以文本形式呈现的，课程改革的正式制度，主要包括课程改革中的章程、协议、纪律、政策、条例等。课程改革制度不可能"价值无涉"，以公共伦理的视角审视课程改革制度，就是看课程改革的制度中是否体现了民主、平等、公平等公众基本道德价值观。课程改革的制度伦理的主要任务是明确课程改革制度中所反映的价值立场，在历史条件与时代背景下制定评判道德与否的价值尺度，以制定福祉一致的，符合公共道义的价值准则。

根据课程改革制度的执行阶段，课程改革制度分为课程改革政策、课程管理制度、课程编制制度、教科书选用制度、课程实施制度以及课程评价制度。通常，中国课程改革制度的执行的步骤是：首先，由教育部制定改革纲要、指导意见，组织编写教材，将课程改革的精神与文件传达至各级地方教育行政部门；其次，由各级教育行政部门推动学校制定课改方案，落实到具体的教育教学之中；最后，由各级教育部门负责审查。在整个过程中，课程改革政策作为一种宏观的价值纲领，引领着整个改革进程与方向，在这一旗帜引领之下，课程管理制度、课程编制制度、教科书选用制度、课程实施制度以及课程评价制度都是对课程改革政策的贯彻与落实层面的二级制度，是对课程改革政策的服务和保障。公共伦理视域下课程改革制度的研究就是审视不同执行阶段的，课程改革制度的公共正义性。由于课程改革的每个阶段与每个环节都有不同的制度伦理表征与特征样态，具体而言，课程改革制度伦理的研究内容为：

1. 从"形式公平"到"实质公平"：在课程改革政策中确立"均衡发展"的价值立场

1978年来，教育部相继颁布《关于办好一批重点中小学的试行方案》《关于分期分批办好重点中学的决定》等重点制政策，确立重点学校优先发展，区域教育优先发展，城市教育优先发展的政策取向，这是改革开放后，中国在教育资源紧缺情况下为发展教育实施的"效率优先，兼顾公平"的战略选择。20 世纪 90 年代后，义务教育人才稀缺的窘境已基本得到缓解，重点制的弊端日益展现，教育领域出现城乡教育差距增大、恶性竞争、择校等教育不公平现象，引发了一系列社会矛盾，大众对义务教育"均衡发展"的呼声愈来愈强。① 2000 年，中国废除重点制。2006 年新修订的《中华人民共和国义务教育法》中明确指出："促进学校均衡发展，缩小学校之间办学条件的差距，不得将学校分为重点学校和非重点学校。学校不得分设重点班和非重点班。"这是国家以法律形式确立了"均衡发展"的价值立场，回应了对民众对于教育公平的深切期盼。然而，义务教育均衡发展并不能通过废除重点制一蹴而就，"均衡发展"的实质是课程资源分配的公平正义，而这种公平正义如何体现在课程政策之中，是课程改革的制度伦理所研究的主要问题。罗尔斯将公平分为两种：一种是"形式的公平"，即"平均主义"；另一种是"实质的公平"，即机会的均等。② "均衡发展"以"公平的公正"为价值立场和道德定位，其价值目标是从"形式的教育机会平等"转向"实质的教育均衡发展"，追求"实质公平"。这在课程改革政策中体现在：其一，兼顾横向公平与纵向公平。横向公平是指对于同质的学校、学生同等对待，追求财政资源数额的均等化；纵向公平是指对于异质的学校、学生差别对待，对薄弱学校、弱势学生进行政策倾斜，弥补学校、区域优先发展所产生的巨大差距，这是一种等差性公平。③ 其二，兼顾起点公平与过程公平。起点公平要求学生不受性别、出身、种族、经济地位、居住环境等条件的影响，均有平等受教育的权利；过程公平是指规定学生在教育过程中受到平等的对待，这里的平等是"相对平等"，主要是指人格上受

---

① 曲洁：《义务教育改革与发展的政策工具研究》，博士学位论文，复旦大学，2013 年，第 62 页。
② ［美］约翰·罗尔斯：《正义论》，何怀宏、何包钢、廖申白译，中国社会科学出版社 1988 年版，第 79 页。
③ 李晓燕、陶夏：《从均等到公平：美国教育平等理念的嬗变——基于 20 世纪 70 年代以来美国基础教育财政诉讼的视角》，《教育与经济》2015 年第 3 期。

到同等的尊重，再逐渐发展到享有平等的受教育条件，让均衡发展从外延走向内涵式发展。

2. 从"规则缺位"到"程序公正"：在课程改革管理制度体现"权责一致"的价值规范

在公共伦理的指导下，课程改革的管理制度要体现程序正义的伦理精神。首先，在课程管理中需要明确各个主体间的权力配置与责任分工。课程管理本身就是一种公共责任的承担与分享，公共责任主要是指为了实现公共利益，政府部门以及政府部门担任公职的公务人员在行使公共权力的过程中，对其行为及其结果所负有的责任。其次，课程管理制度中需要以"人"为中心，坚守课程育人的正义指向，以人的发展带动课程的发展，始终坚持变革与发展的眼光去规范国家课程、地方课程以及学校课程。在与受教育者等群体交往的过程中，实现国家、地方以及学校三级课程管理的常态化与正义化发展愿景，三者实现多方联动。最后，课程管理制度在运行的过程中需要秉持"善"的韵味，逐渐将三级课程管理体制中蕴含的"伦理之善"发展为"完善之善"，即课程管理使受教育者对课程产生兴趣的"善"变为促进个体人格健全发展之善，在整个课程管理中注重环境润人、制度束人、文化育人的伦理精神。

3. 从"高度统一"到"多元参与"：在教材编审制度中落实"民主平等"的价值体认

"均衡发展"是课程改革宏观层面的指导思想。在中观层面，涉及教材教学制度中对于"均衡发展"的内核——"民主平等"思想的贯彻落实。首先是教材制度，即教材的编写和发行、教材的选择和使用规范。中华人民共和国成立初期，中国实行"一纲一本"的教材政策。改革开放后各地教育水平产生差距，教育部从"因地制宜"的角度，转而实施"一纲多本"政策。然而，"一纲多本"的多元理想，在升学主义笼罩、考试分数至上的教育大环境中，变形成为沉重的课业负担。在一项采访中，不少家长、教师都认为"一纲一本"有助于减轻学生负担。[①] 2017

---

① 赵昂：《教材"一纲多本"在应试教育操作中遭遇现实难题》（http://www.chinanews.com/edu/2012/11-30/4371010.shtml）。

年，中国成立教材局，由教材局组织编写统编教材，教材收归教材局统一管理，这标志着中国教材制度进入一个"精确化统一管理"的新纪元。中国教材制度的变迁是一个从"集中"到"放权"再到"集中"的过程。结合时代背景，教材制度的每一次转折都体现着"民主"思想。当前，在教材走向统一管理过程中，更需要倾听大众的声音，接受大众的监督，全面从严把关，保证统编教材编写审查及使用的公平公正性。一方面，教材制度不是一个线性的过程，而是一个自上而下与自下而上相结合的反反复复互动过程。通过正式的平台建立沟通的渠道，广泛征求意见，集思广益，可以帮助编写委员会及时修订完善教材，不断提高教材质量。另一方面，成立专门的工作小组，对统编教材投入使用情况进行跟踪调查，了解不同地方对于教材的适应性，困惑及难点，从而针对性地对各地进行培训，可以帮助教师准确把握统编教材的编写思路、结构原则和编写体系，使他们在理解的基础上"用教材"而不是"教教材"。其次是教学制度，主要指学校范围内整合教育系统结构的规则体系，既包括师生的行为规范，如教师的资格、职责、工作量，行为规范，学生的行为规范；也包括学校教学行为的规则，如教学组织形式、班级编制、教学管理等。[①] 公共伦理视角下的教材编审制度，是要在教材编审制度中注入科学严谨、民主平等的伦理精神，确保教材建设内容符合受教育者的身心发展水平，凝聚"倾听"的力量，多方平等互动交往，调动参与者建设教材的积极性。

4. 从"忠实执行"到"互动共生"：在课程实施制度中彰显"协商民主"的价值取向

课程实施制度是课程改革与发展付诸实践行动的领航者与风向标，课程实施制度能否有效落实也直接影响着课程改革的实际效果。课程实施制度是领会课程政策最好的实践品，也是检验课程内容设计是否正义合理的标准。中国历次课程改革都是通过行政手段上传下达，采取的是自上而下的课程实施策略。史密斯曾一针见血地指出"在制定教育政策的时候，很少考虑教师的经验。教师只不过是一些公仆，其职责是将别

---

① 安珑山：《论教学制度》，《西北师大学报》（社会科学版）2002年第3期。

人做出的决定付诸行动"。① 这在一定程度上导致教师在课程实施过程中多采取"忠实取向",即认为课程实施的过程是忠实地执行课程设计者的意图,以便达成课程目标。② 忠实取向阻碍了教师专业素养的总体提升,只有少部分具有坚定职业理想和自我发展信念的教师能够坚持不断促进自身专业发展,在课程实施过程中投入自己创造性的智慧,提升课程实施的质量。大部分安于现状的教师以执行计划模式"按图索骥"地进行教学,缺乏对课程的深刻理解和情感体认,必然导致课程实施日趋僵化、质量不高。在交往语境下,课程实施制度是动态共生的利益表达机制,交往主体与客体在相互信任、相互理解的对话环境中达成课程内容的交往共识。因此,在课程实施制度运行的过程中,互动共生、公正透明是其内在的伦理指向。

5. 从"以评量学"到"以评促学":在课程评价制度中坚持"公共服务"的价值追求

课程评价制度不只是评鉴课程改革是否达到初衷,成功与否,也要结合特点在历史条件与文化背景下看课程本身的适应性、发展性与创生性。③ 长期以来,中国课程评价制度以升学作为依托,重在测量学生考试成绩,发挥其甄别与选拔功能,是一种"以评量学"的课程评价制度。在公共伦理视角下,课程评价制度彰显的是"公共服务"的价值取向,是一种"以评促学"的制度。"以评量学"的课程评价制度不仅评价主体与评价方式单一,不能对课程、对学生做出全面、客观、公正的评价,也难以对课程的未来规划与建设提出可行性建议。"以评促学"的课程评价制度就是要清除"以评量学"课程评价制度的弊端,创设以服务为导向的成长型课程评价制度,促进学生的全面发展,促进教师的不断提高,促进课程不断发展。在评价主体上,成长型课程评价制度鼓励多元主体参与评价。多元主体不仅包括教育系统内部的主体,如教育行政管理者、学校管理者、

---

① 张家军:《新课程实施的问题、原因与对策》,《天津师范大学学报》(基础教育版) 2007 年第 3 期。

② 彭泽平:《嬗变与超越——新中国基础教育课程改革史》,电子科技大学出版社 2014 年版,第 189 页。

③ 和学新:《课程评价制度创新与基础教育课程改革》,《教育研究》2004 年第 7 期。

教师、学生等，也包括教育系统外部主体，如家长、社会人士、政治家、社区代表等，他们表达着来自不同地域、不同职业、不同社会阶层的教育利益诉求。多元主体通过总结性评价、参与性评价等多种方式参与课程改革的过程之中，提高课程评价的科学性、民主性与发展性；在评价内容上，成长型课程评价既有对教师教学、学生学业成绩的评价，也有对课程设计、课程活动安排、课程实施、课程效果的全程性评价；在评价对象上，不仅包括对学生学业表现的评价，也包括对教师的评价、学校的评价。对学生的评价主要指核心素养的发展水平；对教师的评价体现在教师教学水平、教学态度，课程开发的能力，专业自我发展的需求等；对学校的评价主要集中在课程设置与安排，对教师及学生的规范及管理方面。通过建立这种成长型课程评价制度，发挥课程评价的服务功能，促进课程改革的发展，使课程评价由"以评量学"转向"以评促学"。

总之，课程改革的制度伦理聚焦课程改革制度执行的五个阶段：课程改革政策、课程改革管理制度、教材编审制度、课程实施制度、课程评价制度的伦理价值取向问题。课程改革的制度伦理通过对课程改革制度本身所蕴含的道德性与正义性问题予以道德审视与追问，对课程改革制度在现实情境中的道德问责与伦理困惑从公共伦理的角度予以回应与答复，对在尽可能符合学生的教育需求、贴近大众利益的情况下如何加强制度性予以研究与探索。课程改革的制度伦理研究在构建和谐社会的新形势下，在当前教育差距不断拉大的背景下，对促进教育公平、深化教育改革具有很强的现实意义。

（三）秩序伦理：课程改革活动的协调安排

通过课程改革制度发挥作用，使课程改革方案实施走向生活化、常态化或常规化，即生成课程改革秩序。课程改革秩序即课程改革实施之后所表征出的一种理想状态，它是制度的制度化以后的产物，是制度实际实现的结果。课程改革的秩序伦理追问的核心问题是课程改革秩序生成中应当体现怎样的伦理精神？或者说怎样的课程改革道德秩序能够体现公共精神？从静态的角度讲，课程改革的秩序伦理是课程改革活动内在结构和模式所体现出的伦理指向；从动态的角度讲，课程改革的秩序伦理是指课程改革运行过程中所表征的伦理性。课程改革的秩序伦理就是把一般的课程改革权力伦理、制度伦理进一步抽象化，上升为秩序层面的道德追求，并作为一种崇高的课程改革的公共价值理想，激励人们不断追求。在秩序自由理论思想的指引下，课程改革追求一种建立在"公意"基础上的自由秩序，这与课程改革的公共伦理保护个人权利不受侵害，维护公共利益的价值基础相契合。同时，它规定了课程改革的自由限度，为课程改革秩序提供了规范性要求，保障了自由秩序形成的现实可能性。

从管理学的角度，凡是组织，都有一定的秩序，无序即无组织，组织又可分为"自组织"和"他组织"两种形式。组织形成秩序的标志是成员之间拥有共同的价值体系和行为规则。其中，价值是秩序形成的动力源泉，规则是秩序的保障机制，行为是秩序的外化表征。因此，秩序主要由价值秩序、规则秩序和行为秩序三个维度构成。课程改革秩序要满足和符合社会的需要，就应当服从道德审判和伦理价值指向。事实上，课程改革的价值秩序、规则秩序和行为秩序中都反映着一定的伦理指向和要求，正是这种伦理精神的深入渗透，将课程改革的各个主体、各个要素紧密联系起来，使之成为一个和谐的、有机的整体。厘清课程改革追求怎样的伦理秩序，坚持怎样的道德立场，达成何种伦理指向，是解读课程改革秩序伦理意蕴的关键。

1. 课程改革"以人为本"的价值秩序

课程改革的公共伦理强调"公共利益"的实现，将公共利益作为课程改革的公共伦理的价值基础。公共利益的内核是大多数人最大需求的满足，这本质上是在贯彻"以人为本"的价值理念。"以人为本"就是以人的需求为一切出发点和落脚点。观照现实，课程改革中所体现出的"工具主义""科学主义""实用主义"倾向，都是以效率为本、以知识为本、以社会为本、以制度为本，使课程改革中"物"的价值凌驾于"人"的价值之上，遮蔽了个体追求自由和解放的根本旨趣，造成了人与人之间的疏离，引发了一系列价值矛盾与伦理危机，如权威压制、主体对立、利益冲突等。返璞归真，课程改革应从人的本性出发，关注人的价值、人的权利、人的尊严，强调人的自由、平等，把人提到高于一切的地位，以回应人的需求为首要任务，从而淡化主体之间的价值矛盾，缓解课程改革的伦理危机。

2. 课程改革"和而不同"的规则秩序

自由与和谐道德秩序构建的第二个要素在于课程改革"和而不同"的规则秩序。在课程改革规则秩序中，霸权秩序、均衡秩序、统一秩序都不是理想秩序，不利于课程改革的可持续性发展，不符合课程改革的公共伦理需求，我们应以"和而不同"的理念建造课程改革的规则秩序。两千多年前，孔子就提出"君子和而不同"的思想，"和"代表包容、理解，"不同"代表差异性、多元性，通过包容以共生共长，接纳不同以相辅相成。"和而不同"体现了对和谐共生秩序的追求。课程改革规则的"和而不同"既包含着对个人自由意志的尊重，求同存异，也体现着规则的复杂性与多元性。具体而言，一是要在宏观结构上，在制度设计中体现"多元一体、和而不同"的规则理性；二是在微观关系上，在课程改革人际交往规则中体现"多元共存、平等尊重"的思想。

3. 课程改革"自发自由"的行为秩序

课程改革的所有理念和价值只有被教师所掌握，转化为教学行为，才能实现真正的"落地"。当规则秩序进化为行为秩序，一个井然有序的课程改革才得以产生、成长和发展。通常，行为的秩序分为两种——计划的秩序和自发的秩序。计划的秩序更加强调制度规则性，一切行为都是"有意为之"，是命令式、结构化、在控制范围之内的，将导致个体"通往奴役之路"；而自发秩序将行为秩序视为"共享的习俗"，是"人之行动而非设计的结果"。在这个过程中，那些符合客观规律和人性需求的制度规则得以保存，而无效的则被抛弃，这个选择的过程即哈耶克所谓的"自发自由"的秩序，这也是课程改革所要追求的行为秩序。哈耶克坚持进化论的理性主义思想，他认为秩序的形成依赖于规则，而规则本身也是进化的产物。他主张自发社会的规则系统是"一个缓慢进化过程的产物，而在这个进化的过程中，更多的经验和知识被纳入它们之中，其程度远远超过了任何一个能完全知道者。"[①] "自发自由"的行为规则

---

① Hayek F. A., *Studies in Philosophy, Politics and Economics*, London: Routledge&KeganPaul, 1967, p. 92.

与制度规则并不矛盾。哈耶克认为，制度规则的作用，并不是为了一致同意的特定目标而把个人组织起来，而是维护一种全面的行为秩序，在这种秩序之下，每个人在追求各自的目标时，才有可能从他人的行为中获益。① 总之，自发的行为秩序是基于规则而又创造和进化出新的规则的秩序，它是在自由、平等的基础上形成的，更加能够满足人的需求，比计划的秩序更具有创造力、更进步、更和平。"自由自发"秩序最大的特征是对"个人自由"的保障。在哈耶克看来，个人的自由权利是贯穿规则秩序、法律理论的一条主线，只有当公民的个人权利和自由得到法律的保护时才能成为真实的权利和自由，自由的价值才能真正实现。那么，什么是个人的自由权利呢？主要分为两种：以"自由意志"为代表的积极的自由和以"反抗压迫"为代表的消极的自由。

总之，课程改革的秩序伦理是在课程改革制度伦理的基础上，对课程改革伦理精神的进一步抽象与升华。课程改革的秩序伦理是课程改革道德秩序建立的价值标准，也是课程改革的最终道德旨归和价值理想。课程改革价值是道德秩序形成的动力源泉，规则是秩序形成的保障机制，行为是秩序形成的外化表征。三者的道德目的构成课程改革秩序生成的价值规范，形成课程改革秩序道德优劣的评价标准。

四 课程改革公共伦理的基本理念

课程改革公共伦理的基本理念，是指课程改革公共伦理具有主导意义的核心观念，它们是构成课程改革公共伦理基本原则的根基。

（一）公共利益：课程改革公共伦理的价值追求

"天下之物，则必各有所以然之故，与其所当然之则，所谓理也。"② 朱熹将"理"分为"所当然之则"和"所以然之故"两个层面。从现代的观点来看，"所当然之则"相当于道德准则和行为规范，属于伦理

---

① 王振东：《自由主义法学》，法律出版社2005年版，第167页。
② （宋）朱熹：《朱子全书》，上海古籍出版社2010年版，第512页。

学的研究范畴；而"所以然之故"则是追寻伦理体系自身的价值基础，属于"元伦理"或者"后伦理"的研究范畴。后者是前者存在的前提，比前者更上一层，是"伦理的伦理"。一般的伦理学都是探讨"所当然之则"，而很少有人关注"所以然之故"。同样，库柏也将行政伦理分为四个层次：情感表达层次、道德规则层次、伦理分析层次、后伦理层次。一般伦理学的研究都只关注前三个层次，它们都是在既有的伦理体系下进行思考，很少考虑伦理本身的价值，而后伦理层次是对伦理体系本体的反思。对于课程改革的公共伦理而言，寻找其价值基础，是在找寻这一问题存在的合理性依据，也为理论体系的构建奠定思想之基。

课程改革是一项公共事务，课程改革的公共伦理是对课程改革整个过程的伦理规范。如果说课程改革旨在促进学习方式和教学方式的转变，那么课程改革的公共伦理则是转变过程中，为大众提供的，课程改革正当与否的价值评判依据。课程改革的公共伦理关注的是课程改革全过程，为课程改革应该改什么、怎么改、改得好不好等问题提供大众价值参照体系。通过这个价值参照体系，能对课程改革产生规范、引导和调节作用，使之朝着实现大众满意的课程改革方向发展。如果不以课程改革的公共伦理体系所提供的价值判断为依据，与大众需求缺乏一致性，就没有"对症下药"，难以使课程改革取得预期的效果。因此，课程改革的公共伦理的价值基础与课程改革过程密不可分，它决定了课程改革的价值倾向。

那么，怎样理解"公共利益"？对公共利益概念的认识可以让我们进一步判断公共利益能否成为课程改革公共伦理的价值基础。首先，公共利益是一种价值。罗伯特·丹哈特总结归纳出前人关于公共利益的理解的共有四种模式：（1）公共利益的规范模式。在这种模式中，公共利益是评价公共行为的价值规范。（2）公共利益的废止论模式。持有这种观点的人认为公共利益既不能直接测量或者观察，又不如个人利益一般具有现实迫切性，因此这个概念没有意义，也不重要。（3）公共利益的政治过程模式。按照这种观点，公共利益的实现过程是以政治手段将各种利益聚集、协商，最终得以平衡的过程。（4）公共利益的共同利益模式。这个模式是将公共利益看作各种利益的价值"共识"。在这四种模式中,公共利益都被认为是一种价值观念,被认为是利益的"聚合物"。换言之,公共利益是一种价值理念,是衡量组织是否具有现实合理性的价值标准。① 其次,公共利益也存在实体形式。罗尔斯认为公共利益的实体形式就是各种"福利"。以伯格森和萨纽尔森为代表的新古典主义经济学者认为,公共利益的具体计算方式可以由"社会福利函数"来表示,即公共利益是个人利益正负相加的总和,所以社会福利是所有个人福利总和的函数。假设社会中共有 n 人,社会福利函数 W 可以记作:

$$w = \frac{1}{1-a}\sum_{h=i}^{r}(V^h)^{1-a}$$

W = f(U1, U2, ..., Un)。

假定社会中共有 A、B 两个人,这时的社会福利函数可以写成:

$$W = f(UA, UB)$$

因此,课程改革的公共利益既有价值导向性,也有其客观存在的实体形式,价值性与现实性并存,这促使课程改革主体必须考虑其行为的实质性后果,而不仅仅只关注其行为的形式与过程。以公共利益作为课程改革公共伦理的价值基础,克服了课程改革的公共伦理可能流于空洞化、形式化的倾向。课程改革的公共利益是判断课程改革是否正当的价值标准,也是课程改革所期待的最终成效。以公共利益作为课程改革的价值追求,具体有两层含义:

其一,公共利益是课程改革公共伦理的目的性价值。课程改革需要有一定的"愿景",它是改革中遇到"棘手"问题,遭遇挫败时指路的明灯,为改革提供清晰思路和前进的能量。课程改革的愿景是"为了一切学生的发展",这也是课程改革的内在精神和价值诉求。习近平总书记在党的十九大报告中指出,建设教育强国是中华民族伟大复兴的基础工程,必须把教育事业放在优先位置,加快教育现代化,办好人民满意的教育。推动以"为了一切学生的发展"的课程改革是中国从人口

---

① 王家峰:《公共利益:公共伦理的价值基础》,《伦理学研究》2006 年第 3 期。

大国迈向人力资源强国，实现教育强国的战略举措。"为了一切学生的发展"要求课程改革所有教育教学方案的制定、方式方法的使用，都建立在"以人为本"，促进学生成长和发展的基础之上。这里的"一切学生"，是指无论地域、民族、性别、信仰差异的所有学生。课程改革应该面向大众，而不是以服务"精英教育"为导向。因此，课程改革的目的决定了课程改革不是为了实现一部分人的利益，而是旨在促进共同利益的实现。

其二，公共利益是课程改革公共伦理的实践性价值。在中国，课程改革的过程依赖于行政力量的推动，通过政府的"上传下达"，使课程改革变成了一项行政事务。这种课程改革是一种典型的传统公共行政思维，它建立在技术理性的基础上，焦点在于追求效率，而削减了对大众所追求的价值的思考与回应能力，造成对公众的需求反应冷漠、迟钝，使之变成了一种结果导向的课程改革，而忽视了其结果是否符合公共利益。新公共行政学批判传统公共行政学重效率、轻伦理的思路，主张公共行政应当既注重公共行政的结果和绩效，也注重公共伦理精神。波齐曼提出公共行政的两种途径——P途径和B途径。P途径是公共政策途径，看重政治和管理，关心绩效。B途径是企业管理途径，注重战略，关心过程。以波齐曼为代表的新公共行政学是对传统公共行政伦理学"范式"的转换，它抛弃传统的过于稳定和保守的官僚行政结构，寻求更加灵活、人性化和公平的行政组织形式。新公共行政学强调以公平与民主作为行政学的目标和理论基础，重视人性和行政伦理研究，更多的是"顾客-效果取向"，更少"体制取向"。在新公共行政学对传统公共行政体系的批判与范式转换中，公共利益的价值被日益凸显出来。课程改革不仅应重视新的课程理念是否深入教与学之中，成为师生教学生活的一部分，也应重视课程改革的过程中是否采取了有效的推进手段；不仅应当追求效率，也需注重过程中的民主、公正和自由，这是公众所定义的"善"，是对个人权利的保护，也是公共利益的重要组成部分。

总之，无论强调改革的目标还是改革的结果导向，课程改革都离不开公共利益。课程改革的内在精神、过程和结果中都体现着对公共利益的向往与追求。以公共利益作为课程改革的公共伦理的价值观基础,既遵从了"为了一切学生发展"的课程改革目的,也促进了课程改革过程中公平与效率的齐头并进,实现了目的论和义务论的统一。

(二) 道德立法:课程改革公共伦理的合法性追求

课程改革的公共伦理以公共利益作为价值基础,制度是其价值基础得以实现的合法性前提。由于课程改革的公共伦理处理的是课程改革中的道德问题,道德问题必定涉及人与人之间的关系,如果没有通过制度改革来重新规范这种关系,课程改革的公共利益的实现就只有寄希望于处于优势地位的主体的道德"自觉"。然而,道德自觉是一种"个体伦理",它以"人性本善"为前提,强调的是人之所以为人而有别于"兽"的根本特点是人有德性,从动态意义上说人具有向善性,因此,美德成为个体追求的生命原则。① 道德自觉以"推己及人"为方法,对人的道德修养要求极高。在现实环境中,面对人的复杂性和需求的多样性,如果仅仅依靠道德良心来约束人的行为,这样的公共伦理如同镜花水月,虚无缥缈,无迹可寻。荀子也认为道德自觉的前提是"法"的教育与规范作用,他主张用礼义法度等去化导人的自然本性,即所谓的"化性起伪",然后才能使公众行为合乎群体社会的公共原则和要求。换言之,与个体伦理相反,罗尔斯、荀子所提倡的制度伦理以人性"恶"为基本设定,它摈弃了对个体道德的信从,强调的是通过制度的设计、安排来规范人,塑造与制度相匹配的人,从而调节人与人之间的关系,并且在对制度本身的不断调整、批判中使制度的伦理性得以提升。制度伦理所追求的道德社会是一个制度化的社会,如 20 世纪哲学家波普尔所说:"我们需要的与其说是好的人,还不如说是好的制度,我们渴望得到好的统治者,但是事实表明,我们不可能得到这样的人。正因为这样,设计即使是坏的统治者也不能造成太大影响的制度就显得十分重要了。"② 因此,

---

① 杨楹、卢坤:《政治:一个伦理话题》,社会科学文献出版社 2008 年版,第 1 页。
② [英] 卡尔·波普尔:《猜想与反驳——科学知识的增长》,周昌忠等译,上海译文出版社 1986 年版,第 491 页。

课程改革的公共伦理需要有具体的制度规则加以规范，既保证课程改革的公共伦理存在的权威性与合法性，也保证课程改革的公共伦理在现实环境中的指导性、针对性和可操作性。

课程改革的公共伦理要求课程改革制度合乎公共伦理，并且这些公共伦理精神能够通过一系列规范性、强制性的措施得以实现，这也是课程改革的制度伦理的目的和旨归。"道德立法"是将课程改革的公共伦理精神制度化，具体体现在：在课程改革中，我们既要关注公平、正义、民主等大众认同的道德价值观是否体现在课程改革制度当中，也要通过建立健全制度体系，保证利益相关者的需求得到满足，维护个人权利不受侵害。通过建立课程改革制度，使得权力的规约、利益的协调规范化、稳定化、程序化，使课程改革的公共伦理精神走向常规，融入师生的教学生活之中，变成师生日常生活的常态，使各种复杂的利益关系得到正当解决，这个过程即课程改革道德立法的过程。这一方面能为当前课程改革制度中可能存在的忽视地区差异、侵犯教师权益、利益分配失衡等问题及其原因提供分析的视角；另一方面也可为怎样建立一个维护社会公正、促进学生全面发展、保障社会大众获得合理利益回报的良善的课程改革制度提供理论框架。

"道德立法"意味着课程改革应当由规则所控制而不是由人所控制，即由法治而非人治支配整个改革的运作过程。这要求课程改革将道德规定具体、清晰地呈现在制度当中，其中包括对参与课程改革主体的权利与义务的划分、对利益冲突的解决、对弱势群体的补偿、对福利的分配和管理等都做出详细的规定。为保证"道德立法"的有效性，需配套设立监管部门，对推动课程改革政府部门的职能、权限和运作程序作出详细规定，从而使执法主体、执法内容和监督对象都十分明确。这种立法与执法相统一、制度规章与监察体系配套一致，使监管部门存在制度依据，其针对性、专业性和权威性更强，也使课程改革的制度执行有了组织保证。由此，课程改革中利益相关者的利益才能得以保障，课程改革的公共伦理的实现才能有章可循、有"法"可依。

(三) 自由秩序：课程改革公共伦理的规约性追求

弗里德曼说"法律制度可以作为有秩序地变化和社会工程的工具。"① 课程改革也是一项"社会工程"，在这项工程中，制度的建立是为了秩序的需要，而秩序所带来的效率和效益是推动课程存在和发展的基础。当课程改革制度和规范落实到具体教育教学环境当中，变成师生日常生活的一部分时，便建立起了新的课程与教学秩序。换言之，课程改革秩序是课程改革深入实践后的最终状态。

课程改革秩序的旨趣在于自由价值。课程改革形成秩序意味着课程改革状态的有序性和和谐性，这种有序性和和谐性是制度调节和控制的结果，换言之，课程改革的秩序是设计而非进化的产物，不是自生自发的，而是建立在制度基础上的秩序。制度追求自由价值，因为，道德与法律总是与人的自由密切相关。黑格尔说："法的基础一般来说是精神的东西，它的确定地位和出发点是意志。意志是自由的，所以自由就构成法的实质和规定性。"② 恩格斯也认为，"如果不谈自由意志、人的责任、必然和自由的关系问题，就不能很好的讨论道德与法的问题。"③ 黑格尔和恩格斯认为，制度自由的本质是意志自由。制度通过对人自由、平等、尊重等基本权利的保护，以实现人的自由，即通过限制自由来保障自由，人们获得的是一种有限的自由。相应的，由制度建立的秩序也追求自由价值。在西方哲学史上，自由秩序的发展经历了从对政府的抵触与互相对立走向融合的过程。自由主义最初的主题是摆脱政府控制，追求"自生自发秩序"，这以政府的政治行为的"价值无涉"为前提，因为政府"对社会做有意识的控制或者指导，不仅永远不可能实现，而且只会导致自由的丧失，进而摧毁文明。"④ 因此，自由主义主张将亚当·斯密：市

---

① [美] 劳伦斯·M. 弗里德曼：《法律制度》，李琼英、林欣译，中国政法大学出版社1994年版，第21页。
② [德] 黑格尔：《法哲学原理》，范扬、张企泰译，商务印书馆1961年版，第10页。
③ 《马克思恩格斯选集》（第3卷），人民出版社1972年版，第152—153页。
④ [英] 弗里德利希·冯·哈耶克：《自由秩序原理》，邓正来译，生活·读书·新知三联书店1997年版，第11页。

场是"看不见的手"这一比喻引申到除法律或者制度以外的社会其他领域，寻求道德规律的自生与自发。然而，在现实环境中，完全不受规则束缚的课程改革是根本不存在的，区别在于这种规则是不是一种压制性的工具。哈耶克所代表的新经济自由主义认为："自由只要求对强制及暴力、欺诈及欺骗加以制止，但是政府运用强制的情况除外：当然，政府对强制的运用只限于一个目的，即强制实施那些旨在确保个人活动之最佳境况的众所周知的规则，在这些境况中，个人可以使他的活动具有某种一贯且合理的模式。"这就限制了政府对于课程改革的权力"限度"，他们利用法律和规则在一定程度上可以保障人们的自由，也就是哈耶克主张的"法治下的自由"观。

课程改革的自由秩序是课程改革的理想状态。从历次课程改革的经验来看，课程改革容易陷入"一统就死、一放就乱、一乱就收"[1]的怪圈。如果对课程改革中的主体行为没有约束，权力失规、制度失约、利益失衡，强调单纯的自由发展，那么课程改革存在着陷入非理性、随意化的风险；如果单纯强调规范，强调秩序，课程改革又容易迈向机械化、标准化、一元化的极端。这两种情况都不利于课程改革的持续发展。然而，如果课程改革达到一种有秩序的自由，即"自由秩序"，即课程改革在一定的规则限制下，使课程改革中主体的自由、制度的自由、改革的自由都在一定限度内得以实现，那这将是超越以上两种现实困境的最佳策略。追求自由是人的本性，"自由秩序"这种建立在人性基础上的课程改革是符合大众需求的，这也是课程改革的公共伦理的目的和旨归。

课程改革的自由秩序既是一种目的，又是实现课程改革的公共伦理的一种手段。自由秩序推动着课程改革的纵深发展。如同哈耶克对自由概念的理解：一是它是有益的自发社会秩序之进化的必要条件；二是它依赖于一般规则而存在。哈耶克认为，要使竞争发挥作用，尤其有赖于一种适合的法律制度的存在，这种法律制度的目的，在于既要保存竞争，

---

[1] 蒋建华：《知识·权力·课程——政策视野中的课程研究》，教育科学出版社2010年版，第159—163页。

又要使竞争尽可能有力地发挥作用。① 在哈耶克看来，在适当的规则约束下，开放的竞争环境下的自由有助于秩序的产生。在课程改革中"适当的"规则是必须的存在的，"自然选择""生存竞争"和"适者生存"等概念在教育领域并不适宜，因为教育是面向大众的，而不是"精英"取向的，"适当的"规则正是人们根据文化进化或者社会需求做出的选择，它能够引导课程改革前进的方向。让人们在课程改革的规则框架内进行竞争，通过利益的自由竞取能够调动课程改革的积极性。如当教师意识到参与课程改革对自身的职业发展、绩效考核等方面有利；当学生认识到课程改革不仅不会使自己成绩下滑，而且还会大大助益于自己将来的发展；当教材出版社意识到修订和出版高质量的教科书有利于自身利益，就会积极地投身课程改革之中，形成一种互相监督、你追我赶的竞争氛围，使各种主体发挥出其主观能动性，积极伸张自己的合法权利，提出自己的合理需求，参与利益博弈，这能够保持课程改革的"活力"，创造性地推动课程改革在不断平衡利益矛盾的前提下实现公共利益最大化。

五　课程改革公共伦理的原则与特点

课程改革的公共伦理是指为课程改革提供的一个伦理框架，是对课程改革应然状态的一个基本要求。它决定了课程改革存在的合理性与合法性，同时规定了课程改革中主体的基本权利。根据公共伦理的理论旨要，课程改革在实践中应遵循一些基本的道德原则，也要体现自身特点。

（一）课程改革公共伦理的原则

课程改革的公共伦理的基本原则指明了课程改革的总方向，具有广泛的指导性和制约性，贯穿于课程改革的各个方面和全过程。同时，它也是课程改革各个利益群体所要追求利益的集中反映。② 在课程改革中，

---

① ［英］弗里德利希·奥古斯特·冯·哈耶克：《通往奴役之路》，王明毅等译，中国社会科学出版社1997年版，第41页。
② 高力：《公共伦理学》，高等教育出版社2012年版，第29页。

涉及复杂的利益博弈问题，每个人都会站在自己的角度强调自己的利益是第一位的，那到底应该按照什么原则来对利益进行分配才符合公共伦理？具体而言，符合公共伦理的课程改革主要遵循以下几大原则：

1. 共同利益优先原则

按照罗尔斯的观点，公共伦理追求公共正义，而公共正义的第一原则是共同利益优先。① 共同利益优先原则产生于罗尔斯对于亚里士多德分配正义困境的回应。亚里士多德把分配正义分为两种形式，一是算术意义上的平等，即平均分配。二是比率的平等，即按照各人的真价值为依据的分配，体现人的差异性。亚里士多德虽然偏向于差异优先，但是他始终没有解决差异的价值问题。② 人与人之间存在差异，这种差异是按照人的出身，还是天赋，还是按照现实中的差异譬如财产来区别？究竟哪一种价值能体现差异，亚里士多德留下这一疑惑后，很多优秀的思想家一直都在思考这个问题。人是平等的，人又是具有差异的，研究正义无论如何都不能摆脱这两点。直到罗尔斯的《正义论》出版后，才比较有说服力地解决了这个问题。罗尔斯提出了"无知之幕"这一哲学概念。所谓"无知之幕"，就是在确定正义原则的时候，对于亚里士多德所说的那些所谓人的真价值，即出身、家庭、财产等一律不予考虑。因为这些在罗尔斯看来是一种自然的、客观的存在，它们不是道德上的善恶（价值）。例如一个人出身于富豪家庭，不是他努力得来的，而一个人出身贫穷，这也不是由于他不努力而导致的，一个人的出身与他本身没有关系，这不是他们可以选择的，所以在做判断的时候不考虑个人的出身。同样，罗尔斯认为天赋是一个人与生俱有的潜能，它是由自然、生理因素决定的，这也不能作为公正分配的要素。罗尔斯把人的天赋，出身都放在人类的"无知之幕"里，作为不考虑正义的一个选择，他认为我们应该把这些权利屏蔽掉，关注屏蔽掉之后剩下人类公共的利益。因此，在权利正义的尝试中，公共权利优先，这是"无知之幕"所带来的第一个理论。

---

① ［美］约翰·罗尔斯：《正义论》，何怀宏、何包钢、廖申白译，中国社会科学出版社1988年版，译者前言第8页。
② ［古希腊］亚里士多德：《尼各马可伦理学》，唐申白译注，商务印书馆2003年版，第134—136页。

罗尔斯的公共利益优先也就是公共权利优先，即人的基本权利优先。罗尔斯认为，每个人对与其他人所拥有的最广泛的基本自由体系相容的类似自由体系都应有一种平等的权利。①

在课程改革中，共同利益是指我们需要尊重的一些基本权利，譬如获取知识和受教育的权利。知识的创造及获取、认证是所有人的事情，而不是某一些人的专属权利。除此之外，共同利益也涉及一些影响个人和集体可持续发展的基本权利，如尊重生命与人类尊严、权利平等、社会正义、文化多样性、国际团结等。举例来说，一个出生在高度发展的城市中的富裕家庭的孩子和一个出生在穷乡僻壤的贫困家庭的孩子，如果他们的智力水平相当，那么课程改革至少应该保证他们在获取的课程知识、受到的教育方面大致相同。又比如，不同民族、不同国家的文化都应该同等地被尊重，那些通常被歧视的群体——妇女和儿童、残疾人、老年人、土著人、难民以及遭受战争灾害的国家的民众应该受到更多的包容。

在课程改革实践中，"共同利益优先"首先要求政府坚守公共利益。课程改革是一项公共事业，应当秉持公共性品格，一切以人民利益为出发点，以维护公共利益为旨归。所有人都得到利益需求的极大满足，这是课程改革的理想态。然而，在实践过程中，这种理想难以实现。联合国教科文组织提出，在21世纪，"应将教育和知识视为全球共同利益。这意味着知识的创造、控制、习得、认证和运用向所有人开放，是一项社会集体努力。"② 学生受教育和获得知识的利益需求是最重要的利益需求，也是全体人民的共同利益。满足人民的利益首先要满足学生的利益。学生的发展是课程改革一切需求的出发点和归属。首先，任何打着"公共利益"的旗号谋取私利，从而侵犯学生利益的行为都应当被及时扼杀。政府通过自律、自改、自控和自管，制定合理的课程改革制度，避免在课程改革中出现权力滥用，谋取私利的现象。其次，在课程改革中应当

---

① [美]约翰·罗尔斯：《正义论》，何怀宏、何包钢、廖申白译，中国社会科学出版社1988年版，译者前言第7页。

② 联合国教科文组织：《反思教育：向"全球共同利益"的理念转变？》，联合国教科文组织总部中文科译，教育科学出版社2017年版，第36页。

协调处理好各方利益矛盾,不仅要考虑支持课程改革派的利益需求,也要倾听反对派的利益需求,找到求同存异的办法,处理好利益相关者利益的协调性,尽可能调动各方积极性,以保证课程改革顺利进行。

2. 关注差异原则

课程改革的公共伦理的第二个原则是关注差异。为什么要关注差异?罗尔斯同样从"无知之幕"中推演出其理论依据。"无知之幕"是把人类所有差异性、特殊权利排除之后,留下一个公共特点——我们都是弱者。人类的公共点是我们都有弱点。皇帝想要千秋万代,最后也免不了生老病死。人类的差异性体现在我们具有优势,有些人在音乐方面是强者,有些人在体育方面是强者,有些人在科学方面是强者,把这些差异去掉,剩下的便是人的共同弱点。罗尔斯认为弱者优先对于所有人来说都是公平的,简言之就是每一个人的共同点优先,也就是平等优先。在这个基础上揭开"无知之幕"。揭开"无知之幕"后就看见差异,人与人之间的差异不能视而不见,避而不谈。所以罗尔斯的"无知之幕",就是保证弱者优先的情况下尊重差异。在这条原则下,罗尔斯提出社会和经济的平等应该满足两个基本条件:第一,"它们所从属的公职和职位应该在公平的机会、平等的条件下对所有人开放。"[1] 为什么公职应该向所有人开放呢?因为公职是公共的,而不是某一个人私有的,既然是公共的,人类公有的,那么这个位置就应该向人类开放。第二,"它们应该有利于社会之最不利成员的最大利益(差异原则)。"[2] 罗尔斯的这项考虑主要是出于"制度公正"。例如,中国进入现代后从西方引入一个观念——"女士优先"。中国的传统观念是"男士优先",因为中国古代是以"孝"为主的父权社会,然而在传统父权制社会中成长的中国人却接受了"女士优先"的观念。其实"女士优先"背后的根据即罗尔斯讲的"差异论"。为什么要女士优先?因为男性和女性存在差异,这种差异体现在,一般来讲,男士的体力比女士强。但是女士优先也有条件,那就是在体力的

---

[1] [美] 约翰·罗尔斯:《作为公平的正义——正义新论》,姚大志译,上海三联书店2002年版,第70页。

[2] [美] 约翰·罗尔斯:《作为公平的正义——正义新论》,姚大志译,上海三联书店2002年版,第70页。

条件下。但是男士和女士也有公平，比如说罗尔斯讲的，在公共职位设定这个层面，不单面向哪一个性别，靠能力竞争，在这个时候男女是平等的。

课程改革中要体现差异原则。课程改革能否深入实践，其最重要的环节是课程改革要根据客观事实而定，要经得起现实的检验和制约。中国新课程改革以来，有两个"一刀切"现象。一是城乡"齐步走"。不管城市、农村在教育基础设施建设、师资力量上的差异都采取同样的改革模式，这使得课程改革在许多农村学校根本无法实现。如一些农村中学，根本没有完备的理化实验室，更没有相关的生物标本或者实验仪器，只能用讲解的方式"做实验"，考前再临时突击背公式。如果让这些学校也按照新课标的要求去做探究性实验，这是非常不现实的。此外，一些教材编写得十分简练，需要学生课后通过查找资料自主学习。然而，现实情况是许多农村学校没有经费配备电脑，学生家里更没有电脑，学生需要花费更多的时间、精力去图书馆查找资料。有时候耗时耗力找资料也是徒劳的，因为图书馆资源匮乏，无法满足他们的学习需求。对于这部分学生来说，课程改革加重了他们的负担，降低了学习效率。二是对课程标准的实施"一刀切"。同样的，对于教育不发达地区，为了达到课程标准，同时不影响升学率，一些学校只能扩大知识量，采取"广积粮""深挖洞"的策略。对于本来就不处于同一起跑线的学校，在课程评价的时候采用同样的标准，这虽然在大的方向上是沿着课程改革的道路在走，然而在现实中更加剧了不公平，扩大了差异，最终导致学生和教师的利益受损，偏离了课程改革的初衷。因此，课程改革应该体现差异原则，首先在改革之初就应当认清差异，承认差异，不强制要求统一步伐、统一标准，而应该结合地区和学校的实际情况，因人而异、因地制宜，脚踏实地地搞好改革。

3. 特殊权利道德原则

课程改革的公共伦理的第三个原则是特殊权利正当原则。王海明认为，必要的恶属于手段善的范畴。例如手术、政治、法律、刑法等，这些事物是对人类欲望和自由的限制、压抑，因而是一种"恶"，但是这些恶却能够防止更大的恶（个人的死亡或社会的崩溃）和求得更大的善

（生命的保存或社会的发展），因而其结果是善。① 在公共场域中，部分群体有行使这种"必要恶"的权利，他们行使权利的最终目的是促成"结果善"的实现。特殊权利正当原则即特殊权利必须以促进共同权利为目的，任何违背共同权利的特殊权利必须无条件地加以禁止。例如医生能够治病救人，而对于不懂医术的人而言，他们贸然行医不仅不能救人，反而会产生严重的后果，所以医生有治病救人的特殊权利。医生的这种权利是否正当，在于这种权利是否符合共同权利。如果一个妇产科医生在车上遇到一个孕妇突然生产，虽然不在医院，妇产科医生还是会去接生。他这样做的原因是为了维护生命，保障人的健康。每个人都有生命，每个人都应该健康，每个人都应该活着，健康权、生命权是我们的共同权利，所以医生的这种特殊权利是为了维护我们的共同权利，是正当权利。当然，还有另外一种情况。如二战时，希特勒有一批有医学博士头衔的医生，他们研究怎样杀人，这种特殊权利是不正当的，因为这种权利侵害了公共权利。所以特殊权利强调差异性，但是这种差异性必须是在尊重共同权利的前提下，才是公正的。也就是说在平等优先的前提下，我们的差异一定要有利于我们的共同利益，即我们的底线，不得危害生命权、健康权、教育权等公共权利。

在课程改革中，课程改革的决策者、执行者他们掌握了权力，这个权力是一种特殊权利，这种特殊权利怎样才算公正呢？判断标准在于这种权利是否对于我们的共同需求有利，他们是否运用这种特殊权利危害他人利益。这与第一个原则"公共利益优先"的区别体现在，"公共利益优先"是最高原则，是课程改革的优先原则，一切其他的原则都应该首先给它让位。追求公共利益也是课程改革的公共伦理的出发点和旨归，这是为追求课程改革的整体"善"。"特殊权利合道德"是底线原则，是课程改革的最低要求，任何权力主体都不能触犯这个底线，这是为减少课程改革的"恶"。"特殊权利合道德"的主要作用是对权力主体进行行为规约，防止他们运用权力谋取私利。然而这个理论在现实生活中具有难度，因为人的主观性，往往我们所认为的差异只代表个人观点，是片

---

① 王海明：《新伦理学》，商务印书馆2001年版，第35页。

面的。我们认为不危害他人利益的决策有可能在他人看来是不正义的决策，因而，这就需要下一个原则发挥作用——民主商谈原则。

4. 民主商谈原则

课程改革的公共伦理的第四个原则是民主商谈原则。由于人对差异的把握能力不同，有时候我们认为理所当然的决定也可能是不公正的，因此在决策的时候要考虑民主商谈。例如在电影《东京审判》中，在审判之前，有人反对判处东条英机死刑，这在很多人看来无法理解，觉得他罪大恶极，不杀不足以平民愤。但令人震惊的是，最后投票的结果是赞成死刑和反对死刑的人是势均力敌的，赞成死刑的人只多了一票。可见在处理问题的时候，有时候我们看起来特别公正的决策也带有强烈的主观色彩，可能出现偏差。由此，在一些涉及观念的问题上，我们需要慎重的民主商谈，这是化解权利冲突的有效办法。当然，即使如此，我们也不可能做到绝对公平，因为人与人之间，平等与差异这两个概念如何理解，民主商谈未必能处理这个问题。那么怎样处理这个问题？在充分考虑人与人之间的平等与差异的基础上，需要通过民主商谈集中智慧来解决。

课程改革中的民主协商主要体现在课程改革决策和课程改革执行过程中。课程改革决策倡导实行集体审议、对话协商式的决策机制。我们设想的情况是：每一个人充分参与，表达意见，提出愿望和诉求，最后大家通过这种民主式的对话，做到思想的"融会贯通"，做出符合公共利益的课程改革决策。这是改革者的美好愿景，然而在实践中往往不能一帆风顺，水到渠成。例如一些教师对专家、权威过分迷信，主动放弃发表改革意见的权利，对于课程改革不管不问，导致资源浪费；另一些专家分歧巨大，彼此不愿意做出让步，使改革决策效率低下。另一种情况是少数服从多数，代表多数的这部分意见有政治权力作为支撑，统摄一切，剥夺了少数人的重要利益。这些现象使得民主决策陷入"有比没有好，但是又没有那么好"的两难困境。然而，经过民主协商后，课程改革决策的主要任务是在大方向上符合公共利益需求，在设计上具有弹性空间，更多的改革细节需要在课程改革执行中，根据地方和学校的实际情况，对课程改革进行调整。而相比课程改革决策而言，参与课程改革执行的人员更多，主体类别更加丰富，因此实施民主协商的难度更大。有时，课程改革会接受来自社会、家长、学生等各方面的严重质疑和批评，然而，如何在这种充满压力的环境中，通过民主协商，调整课程改革步伐，使得更多人的利益需求得以满足，也是课程改革执行中不可缺少的环节之一。

简言之，过分强调平等的话，具有平均主义倾向，将会导致课程改革效能低下、动力消减。但是如果过多地强调差异，需要设想许多复杂的现实情况，无形中增加了改革的难度，使改革推进缓慢。本书有一个基本的判断，课程改革不同主体的利益需求具有共同性。以共性为起点，尊重差异。在课程改革中坚持这四个原则的意义在于，既使课程改革能够做出真正公平并且符合所有人利益的选择，又让弱势群体也能够得到发展；既保障个人权利不受侵害，也不忘记为了什么而出发。

（二）课程改革公共伦理的特点

公共伦理作为课程改革的伦理基础，是引导课程改革向善的价值标准和实践规范。根据公共伦理的自身属性和课程改革的现实样态，课程改革的公共伦理呈现出公共性、服务性、灵活性、普适性的特点。

1. 公共性

课程改革的公共伦理的公共性体现在两个方面：第一，课程改革是一项公共事业，是面向所有人的活动，与每个人的利益息息相关。课程改革在目标上立意深远，不仅关系着广大儿童的健康发展，也关系着国家综合国力的提升。课程改革在经济上接受公共财政资助，因此其课程资源应该以何种方式配置，如何提高资源配置效率等问题都接受大众监督。课程改革在内容上涵盖丰富，不仅涉及技术问题，还涉及政治、文化、观念、意识形态等方面的问题。课程改革在实施中参与者众多，由政府官员、教育研究专家、新闻媒体、社会人士、家长、学校领导、教师、学生等来自社会不同阶层、职业、民族、信仰的人共同参与，由多元权力协同共促。从以上任意一个方面来看，课程改革都与私人事务不同，不具有隐私性、独立性，不需要由某一位教师或者学生承担全部责任，而是依靠全社会共同努力，因此，课程改革具有公共性的特点。第二，公共伦理以维护公共利益为出发点，体现公共意志。公共伦理是从现实利益关系的角度，特别是从个人利益与社会整体利益、群体利益的角度去调整人们的社会活动和社会关系。因此，离开了公共性就无所谓公共利益，更不可能有公共伦理这一概念的存在。正是由于公共伦理所涉及的问题具有公共性，所以其作用范围比法律、政治等具有更大的普遍性、广泛性。① 课程改革的公共伦理是指在公共伦理的视角下推进课程改革，其所要解决的问题是，作为一种政府行为的课程改革，如何处理公共利益与其他利益相关者的个人利益之间的矛盾关系。从语义上，课程改革的公共伦理是课程改革与公共伦理的结合，应体现二者的共同特征——公共性。从本质上，课程改革的公共伦理无论从其存在基础（作为公共事务而存在的课程改革）还是从其目的（维护公共利益，为公众谋福祉）都兼具公共性。

2. 服务性

从历史的角度看，中国政治伦理视野中的"民本"思想和西方政治伦理视野中的"民主"思想，为公共伦理的服务性提供了理论资源。从《尚书》中"民惟邦本，本固邦宁"、孔子的"德政"思想、孟子的"民贵君轻"理论，到明末提出的"公天下"主张，"以民为本"的思想深深地扎根于中国伦理思想史当中，成为公共伦理思想的根基。与中国以德树人的方式不同，西方伦理思想中更加强调以制度的合理设计限制政府权力，维护个人利益。从亚里士多德《政治学》中对各种政体的探讨，到黑格尔公共理性观念的提出，再到近代欧洲资产阶级革命时期所产生的社会契约论、有限政府论、分权政治论，都是"民主政治"产生的根源。近代以来，随着中国步入现代化社会，人们开始逐步接受民主政治的理念，并以马克思主义的传入为这种嫁接提供新的结合点，以毛泽东为代表的中国共产党人，创造性地提出人民民主专政理论，确立"为人民服务"的公共伦理原则。②

课程改革的公共伦理的服务性主要体现在其目的上：课程改革的公

---

① 冯益谦主编：《公共伦理学》，华南理工大学出版社2010年版，第27页。
② 汪荣有主编：《公共伦理学》，武汉大学出版社2009年版，第29页。

共伦理旨在引导课程改革向善。在公共伦理思想的指导下，课程改革通过对以前存在的不利于学生全面发展的知识的剔除，教学方法的革新，为学生的成长服务。通过鼓励教师参与课程改革，积极表达他们在实践中的需求，影响课程改革的内容与方法，为教师的专业发展服务。通过设计追求公共利益的课程改革制度，减少课程改革在推进过程中的阻力，为教育行政部门的管理服务。

3. 灵活性

法律与政治具有强制性特征，通常，对人与社会的管理都需要通过专门的机构，制定严厉的规章制度，使用强制手段进行。在这个过程中，权责分明，所以行之有效。正是由于法律和政治的这种强制性，不需按照实际情况做出调整，所以管理者可以直接按照条文办事，显得既客观公正，又不近人情。与此不同，对于课程改革的公共伦理而言，因为其对象涉及面广，参与人员众多，不同的群体有不同的需求，不同的伦理关系之间存在不同的矛盾，所以课程改革的公共伦理与上述管理方式不同，它所表达的是一种伦理精神，一种衡量课程改革的价值尺度，可以不受条条框框的限制，以灵活的方式进行。厉以宁曾指出道德管理职能的特点，他认为市场调节是"无形的手"，政府调节是"有形的手"，而习惯与道德调节是介于市场调节和政府调节之间的，当其约束力较强时，接近于政府调节，而约束力较弱时，则接近于市场调节。① 课程改革的公共伦理坚持四个原则：公共利益优先、尊重差异、特殊权利合道德、民主协商，这些原则具有一定的指导性。课程改革依据这些标准，对主体的行为产生约束作用。这些标准并不是一成不变、固定僵化的，它们具有一定的"弹性限度"，在课程改革开展的不同阶段，根据不同地区、不同学校的实际状况，可能会有不同的要求。

4. 普适性

课程改革的普适性体现在两个方面：在横向上，课程改革的公共伦理适用于所有课程改革。俗语道，"课改像月亮，初一十五不一样，管他一样不一样，其实对我没怎样"，这是对课程改革的不持续性和不连贯性

---

① 厉以宁：《实体立国》，中国文史出版社2021年版，第346页。

的批判。纵观中国课程改革,"起初轰轰烈烈,其后冷冷清清,继而徒有虚表、最终偃旗息鼓的现象相当普遍"。① 经常一项课程改革从发起到开展,还未完全落实到课程教学之中,成为师生教学生活的一部分,就已经名存实亡,取而代之的是另一项新的课程改革。一切的改革成果又要推倒重来。这样经常性的破旧立新,周而复始,不仅难以深化课程改革,也让教师和学生疲于应付,苦不堪言。然而,不管课程改革怎样变化,课程改革的伦理性不变,它都需要维护课程改革中个体的权利,促进公共利益的实现。课程改革的公共伦理是课程改革所要坚持的一种普适性的伦理精神和伦理规则,具有持续性和连贯性的特点。在纵向上,课程改革的公共伦理适用于任何学段。考虑到各个年龄阶段学生的学习特征,通常系统的课程改革需要针对各个学段、各个年级甚至各个学科制定详细的课程计划和课程方案,这也是将课程改革落到实处的重要举措。在制定和贯彻落实具体的课程方案的过程中,课程改革的公共伦理是评判适切性的价值标准,适用于一切学段、学科。以课程改革的公共伦理带动课程改革具体方案的制定和实施,是为课程改革注入道德的灵魂,能使课程改革与大众建立紧密的联系,从而获得大众支持,有持续发展的动力。

---

① 吴康宁:《教育改革的"中国问题"》,南京师范大学出版社2015年版,第1页。

第二章

课程改革公共伦理的理论渊源

课程改革公共伦理以实现公共利益、维护个人权利为理论旨要，强调在"自上而下"行政导向的课程改革中，要体现课程改革权力运作、制度生成、秩序构建的伦理性。本书吸收政治发展理论、权力博弈理论、利益相关者理论、契约正义理论、秩序自由理论的核心观点，形成独具特色的课程改革公共伦理的理论体系。本章分别从以上几个理论的内涵、核心观点、对本书的理论贡献出发，阐述课程改革公共伦理的理论缘起。

一　政治发展理论

"自上而下"行政导向的课程改革是一个政治社会化的过程。无论从价值还是实践层面，课程改革都与政治密不可分——课程文本承载着政治意识形态，课程改革在目标与内容中体现国家意志，课程改革在推进和实施过程中依靠行政力量支持。如果将课程当作一种政治文化，那么课程改革就是通过不断地塑造人们的心理和意识，使这种政治文化浸润到人们的内心的过程。因此，课程改革是一个政治社会化的过程。政治发展理论是政治社会学的重要理论之一，以政治发展理论为视点，课程改革是政治价值的传递过程，也是政治观发展和实践的结果。审视课程改革的政治发展过程，其本身蕴含着公共伦理价值，同时，政治社会化的过程中也需要伦理思想加以规范和引导。

(一) 政治发展理论的基本内涵

政治发展理论是政治社会学中的一个理论,主要研究政治实践的过程和政治变迁的结果。政治发展理论起源于 20 世纪 50 年代的美国。政治发展既可以用来指政治过程,又可以当做政治变迁的结果,其目标是建立政治民主体制,提高人权,实现政治现代化。政治现代化的标准是有限型政府和人民的广泛参与。从起源到现在,政治发展理论主要有三大流派。一是社会过程学派,以卡尔·多依奇为主要代表人物。通过对第三世界国家政治发展状况进行定量研究,把政治行为同现代化指标联系起来。二是结构功能学派,主要代表人物有阿尔蒙德、伊斯顿。结构功能学派主要借鉴社会学中的结构功能主义,与政治系统理论相联系形成政治发展理论。三是比较历史学派,代表人物有布莱克、亨廷顿等。这一学派主要结合历史,采用横向比较的研究方法,研究发展中国家的政治发展状况。[①] 亨廷顿是政治发展理论的最主要代表人物。1968 年,亨廷顿在大量研究的基础上,出版了《变化社会中的政治秩序》一书,提出他的政治发展理论。这一著作也成为政治发展理论最具有代表性的经典著作之一。亨廷顿的政治发展理论涉及政治现代化、政治稳定、政治民主、政治制度化、政治衰朽等诸多命题。亨廷顿主要以政治秩序为前提,以政治民主为目标,以政治制度化为手段和标准,以改革为动力构建其政治发展理论的理论体系。[②]

就政治发展理论的具体内容而言,主要包括以下三个部分:

1. 政治制度化

政治制度化依靠政治程序和社会组织的力量,是政治观念获得价值和稳定性的过程。亨廷顿认为政治发展主要意味着政治制度化程度的提高,而政治制度化主要由适应性、复杂性、自立性和凝聚力四个标准来衡量。适应性即政治组织能够经受的考验。复杂性主要包括在等级上、功能上和组织上的下级单位增多,也包括各类下级组织单位自身的结构

---

① 刘延周:《从秩序到民主:亨廷顿政治发展理论研究》,硕士学位论文,华侨大学,2018 年,第 4 页。

② 孟军:《国内外亨廷顿政治发展理论的研究综述》,《中南大学学报》(社会科学版) 2007 年第 6 期。

分化。自立性是政治组织独立于其他组织的程度。凝聚力是政治组织内部的聚合程度。亨廷顿认为如果政治组织同时具备适应性、复杂性、自立性和凝聚力,那么它就具备抗压能力,能保持对社会的有效控制,更容易成为稳定的政治秩序。①

表2—1　　　　　　　　制度化概念的不同视角②

学者	理解	视角	时态	层次	学科背景	重点
塔尔克特·帕森斯	制度化是个体行动与社会行动的中介	社会行动	进行时	系统、结构	社会学	行为模式制度化
S. N. 艾森斯塔德	制度化是不同规范、思想和结构框架结晶化的过程	综合		综合		
詹姆斯·G. 马奇	制度的产生加上制度框架内行动者行为的模式化就完成了制度化	集体行动		惯例、行为		
伯格、拉克曼	制度化是一个行动得以产生、重复,渐进地在自我与他们中唤起稳定的、同样的意义的过程	集体建构		行为		
塞缪尔·亨廷顿	稳定、受珍重的周期发生的行为模式	行为体系		适应性、复杂性、自立性、凝聚力	政治学	
罗德·黑格等	各个组织借制度化的过程获得影响力	过程		组织	政治学	
韦森	制度化是动态的秩序化	形构		习惯、制度	经济学	
约翰·拉格	制度化就是协调和模式化行为,使其导向既定方向而非其他方向	国际组织		认知、机构、组织行为	国际政治	
M. B. 迈尔斯	制度化是组织将革新理念同化入其结构的过程	同化		同化、调整	教育学	

---

① [美]塞缪尔·亨廷顿:《变革社会中的政治秩序》,李盛平等译,华夏出版社1988年版,第12—13页。
② 郁建兴、秦上人:《制度化:内涵、类型学、生成机制与评价》,《学术月刊》2015年第3期。

续表

学者	理解	视角	时态	层次	学科背景	重点
保罗·J.迪马吉奥	制度化是一种状态依赖过程，他通过减少组织的选择而坚守组织的工具理性色彩	集体建构	进行时/完成时	组织、行为	组织社会学	行为模式制度化
弗里德里希·克拉托赫维尔	制度已经到达一种内化的、想当然的约定	权威认同	完成时	组织、集体行为	国际政治	
亚历山大·温特	内化共识的制度化有利于解决集体行动的合作问题	内化共识				
迈克尔·富兰	制度化是指变革是否已经深入成为系统的组成部分				教育学	
迈克·斯密	制度化过程创造出共享行为规范	规则	进行时	制度	政治学	制度的制度化
罗伯特·基欧汉	制度化意味着准则上升为机制，机制又上升到组织	制度化层次		共同性、准确性、自主性		

除亨廷顿外，其他政治学家也对制度化概念做出了不同解释。由表2-1可知，对于制度化的理解，有的是进行时态，有的是完成时态；有的从"状态"的角度来考量，也有的从"结果"的角度来考量；有的侧重行为的制度化，也有的侧重制度的制度化。但是首先，制度化应当先是一个发展过程，再是一种结果；先是侧重行为，再建构制度；先是行为的制度化，再是制度的制度化。换言之，制度化不是一种状态，而是一种发展过程，是观念的表面走向纵深，由状态的动荡走向平衡，由体系的不健全转为健全，由制度的生产到制度发挥作用的过程。这与詹姆斯·G.马奇对制度化的认识相似，他认为："制度的产生加上制度框架内行动者行为的模式化就完成了制度化。"[①] 即制度化包含两层意义，一

---

① March J. G., Olsen J. P., "The Institutional Dynamics of International Political Orders", *International Organization*, Vol. 52, No. 4, 1998.

种是工具性意义，指制度体系的建立和健全；一种是过程性意义，即制度体系发生作用。改革中的制度化首先关注的是组织如何通过结构调整、规章制度、程序的建立，更加合理而谨慎地控制改革，预防外部因素的剧烈变化对改革带来冲击，防止内部人员和机构按照主观意愿操纵改革，然后通过制度发挥作用，使得改革趋于稳定化、结构化、程序化，从而保障改革的可持续发展。

2. 政治参与

政治参与是公民通过参与政治活动，以影响政府作出有利于自身利益的决策的过程。政治参与是政治发展的重要内容之一，也是衡量政治现代化和政治民主的主要标准。亨廷顿通过大量的调查研究表明，经济发展程度和政治制度是影响政治参与的主要因素。经济发展程度越高，政治参与程度越高。政党是直接影响政治制度的要素，政党的执政方案直接决定政治参与程度。例如西方的选举制度能够调动公民积极参与政治。除此之外，政治认同也是影响政治参与的重要因素，政治认同度越高，政治参与程度越高。

3. 政治民主

政治民主是政治发展的主要目标之一，也是政治现代化的重要标志。亨廷顿认为政治民主就是通过竞争的方式选举出最高政治决策者。其中包含两个维度：一个维度是竞争。即社会上所有利益相关主体都有争取自己权益的机会，都可参加政治选举，如果拒绝部分公民参与竞争，那么这种体制就是不民主的。另一个维度是参与。政治民主意味着在选举中，广大公民，无论种族、性别、信仰、地域等差异，都需要积极参与并且都具有投票资格。正是由于政治民主对政治活动中竞争与参与的突出与强调，使得政治活动浸润着自由、平等、博爱等公共价值，反映出公民对政府的有效监督、平等享有政治资源、协商自由等公共美德。政治民主对政治发展的意义在于，通过民主氛围的营造和对权力的监督，能够增加公民的政治认同感，发展政治体制的进化和自愈功能，提高政治活动的稳定性。政治民主化有利于民主体制的诞生和民主价值的巩固。由于政治民主这一优势，政治民主也成为发达国家政治发展的参照和归宿。①

(二) 政治发展理论与课程改革的公共伦理

课程改革文本承载着政治意识形态,课程改革在目标与内容中体现国家意志,课程改革在推进和实施过程中依靠行政力量支持,因此课程改革与政治密不可分。从个体的角度来说,课程改革是通过对公共潜移默化的政治影响,使公民形成正确的政治价值、政治意识和政治行为,从社会人变成合格公民的过程。从社会的角度来说,课程改革通过将一定社会的主导政治文化传播给公民,实现公民对政治制度和政治价值的认同,培育公民的政治参与度与社会责任感,使其符合一定社会政治体系的要求,能够担任一定的政治角色,以实现教育的发展和社会的稳定。② 因此,课程改革的过程即政治发展的过程。

按照政治发展理论的三大核心内容,课程改革通过制度化过程传递着政治价值,发扬着政治文化,推进着政治观念。通过课程改革的权力运作、制度构造和秩序生成,政治观念在课程改革中层层推进,不断深入。以政治发展理论为视角,不仅能够为课程改革的深入推进和稳定发展提供理论依据,也能通过鼓励多元主体参与决策,体现政治参与和政治民主的公共美德,从而促进课程改革"公共善"的实现。

二 权力博弈理论

课程改革受权力控制。权力是一种力量,依靠这种力量可以实现某种目的,形成某种局面,达到某种结果。正因为权力具有力量,权利主体之间才会相互较劲,为实现自身利益而进行权谋斗争。课程改革中权力按照不同的性质具有不同的类型,不同类型的权力之间相互制约才能保障权力运作的伦理性。权力博弈理论主要为课程改革公共伦理提供权

---

① 刘延周:《从秩序到民主:亨廷顿政治发展理论研究》,硕士学位论文,华侨大学,2018年,第17页。
② 李冰:《当代中国政治社会化中的公民认同研究》,博士学位论文,河北师范大学,2012年,第23页。

力分配的理论框架,即从课程改革权力博弈的过程中考察课程改革权力的伦理性。

(一) 权力博弈理论的基本内涵

博弈论是研究互动决策的理论,又被称作对策论。博弈论认为在活动中各方决策是相互影响的,每个人在决策的时候不仅要把别人对于自己的考虑纳入决策中,也需要把他人的决策纳入自己的决策之中,在复杂情境中多方考虑,选择最有利于自己的战略。博弈论起源于20世纪初期的最小最大定理,该理论解释了对冲突情境博弈的方法。1928年,冯·诺依曼证明了博弈论的基本原理,标志着博弈论正式诞生。1944年,冯·诺依曼和摩根斯顿提出了经典博弈论的基本原理——如何求解双人零和博弈以及处理n人博弈的经典方法,他们将博弈视为一种数学方法,并且出版了博弈论早期的经典书籍《博弈论与经济行为》,奠定了这一学科的理论基础和方法论体系。此外,纳什的纳什均衡以及塞尔顿、哈桑尼的研究也对博弈论的发展起到推动作用。第二次世界大战后,博弈论的应用领域逐渐广泛,成为数学、社会学、经济学、政治学、军事学、进化生物学以及当代的计算机科学等领域重要的研究方法和分析工具。此外,博弈论还与数学基础、会计学、统计学、社会心理学以及认识论与伦理学等哲学分支有重要联系。到20世纪中期以后,随着博弈论的数学变得更加精深而其应用变得不再那么尖锐,该领域分为数学和社会科学两大阵营。[①]

权力博弈理论是博弈理论的一个分支。在每一种权力关系中,都存在博弈现象。由于每一种权力背后都代表了各自不同的利益群体,为了使得自身利益最大化,各个权力主体会在一定的规则下产生竞争、冲突,这一过程就是权力博弈的过程。权力博弈论认为权力结构是由外在规定的、既定的事实。每个权力主体做什么、不能做什么、相信什么、安排什么都是给定的。在此框架下,博弈论为活动提供最优的设计方案,解

[①] [美] 詹姆斯·D. 莫罗:《政治学博弈论》,吴澄秋、周亦奇译,吴澄秋校,上海世纪出版社集团上海人民出版社2014年版,第1—2页。

释在此权力结构下，活动如何才能得以稳定、有效地运行。权力博弈论对于本身为什么存在这样的权力关系无法解释，只是给予这样一种权力关系游戏规则。权力博弈是带有竞争和对抗性质的。权力博弈的过程一直围绕着两个问题进行：如何改进已有的"纳什均衡"？[①] 如何促进权力主体利益最大化的实现？

  权力博弈的主要目的是"保证个人自由和权利又能够产生合理的利益分配。"[②] 最终实现"权力平衡"。对于权力主体而言，权力博弈的意义在于在权力结构内尽可能争取利益最大化。首先，权力博弈需要明确主体、明确对手、知道利益所在。在此基础上，权力主体需要设计不同的策略来实现自身利益。通常，策略的选择主要依据权力主体之间的力量悬殊。权力博弈的过程如同玩跷跷板。你强我弱，你弱我强，需要通过合适的方法找准平衡点。权力博弈策略的选择主要有两种情况：第一种情况当权力主体之间力量强弱悬殊较大，那么他们之间的博弈往往采取温和的方式，处于劣势的一方要在这种不平等状态下获得利益，只能在博弈策略上下功夫。例如20世纪80年代，中国转型成为以城市为主的市场经济改革，社会资源由中央统一配置转型为中央与地方共同配置。这一时期中央与地方属于两个权力等级相差较大的权力主体，地方为了"寻利"，采取"隐性博弈"的方式，通过"进京拉关系"或者"院外活动"，说服中央领导尽可能多地给予地方照顾，使他们能够获得优待，这种"谈判"和"讨价还价"就是权力主体博弈的过程。第二种情况是权力主体之间处于基本平等的地位，强弱差距不大。这时候权力主体之间的博弈就可能从隐性转为显性，由温和转向激烈。例如，在法律上享有平等地位的法人主体，在地位上不存在谁强谁弱，权力博弈时则通过平

---

  ① 纳什平衡，又称为非合作博弈均衡，是博弈论的一个重要术语，以约翰·纳什命名。在一个博弈过程中，无论对方的策略选择如何，当事人一方都会选择某个确定的策略，则该策略被称作支配性策略。如果两个博弈的当事人的策略组合分别构成各自的支配性策略，那么这个组合就被定义为纳什平衡。一个策略组合被称为纳什平衡，当每个博弈者的平衡策略都是为了达到自己期望收益的最大值，与此同时，其他所有博弈者也遵循这样的策略。

  ② 赵汀阳：《博弈问题的哲学分析》，《北京行政学院学报》2005年第3期。

等协商的方式，通过正规途径将权力进行科学化、法治化划分。① 权力主体强弱也可依据情况发生改变，如根据经济形态的发展、政治环境的改变等等，相应的，博弈方式也会随之改变。权力博弈的最终目的是走向一种"平衡态"，这种平衡态的标志是权力主体都达到一种相对满意的状态，如果没有达到这种状态，博弈会一直进行。因此，走向"和谐的动态平衡"是主体之间权力博弈的发展逻辑。

（二）权力博弈理论与公共伦理的内在一致性

公共领域涉及多主体的复杂交往活动，在交往活动中，往往关涉权力的博弈现象。权力博弈理论与公共伦理具有内在一致性。一方面，权力博弈的过程本身体现了公共理性。无论采取哪种博弈方式，权力博弈都不可能是单方面的压迫的专制活动，而是权力之间互动、对话和交往的过程，一方不可能完全忽视另一方的利益诉求而追求绝对的自身利益。由于权力主体之间是相互制约的，如果出现了压迫现象，就会引起另一方的抵触和激烈对抗，再次陷入博弈状态，直到权力主体都达到各自满意的平衡状态。这一过程是多元主体在平等对话、互动协商过程中生成的价值共识，体现了平等、公正、民主等公共伦理价值观。另一方面，权力博弈的目的是追求合理的利益分配，这与公共伦理的价值目标是一致的。权力运作的本质是利益分配问题。利益既是权力博弈的内驱力，也是权力博弈的最终目的，为权力博弈提供合理性和合法性。权力主体之间通过判断力量悬殊，观察政策和经济形势，选择合理的决策方案，其目的是追求个人利益的最大化实现。最终，权力主体之间找到一个利益的平衡点，达到权力博弈的理想状态，实质上就是公共利益的实现，这也是公共伦理的价值旨归。

（三）权力博弈理论与课程改革的权力伦理

课程改革中有不同的权力主体，他们代表不同的利益需求。课程改

---

① 林荣日：《我国转型期中央与地方高教权力博弈的方式和特点》，《复旦教育论坛》2007年第2期。

革的权力伦理的研究价值在于通过协调课程改革中各主体的权、责、利关系，促进实现权力运作的伦理性。权力博弈理论为课程改革权力理论提供的观念贡献在于：其一，有利于在现有的权力结构中选择最优的决策方案。权力博弈是一种对策理论，是在已有权力结构下，通过改变竞争规则，实现资源配置的最大化。在课程改革中，通过权力博弈实现"权力平衡"，合理地分配资源，使弱势群体的利益需求能够得以满足，是权力伦理性的体现。其二，有利于促进权力弱势群体转变博弈思维，通过改变博弈策略来实现自身利益。课程改革中的权力主体有力量的悬殊，这种力量差距过大，也是伦理失范的体现。以权力博弈理论为视点，可以纠正这种伦理失范现象。例如在行政导向的课程改革中政府教育官员、课程专家属于"集大权者"，他们在课程改革中拥有更多的话语权，而家长、学生、教师属于权力弱势群体，他们与政府、教育官员、课程专家的博弈方式属于"隐性博弈"，主要通过诉求表达、谈判等方式争取更大利益。在权力结构不变的情况下，如果现有博弈方式不能帮助弱势权力主体获得利益需求的满足，他们可以转变博弈方式，将隐性变为显性，将温和变为激烈，甚至采取彻底革命的方式争取利益。

三 利益相关者理论

课程改革的权力运作受利益支配，课程改革的权力伦理以利益相关者理论作为其理论基础。权力和利益是社会发展的驱动力之一。马克思认为，权力的运作与他们所追求的利益有关。洛克认为，"政治权力的目的，在于保护个人权利，保障公共利益，政府的权力不过是来自最高权力的委托，而最高权力则掌握在人民手中"，所以，洛克强调，政治权力绝不允许扩张到公共福利的需要之外。[①] 田凌晖认为，任何改革在本质上都是权力和利益的分化、调整和重新整合的过程。其中，改革的动力来自不同利益相关者的利益预期，改革的进程则是各方利益相关者根据自

[①] [英] 洛克：《政府论·下篇》，叶启芳、瞿菊农译，商务印书馆2011年版，第82—83页。

己的利益预期利用权力与他人进行博弈。课程改革的成效取决于各方利益平衡及协调程度。① 课程改革作为一项公共事业，触动了公共教育系统的组织结构和运作机制，权力主体都在构筑不同的利益，必然涉及利益格局的重塑。课程改革首先必须受到其直接利益相关者——学生的拥护和支持，但是同时也要得到其他利益相关者和权力主体的普遍支持，否则难以顺利启动，即便是启动了也难以推进以至成功。② 课程改革的权力伦理问题实质上是课程改革中利益关系的平衡问题。以利益相关者理论为基础来划分课程改革中的权力主体，分析课程改革中权力运作的伦理性，通过构建复杂的"权力-利益"网络，从利益调整与重塑出发，回答什么是课程改革的公共利益、课程改革触动了谁的利益、政府所代表的利益和其他参与者的个人利益之间的矛盾是什么、以及怎样通过权力干预来协调这些矛盾等问题。明确课程改革权力的发展路向，以达成合理的权力生态，为课程改革实现维护公共利益的伦理目标提供保障。

(一) 利益相关者理论的基本内涵

"利益相关者"一词最早出现在 1708 年《牛津词典》之中，其意义为人们在某项活动或者企业中"下注"，表示人们在活动或者企业的运营过程中抽成或者赔本。1959 年，潘洛斯在《企业成长论》一书中提出"企业是人力资产和人际关系的结合"，为利益相关者理论构建奠定了基础。随后，1963 年，斯坦福大学首次将利益相关者定义为："利益相关者是这样一些团体，缺少他们的支持，组织就不能生存。"③ 这个定义后来遭到学者们的批评，因为它只注重利益相关者对组织的单方面影响，利益相关者的支持与反对不能对组织的存亡产生决定性作用。瑞安曼从利益相关者与企业之间的互利关系对其下了定义："利益相关

---

① 田凌晖：《公共教育改革——利益与博弈》，复旦大学出版社 2011 年版，第 157 页。
② 吴康宁：《教育改革成功的基础》，《教育研究》2012 年第 1 期。
③ 王龙：《利益相关者理论视域下中国高考制度的演进》，博士学位论文，南京师范大学，2015 年。

者依靠企业实现个人目标，同时企业也依靠他们来维持生存。"① 1965年，经济学家安索夫提出："要制定理想的企业目标，就必须平衡利益相关者之间冲突的索求权，包括工人、股东、顾客、管理人员及供应商。"② 1971 年，阿尔施泰特和雅努卡宁将利益相关者定义为："利益相关者是一个企业的参与者，他们被自己的利益和目标所驱动，因此必须依靠企业，而企业为了生存，也必须依赖利益相关者。"③ 在前人研究的基础上，1984 年，美国学者爱德华·弗里曼出版了《战略管理：利益相关者方法》一书，成了利益相关者理论的奠基之作。在本书中，弗里曼提出利益相关者是"可以影响绩效或者受社团所期望得到成就影响的任何组织和个人"。④ 这一研究最大的贡献是区别了股东和利益相关者。与传统的股东至上主义不同，弗里曼认为任何一个组织的发展都不是为了某些主体的利益，而是为了利益相关者的整体利益，他们不仅包括股东，也包括潜在的雇员、消费者、所在社区内所有与公司发展利益相关的个人或者团体。综合来看，自 19 世纪 60 年代出现利益相关者这一概念以来，关于什么是利益相关者，谁是利益相关者，已经有 30 多种答案。其中，学界认为弗里曼的观点最有代表性。他不仅将影响组织目标实现的人或者团体视为利益相关者，同时也将组织目标实现过程中受采取的行动影响的个人或者团体视为利益相关者，这样的定义与现实情况更加契合。

利益相关者理论诞生于经济学领域，如今，已经被广泛运用于法律、医疗、公共政策、公共管理、企业管理等领域。特别是在公共事务管理领域，利益相关者理论以其独到的分析框架，在某一项公共计划的调研、制定、实施、分析、评价的全过程中，通过对个人和团体的信息收集和

---

① ［美］爱德华·弗里曼等：《利益相关者理论现状与展望》，盛亚等译，知识产权出版社 2013 年版，第 17 页。
② 万健华、戴志望、陈建编著：《利益相关者管理》，海天出版社 1998 年版，第 20 页。
③ 王龙：《利益相关者理论视域下中国高考制度的演进》，博士学位论文，南京师范大学，2015 年。
④ 李鸿萧：《基于利益相关者理论的恩施摆手舞传承与发展研究》，硕士学位论文，湖北大学，2023 年。

系统分析，依据利益相关者理论建立起利益分析框架，以减小内耗，对计划的成败及其效率的高低起到直接或者潜在的影响。

以弗里曼为代表的利益相关理论研究者揭示了利益相关者与组织之间的交互影响关系。利益相关者理论非常强调组织活动中利益相关者的参与，重视利益相关者在参与组织战略分析、规划和实施中的作用。弗里曼认为关于利益相关者的分析要从理性的、过程的以及交易的三个层面进行。通过这三个层面的分析，可以解决"谁是利益相关者""利益相关者的投入是什么""怎样管理利益相关者"等核心问题。弗里曼提出了几个著名的保障利益相关者利益实现的法则，如"利益相关者授权法则""利益相关者求偿法则""管理者责任法则"。此后，在弗里曼及其他研究者的不断努力下，利益相关者理论得到了补充完善，使之经过理论与实践检验后，最终为组织活动促进利益相关者利益实现、推动组织发展提供了一个相对完善与可行的理论分析框架。该分析框架可以帮助研究者用一种"全角"的眼光将所有参与活动的利益群体纳入视野之中，在此基础上，研究者可以通过理性的方式改变活动规则、处理利益相关者之间的关系，构建一个所有参与主体之间"互利共赢"的合作方案，从而推动组织活动的顺利开展。

利益相关者与组织的关系可以理解为一种"多边契约"。由于每一位契约参与者都为组织活动投入了个人资本，为了保证契约的公平正义性，同时，为了获得组织长期稳定的收益，必须保障利益相关者的利益，契约各方都应该具有平等的权利。在契约关系上，有些利益主体签订的是显性契约，有些则为隐性契约。以课程改革为例，政府、学校、教师与课程改革之间有显性契约，因为课程改革的成效会直接决定他们绩效考核的高低，进而影响他们的收入水平。而家长、社会人士等与课程改革之间形成的则为隐性契约，因为他们不直接参与课程改革，而是受到课程改革的间接影响。利益相关者权利的保障主要借助公共权力得以实现，通过权力运作对利益进行补差和再分配，实现利益的重组。然而，从权力本身的特征看，权力容易成为脱缰的"野马"。因此，在权力运作的过程中，面对权力本身的易腐蚀性、不确定性，利用利益相关者理论建立起利益分析框架，有利于为权力的制约提供一种既具有理论意义又有实践意义的思路和方法。

(二) 利益相关者的分类

自19世纪60年代利益相关者理论产生以来，许多学者对什么是利益相关者、怎样对他们进行分类等问题进行了研究。他们认为利益相关者类型不同，对组织决策及组织活动的影响程度不一。研究者们从利益相关者与组织关系的不同特征入手，根据不同的分析维度和判断标准对利益相关者的类型进行划分。这些维度主要包括利益相关者是否与组织存在交易性、联系的紧密性、影响的重要性、风险的承担性、群体的社会性、利益要求的合法性等，[①] 其中最有代表性的分类方法主要有以下四种：

1. 单维分类法

查卡姆根据利益相关者与企业之间是否存在契约性合同关系，将利益相关者分为公众型利益相关者和契约型利益相关者两大类。其中，契约型利益相关者主要有雇员、股东、顾客、供应商、经销商、债权人等；公众型利益相关者主要有监管者、政府部门、监管部门、媒体、社区等。[②]

克拉森根据利益相关者在企业中风险承担的方式将利益相关者区别为主动型（主要的）和被动型（次要的）两种。股东、员工、顾客、供应商是企业的主要利益相关者，他们对企业的生存发展起到至关重要的作用，而媒体、社会人士、政府等间接影响企业运作的群体则被纳入次要利益相关者之中。[③]

卡罗尔提出两种利益相关者分类方法：一是根据企业与利益相关者之间关系的正式性，将利益相关者分为直接利益相关者和间接利益相关者两大类。前者是与企业有着法律性契约关系的，并能够直接提出索取

---

① 李峻：《我国高考政策变迁研究——基于"利益相关者理论"的分析》，博士学位论文，华中科技大学，2009年，第23页。

② J. Charkham, "Corporate Governance. Lessons from Abroad", *European Business Journal*, No. 2, 1992.

③ Max E. Clarkson, "A Stakeholder Framework for Analyzing and Evaluating Corporate Social Performance", *Academy of Management Review*, No. 1, 1995.

权的个人或团体,而后者是间接影响企业的团体,他们与企业之间并无直接契约关系。二是根据利益相关者对企业的作用,将其划分为核心利益相关者、战略利益相关者和环境利益相关者。其中核心利益相关者对企业发展起到至关重要的推动作用,战略利益相关者是企业面临特殊威胁时发挥作用的个人或团体,环境利益相关者则是决定企业生存与发展的环境因素。①

2. 多维分类法

威尔勒在克拉森的理论基础上,根据利益相关者的社会性以及与企业关系的紧密程度两个维度将利益相关者细分为四类:主要的社会利益相关者,即社会中直接影响企业生存的人或者团体,包括顾客、员工、供应商、投资者等;次要的社会利益相关者,即他们的存在对企业生存有间接影响的社会群体,如竞争对手、媒体、政府等;主要非社会利益相关者,即与企业有直接利益关系的非社会性因素,如环境、后代等;次要非社会利益相关者,即与企业发展有间接利益关系的非社会性因素,如动物、植物等。②

萨维奇根据威胁性和合作性两个维度,将利益相关者分为四类:支持型、边缘型、反对型和混合型。③

3. 米切尔评分法

米切尔和武德提出运用评分法界定利益相关者,他们从三个维度区分利益相关者的关系,即:企业决策的影响力、法律及道义上的合法性以及引起关注实践的长短性和紧迫性。只要满足其中任意一个属性,就可以被称为利益相关者。根据这三种属性的评分情况,可以把利益相关者分为三类:确定型(A)、预期型(B、C、D)和潜在型(E、F、G),详见图2-2。

---

① ARCHIE B、CARROLL, "A Three - Dimensional Conceptual Model of Corporate Performance", *Academy of Management Review*, No. 4, 1979.

② Wheeler D., Sillanpaa M., "Including the Stakeholders: The Business Case", *Long Range Planning*, Vol. 31, No. 2, 1998.

③ 李峻:《我国高考政策变迁研究——基于"利益相关者理论"的分析》,博士学位论文,华中科技大学,2009年。

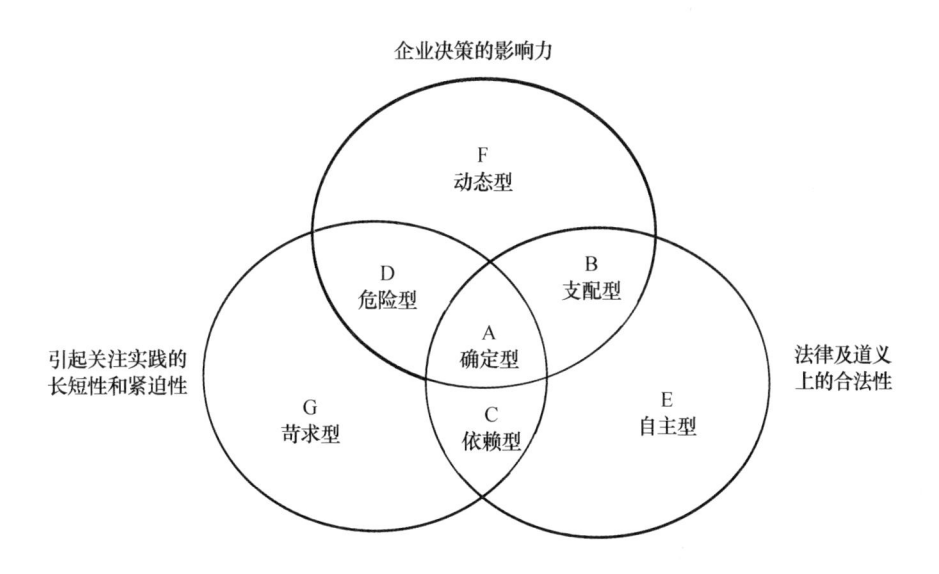

图 2-2 米切尔评分法分类标准

确定型（A）为同时具备三个维度属性的个人或者群体，包括股东、雇员和顾客等。为了企业的生存和发展，企业管理层必须十分关注，并且设法满足他们的需求。预期型为具备两种属性的利益相关者，根据不同的组合又可以细分为支配型（B）、依赖型（C）和危险型（D）三类。其中 B 表示同时拥有合法性和影响力的利益相关者，他们有时会参与决策，并且希望受到关注，这些群体可能包括投资者、政府部门和雇员。C 表示对企业拥有合理性和紧迫性的利益相关者，但是他们缺少合法的权力来保障自身的利益，需要依赖强有力的权力主体来实现维权。D 表示同时拥有影响力和紧迫性的利益相关者，由于他们没有合理性，所以经常通过不道德甚至非法手段来争取他们的利益，这类群体包括政治或者宗教的极端主义者、矛盾激化时暴力抗议的员工等。潜在型是仅具有一种属性特征的利益相关者，可细分为自主型（E）、动态型（F）和苛求型（G）三类。其中 E 只拥有合理性，他们随着企业的运作情况来决定是否发挥作用。F 是对企业具有影响力的一类群体，他们可以利用手中的权力来随时成为利益相关者。G 是只具有紧急性的群体，他们既没有合理性也不具备影响力，因此很难受到关注，自身的利益难以受到保障。米切尔和武德认为，任何利益相关者在企业发展的不同阶段，可以因为获得或者失去某种属性，从一种类型转换为另一种类型。[①] 相比于其他分类方式，米切尔评分法以动态的视角区分利益相关者，既提升了利益相关者分类的准确性，也增强了该理论与现实情况的契合性。

4. 权力/利益矩阵法

孟德尔1991年提出了一种权力/利益矩阵。他按照权力大小，将利益相关者分为四类：主要利益相关者（A）、保持满意者（B）、提供信息者（C）和最少努力者（D）。详见图2-3。

权利高低		利益水平	
		高	低
	高	A 主要利益相关者	B 保持满意者
	低	C 提供信息者	D 最少努力者

图2-3 权力/利益矩阵

权力/利益矩阵图表明了利益相关者与组织关系的不同类型。在制定改革计划的时候，显然应当着重考虑A的需求，因为他们既有权力又有兴趣，是推动改革的主要力量。对于B来说，他们拥有权力但是却不容易对计划产生兴趣，应当想办法调动他们的积极性，使他们利用权力施加有利影响。如果B受到了错误引导而变为A，成为阻止改革的力量，那将会对改革造成毁灭性的打击。同时，在实施计划的时候也应该重点关注C的诉求，因为改革计划与他们的利益需求密切相关，但是他们却没有太大的权力，所以可以通过信息交换来满足他们对利益关注的需求。

---

① Ronald K. Mitchell, Bradley R. Agle, Donna J. Wood "Toward a Theory of Stakeholder Identification and Salience: Defining the Principle of Who and What Really Counts", *The Academy of Management Review*, No. 4, 1997.

而对于 D 来说，他们是组织计划实施中的边缘群体，既没有太多权力，也不存在太大的利益需求，因此，对他们加以适当的引导即可。

权力/利益矩阵分析了在推进一项改革计划时，利益相关者与其持有权力大小的关系，其意义在于：其一，有利于确定哪些权力主体是支持派，哪些是反对派，并且根据他们的利益需求来投其所好，从而推动改革。其二，有利于分析改革的文化适应性。通过各个权力主体的利益需求分析，可以判断这项改革计划推动和实施的积极性以及是否可能受到政治或者文化的阻挠。其三，一旦对权利主体的利益相关者地位进行定位，就有利于管理者对其行为进行干预，防止他们重新定位为阻止改革的力量。其四，有利于研究者评估和分析改革过程中应该在哪里引入"政治力量"。

（三）利益相关者理论与公共伦理的内在一致性

利益相关者理论的核心是对个体利益诉求的保障，促进公共利益的实现。而利益的意志化就是权利，权利又对应义务。权力与权利的关系如同权利与义务的关系，具有一致性。权力是分散的公民权利的集中化结果，因此表现出一定的权威性和支配性，权力和权利在能力上本无区别，只是权力具有一定的地位属性。权力的最主要作用是实现课程改革的资源配置，权利配置作为资源配置的核心，决定着利益分配方向。换言之，资源配置的过程即利益主体权利配置的过程，因此，课程改革权利配置和运行过程本身就是一种兼具利益性和契约性的活动，权力变迁实际上就是一个资源分配和利益格局重塑的过程，支配该过程的深层因素是利益驱动。总之，利益竞争是课程改革的原初动力，权力是利益竞争的工具，权力如何分配关系到主体利益能否实现，所以，从个体利益实现的角度来理解课程改革的权力分配是恰当的。公共伦理的核心是保证个体权利不受侵害，最大化程度实现公共利益，从利益相关者理论来看课程改革中的权力运作，主要是从个人利益的角度保障个人权利，符合公共伦理的价值诉求，因此，利益相关者理论与公共伦理具有价值一致性。

（四）利益相关者理论与课程改革的权力伦理

利益问题是权力伦理的基本问题。这一基本问题的根据在于：一方面，公共权力主体作为政策的执行者，在执行过程中置身于利益矛盾与冲突之中，应当以什么人的利益为出发点和归属，这是权力主体经常面临的一个道德难题。另一方面，权力主体利用公共权力来调节各种利益关系，其中包括个人利益与公共利益的关系，行政利益与社会利益的关系。换言之，权力伦理处理的是权力代表谁的利益，运用手中的权力怎样协调利益关系的问题。因此，公共权力伦理的基本问题是"权力与利益的关系"问题。作为一项公共事务，课程改革中利益关系的处理是课程改革的公共伦理所关注的重点也是难点话题。课程改革是一场典型的利益格局重组的教育革命，在这场革命中，肯定有一部分既得利益者的利益受到影响。课程改革的权力伦理关注课程改革权力主体如何利用权力平衡其中的矛盾关系。

利益相关者理论作为一种分析框架，被广泛地运用于经济、管理、公共政治、教育等各个领域，例如大学权力运行，利益相关者理论对于平衡大学教育政策制定中权力主体的利益冲突起到指导性作用。作为一项利益相关的行政活动，课程改革的权力主体也是利益主体，完全可以借鉴利益相关者理论的框架来分析课程改革中的权力伦理。在课程改革中，权力主体是多元的，除了政府、教育管理人员、教师、学生外，还存在家长、社会媒体、课程专家等利益主体。根据利益相关者理论，划分出不同层次的利益相关的权力主体，在权、责、利的基础上，考察课程改革中各个利益相关者的权力运作的道德性，可以为实现维护公共利益的课程改革提供理论指导。

四 契约正义理论

制度伦理有两种理解方式：一种是"制度的伦理化"，即我们所遵循的政治、经济、文化的制度本身具有道德原则和道德价值，能够为社会大众提供价值引导。另一种是"伦理的制度化"，即将社会的伦理原则和道德要求上升成制度规约,强制社会成员共同遵守。① 这两种理解一种重视制度的"独立价值",一种重视制度的"工具价值"。对于前者而言,制度伦理建设的基本要求是将道德原则纳入制度框架,使道德要求上升为制度要求。例如,我们判断一个制度是否具有进步性,是否能够体现公共伦理精神,关键是看制度体现道德精神是否能够满足大众需求,这是制度独立价值的体现。对于后者而言,制度通过调配、监控、管理、惩罚等强制手段,使利益的矛盾与冲突得到有效调控,这样社会才能趋向公平正义,道德精神才能得以彰显。如果缺乏制度保障,道德自律在利益冲突面前难以维持,这是制度工具价值的体现。因此,伦理的制度化和制度的伦理化相辅相成、互相贯通,共同构成了制度伦理。

课程改革的公共伦理需要制度的伦理关怀,其中同时包含制度的伦理化和伦理的制度化两层含义:一方面,课程改革制度要体现公共伦理的价值目标,即课程改革制度设计要体现利益相关者的利益需求,这解决了制度的伦理化问题;另一方面,要通过建立、健全完善的制度体系,使课程改革对于权力的规约、利益的协调规范化、模式化、程序化,使各种复杂的利益关系得到正当解决。换言之,课程改革的制度伦理的核心是揭示制度的伦理属性及其伦理功能,其主旨是指向"什么是善的制度""一个善的制度应当是怎样的""何以可能""有何伦理价值"等问题。契约正义理论所代表和体现的伦理精神是制度正义,这一思想正好与课程改革的公共伦理相契合。

(一)契约正义理论的基本内涵

契约正义理论又称为社会契约论,主要分为古典契约正义理论和现代契约正义理论。古典契约正义理论以洛克、卢梭和康德为代表。古典契约正义理论兴起于对封建专制制度的反抗和资本主义制度逐渐兴起的动荡年代,致力于构建理性正义的社会制度以及保证人民的合法权益不受侵害的理论框架。其主要思想是现实中每个人都渴望享受平等和自由的权利,而这种权利的维护需通过契约正义制度的建立才能成为现实。

---

① 李克海:《制度的伦理化和伦理的制度化》,《江海学刊》2004 年第 5 期。

1971年，被誉为20世纪最重要的政治著作《正义论》问世，该书的作者美国当代学者罗尔斯在古典契约论的基础上，创立了"作为公平的正义"理论，将契约正义上升到更高的抽象水平，他的理论被称为现代契约正义理论。

洛克对专制制度深恶痛绝。他认为无论是暴君还是贤君统治，专制制度都侵犯了人们天赋的自由、平等和财产权，人们有权反抗。没有专制制度，在自然状态下，人们享有的权利也是很不稳定的，时时刻刻面临着被他人侵犯的危险。只有人们达成协议，自愿放弃一部分权利，将这部分权利转交给政府，政府按照人们一致同意的规则来行使权力，这样的社会才是公平正义的。① 在政府开展社会活动时，必须得到半数以上的成员同意，否则这样的社会活动不具合法性。洛克的契约论建立在人人平等和自由的基础上，自由被限制在合理的控制范围内，需要遵守法律规范，人的权利是平等的，国王本人也不能违反这种契约，否则人们就有足够的理由来推翻他的统治。

卢梭作为古典契约正义理论的集大成者，他的《社会契约论》为如何构建正义的社会制度以及近代西方资本主义制度的确立提供了强有力的理论支持。卢梭认为自然状态是人生活的"黄金状态"，在自然状态中的人过着单纯、原始、质朴的生活，他们追求自由，享受幸福。然而，卢梭所处的时代是资本主义兴起和发展正盛的时代，他感受到了人们受到剥削，希望摆脱政治、经济和精神枷锁的迫切愿望，希望能够通过建立一种正义的契约制度来解放受统治阶级压迫的人们，从而可以慰藉人们内心深处对自由的向往。他认为好的社会制度是通过缔结契约而产生的，"需要有约定和法律来把权利和义务结合在一起"②，"要寻找出一种结合的形式，使它能以全部共同的力量来卫护和保障每个结合者的人身和财富，并且由于这一结合而使得每一个与全体相联合的个人又只不过是在服从其本人，并且仍然像以往一样地自由。"③

---

① ［英］洛克：《政府论．下篇》，叶启芳、瞿菊农译，商务印书馆2011年版，第77—81页。
② ［法］卢梭：《社会契约论》，何兆武译，商务印书馆1980年版，第48—49页。
③ ［法］卢梭：《社会契约论》，何兆武译，商务印书馆1980年版，第23页。

作为古典契约主义的开创者，洛克试图在社会契约的基础上建立一个自由主义的有限政府，而卢梭建立的是人民民主主权的民主共和国。从经验主义出发，现存的政府没有一个建立在自愿协议的基础之上，人们之所以遵从统治，不是因为责任感，而是出于害怕和恐惧。但是，并不能说这样的政府就不合法，大多数现存政府合法性的依据在于，从功利主义的角度出发，人们为了维护共同利益，选择服从权威，因为没有政府，社会就会失去控制，人们的权利更没有办法得以保障。

面对休谟对契约正义理论的批判，康德从理性主义的角度对契约正义理论进行了辩护。他将社会契约作为理性设想的东西，而不是一种历史上的事实。社会契约表达了一种国家正义的规范标准。康德认为，自然状态是一种非法治的状态，在自然状态中人拥有"法权"，但是不受法律保护。当私人法权公开受到法律保护，则变成了公共法权。康德的公共法就是人们所建立的契约，它的目的是保护自然状态下人们所拥有的法权。对于休谟提出的我们为什么要服从契约的问题，康德的回答是这是出于人的道德自律。如果将契约看作纯粹实践理性的命令，那么我们的服从可以说是"自己立法，自己遵守"，① 换句话说，当一个人对他人作恶，他同样也是对自己作恶。

在前人的基础上，罗尔斯提出了一种更为抽象的、非历史的、非现实的契约正义理论。罗尔斯不相信天赋人权和自然法，他所建立的社会契约是基于一种虚拟的"原初状态"，这种原初状态不同于自然状态，它是假定的，并且原初状态中的人是具有正义感和自利性的，"彼此间具有相互冷淡的理性"，是对他人利益并不感兴趣的理性人。罗尔斯认为在这种情况下制定的规则、建立的制度最为公平正义。在原初状态下人们不知道彼此之间天赋、能力、出身、地位、旨趣等不同，只是按照两个正义原则缔结契约，这种建立契约的条件是在程序上保持正义。② 随着"无知之幕"被拉开，人与人之间的差异凸显，但是原始状态下缔结的契约，

---

① 邵华：《论康德的社会契约论》，《华中科技大学学报》（社会科学版）2016 年第 1 期。
② [美] 约翰·罗尔斯：《正义论》，何怀宏、何包钢、廖申白译，中国社会科学出版社 1988 年版，第 9—11 页。

制定的制度不变,从而使制度的建立摆脱了志趣、喜好等个人特殊性的影响,避免了无休止的纷争,使社会规则的建立从程序正义走向结果正义。

总的来说,契约正义理论的核心要义有三点:第一,契约正义理论主要以自由、民主、平等、正义等为价值旨趣。第二,契约是人们在长期斗争与合作中的结果,其目的是约束和规范人们的行为。契约正义理论的产物是理性的社会制度。第三,契约建立在人们的自愿合意的基础上,不是代表政府意志,而是体现公共意志,政府只是受人民委托行使主权的权力机构。如果政府走向了公共意志的反面,那么他们的权力将不再具有合法性。

(二)契约正义理论与公共伦理的内在一致性

按照社会契约论的观点,制度是人与人交往的产物,制度建立的过程是一种签订契约的过程。由于在原始状态中,个人的生存发展会受到种种阻碍,既难以产生新的力量,也没有办法维护自己的基本权利不受侵害。这便是社会契约所要解决的根本问题,每个人转让一部分权利给整个集体,以寻求对个人人身、财产、自由等权利和利益的保护。个人权利让渡的目的是为形成一个普遍意志做好准备,这种普遍意志以社会公约(社会契约)为载体,最终的目的是实现制度理性。社会契约的缔结标志着产生了一个道德的与集体的共同体,对于缔结契约的每个人而言,他(她)扮演着双重身份:既是规则的制定者,是主权者的一员;也是规则的守护者,需要遵守规则。因此,通过建立制度契约,形成具有普遍约束力的行为规范,标志着人们从自然状态中脱离出来进入社会状态。他们虽然由于权利让渡丧失了天然自由和部分权利,但是得到的是社会自由及对更多事物进行支配的所有权,实现了对自身利益和权利的合法保护。从内容和形式上,契约正义理论所要建立的契约立足于"公意"基础上,追求公共利益的实现;从价值观念上,契约正义理论的"正义"指向的是公共的正义,是社会的正义,这在本质上与公共伦理的价值旨趣是一致的。

(三) 契约正义理论与课程改革的制度伦理

与其他社会制度一样，课程改革制度也是契约的产物。每一次课程改革并不是对传统的简单否定，另起炉灶推倒重来，而是扎根于过去，在当前现实问题的基础上，在大众对教育期待的理解上，破旧立新的过程。在这个过程中，需要建立课程改革制度，以保证每一个参与课程改革的成员的基本权利得到充分的实现。因此，课程改革制度本质上是各种利益主体经过复杂的权力斗争与合作后协商建立共同规则，实现制度理性，体现公共意志。课程改革的制度伦理主要关注这种契约或者规则本身所追求的伦理价值和制度安排的合理性，也就是前面所提到的制度的伦理化和伦理的制度化两方面。

契约正义理论对课程改革制度伦理的观念贡献在于：其一，在课程改革制度的伦理价值原则方面，契约正义理论对自由、民主、平等、正义等价值的求索是课程改革制度所追求的价值目标，也符合公共伦理的价值诉求。特别是罗尔斯的"作为公平的正义"理论，从两个正义原则的优先性出发规定了社会制度的价值序列，为我们规定了课程改革制度中的价值原则——公共利益优先、关注差异、特殊权利合道德、民主商谈原则提供了价值参考。其二，在课程改革制度安排的合理性方面，契约正义理论以逻辑建构为特色，从社会制度在什么样的环境中构建，如何设计一个基本的社会结构出发，从而对基本的权利与义务作出合理的分配，对社会中的不平等进行合理的调节都做了详细的理论建构。为本书提出一套普遍、公开、逻辑一致的课程改革规则，为用来规范课程改革中的主体行为提供了理论框架。

五 秩序自由理论

哈耶克认为秩序是事物的一种状态。这种状态可能是自然形成的，也可能是受到文化影响或制度规范后形成的。[①] 根据马克思的理解，人的

---

① 高兆明：《"伦理秩序"辨》，《哲学研究》2006年第6期。

活动既要遵循自然规律这一客观尺度，也要服从自由意志这一主观尺度。在自然规律和自由意志的支配下，人的活动形成了两种秩序——标识"必然"的自然秩序和标识"自由"的伦理秩序。从自然的伦理秩序到自由的伦理秩序，是生命进化、提升的一种机制。从自然到自由，标志着人类从低等的关系进入高等的关系和更高的精神境界。马克思从生命进化的进程上考虑秩序伦理的发展历程，得出走向自由的伦理秩序符合人类活动的必然规律的结论。① 以史为鉴，社会文明越发展，人类越自由。从奴隶社会到今天，民主制度取代专制制度，社会发展的脚步不断向人类自由意志的解放迈进，体现了人类对自由价值的无限向往与热切追求。

无论从历史逻辑还是实践价值来看，自由秩序都是秩序伦理的最高目标。那么，课程改革如何实现自由秩序？自由的课程改革秩序是否符合大众需求？课程改革的公共伦理与课程改革秩序伦理之间存在怎样的必然联系？课程改革的秩序伦理中的自由有没有限度？以秩序自由理论作为理论基础，可以对这些问题进行解释。

（一）秩序自由理论的基本内涵

自由主义是政治和经济学的一种思潮，起源于19世纪70年代的英国，经历了从古典自由主义到自由主义，再到新自由主义的发展脉络。新自由主义与古典自由主义都倡导"自由至上"，主张个人主义，反对国家过多干预。其中古典自由主义强调自由是天赋人权，是康德意义上的绝对律令。新自由主义是对古典自由主义的"复兴"，它受自由天然观的影响，推崇消极自由和经济自由。自由主义主张国家干预下的自由，秩序自由理论是自由主义的一个分支。

洛克是自由主义的鼻祖，他秉持自由主义政治观。洛克在《政府论》中提出，"法律的目的不是废除和限制自由，而是保护和扩大自由，愿意放弃自由来换得保障的人，既得不到自由，也得不到保障。"② 洛克主张的自由是一种不受强制约束力的"消极自由"。他在强调维护个人的自由

---

① 宋希仁：《论伦理秩序》，《伦理学研究》2007年第5期。
② ［英］洛克：《政府论．下篇》，叶启芳、瞿菊农译，商务印书馆2011年版，第36页。

权利的基础上提出了系统的政府、宪政等思想。在洛克的自由主义理论中,政府与公民签订契约,以保证公民权利。他认为个人的自由、权利是自然的,是目的,而社会、政府是手段。

卢梭的自由观推进了洛克的自由主义。卢梭所追求的自由是一种"积极自由",是一种通过社会变革积极争取和实现的平等自由。卢梭认为,人们生而自由,但是却受到文明社会中人际关系的束缚。在文明社会里,人们互相依赖,彼此需要,因而陷入了奴役、劳作和苦难的深渊。卢梭将这种状态称为人的"堕落"。他认为人的堕落不是由于本性导致的,而是在交往中形成的。要走出这种堕落的状态,则必须抛弃文明社会。① 然而,卢梭认识到,丢掉文明,回归原始状态是不现实的。为了在文明社会里追求人的自由与幸福,必须通过政治社会的变革,建立起能够实现公民自由和道德自由的政治社会。换言之,我们追求自由,但是自由不可能从社会之中自然"生长",需要借助社会契约得以实现。这种社会契约即立法,人民享有立法权,政府受人民的委托行使执行权,以此形成政治社会。卢梭认为政治社会的基础是"公意":我们通过契约形成一个有机的道德共同体,这种公共体的意志就是公意。在卢梭看来,公共体中每个人都有其个人利益,也有共同利益,公意的目的是实现"共同利益"。② 卢梭的秩序自由理论以公意为基础,以坚持人的自由为政治和法律的目的和归属,致力于探究维护社会长治久安的自由秩序。

哈耶克在前人的基础上,进一步发展和完善了秩序自由主义理论。不同于卢梭和洛克,哈耶克主要强调自由秩序中自由的实现,而卢梭与洛克主要强调政府的作用。哈耶克认为,"如果一个人不需要服从于任何人,只服从于法律,那么,他就是自由的……自由只要求对强制及暴力、诈欺及欺骗加以制止,但是政府运用的强制情况除外。当然,政府对强制的运用只限于一个目的,即强制实施那些旨在确保个人活动之最佳境况的众所周知的规则,在这些境况中,个人可以使他的活动具有某种一

---

① [法]卢梭:《社会契约论》,何兆武译,商务印书馆2003年版,第60—61页。
② [法]卢梭:《社会契约论》,何兆武译,商务印书馆2003年版,第31页。

贯且合理的模式。"① 换言之，人在社会中要获得安全和自由的领域，就需要接受规则的约束。个体依照规则行事。随着智识的增长，这些规则从无意识的习惯逐渐发展成为清楚明确的陈述，又渐渐发展成为更抽象并且具有一般性意义的陈述，法律制度就是其表现形式。政府是这一抽象规则的管理者，他们为法治下的自由理想提供了可能。在哈耶克看来，"规则"不仅不是对自由的束缚，反而是人类为了实现自由精心设计的产物，正是因为有了规则存在，才能形成政治秩序和社会秩序，它当之无愧地应该成为人类最伟大的发明之一。

秩序自由主义的核心观点是，自由与制度并不矛盾，社会所追求的自由是一种制度性的自由。② 传统的自由主义倡导个人权利不受外界干扰，特别是经济权利不受侵害，主张对个人财产的严格保护，为私有制的产生奠定了理论基础。然而，这种绝对的自由带有一种乌托邦式的理想色彩。在现代社会中，个体权利不受侵害需要依赖公共制度。自由与制度不是矛盾的概念，相反，自由从根本上与制度相辅相成，不可分离。一方面，如果社会不受制约，由于个体之间天赋、能力、财产、地位的差异，会形成强者统治的等级制社会，而这样的社会会剥夺一部分人的自由权利，如此便不能实现真正的自由；另一方面，公共制度通过对个人或者群体行为加以限制，从而实现不同个体所享有自由的平衡，从而有利于构建和谐社会，使更多的人获得自由。因此，制度表面上"削弱"了人的自由，实质上增进了人的自由。

（二）秩序自由理论与公共伦理的内在一致性

秩序自由理论追求的自由不是"无政府状态"的绝对自由，而是一种制度框架内的自由，是有限的自由，是"限定规范"，是个体特殊性与普遍一致性相统一的自由。这种自由要求人们不能仅仅考虑自身利益，而是要关注个体之间的联系，关注社会成员的"共同善"的实现。卢梭

---

① [英] 弗里德里希·奥古斯特·冯·哈耶克：《哈耶克论自由文明与保障》，石磊编译，中国商业出版社 2016 年版，第 103—104 页。

② 朱富强：《新自由主义的十大考辨（上）：自由的本质内涵和特性》，《经济社会体制比较》2017 年第 6 期。

提倡在政治社会中追求"公共利益"。公共利益不同于集体利益，集体利益是个体利益的全部集合，集体利益中个体利益之间的正负值相互抵消，剩下的即为公共利益。卢梭认为公共利益即是"公共善"。实现共同善对个人的规范体现在个体追求有限度的自由——即"自律性自由"。自律性自由是指个体在追求自由权利的过程中，也不干涉他人追求自由的权利，并且能够清醒地意识到公共利益的价值，充分认识自身利益与他人利益的联系，这样个体就能自觉遵守公共制度和社会规范，达到"随心所欲不逾矩"的状态，也就是自律性自由的状态。秩序自由既能使个人的权利和利益得到最大化保护，又能不干涉他人追求自由的权利，从而还原课程改革的自然生机，维护课程改革的共同体秩序。从这个意义上，秩序自由理论所蕴含的价值理念与公共伦理是内在一致的。

（三）秩序自由理论与课程改革的秩序伦理

课程改革的秩序伦理追求课程改革秩序的善，即课程改革达到最佳理想的状态。那么，怎样的课程改革状态才是合理的和正当的？课程改革秩序要体现什么样的伦理精神才能满足大众需求呢？对课程改革的秩序伦理的审视首先应回归课程改革的初衷，从课程改革的出发点来考察课程改革是否达到其最佳状态。与生产千篇一律的螺丝钉不同，教育的本真是培养具有自由个性的人。课程改革作为承载教育目的与教育价值的实践载体，以促进每一个学生自由的、全面的发展为前提，通过对学生知识、品德、技能、身心的培养与积极引导，以适应学生终身发展的需要。这就要求在课程改革的设计和实施过程中应该充分体现对个体人道的关怀及选择自由。

秩序自由理论对于课程改革秩序伦理的观念贡献在于：其一，有利于在改革目标上引导学生自由的发展，拒绝人云亦云、随波逐流的发展轨迹，唤醒学生的自觉意识，从精神理性的角度为自己的发展做出选择。其二，有利于在改革方式上促进自生自发的课程改革的形成，使课程改革摆脱经济基础的功利性诱惑，抵制政治权力的长官意志，使其本身的独立性逐步体现出来，这是一种理想状态的课程改革。其三，秩序自由理论追求一种建立在"公意"基础上的自由秩序，这与课程改革的公共伦理保护个人权利不受侵害，维护公共利益的价值基础相契合。其四，秩序自由理论认识到现代社会要实现自由秩序，需要制度发挥其约束作用。这规定了课程改革的自由限度，为课程改革秩序提供了规范性要求，保障了自由秩序形成的现实可能性。

总之，课程改革的公共伦理吸收政治发展理论、权力博弈理论、利益相关者理论、契约正义理论和秩序自由理论中关于政治制度化、政治参与、政治民主、权力平衡、公共利益、制度理性、秩序自由等思想，形成了独具特色的课程改革公共伦理体系。课程改革的公共伦理以政治发展理论中的政治制度化思想为视点，将课程改革视为一个政治制度化的过程。通过权力运作、制度建构和秩序生成，使政治观念通过改革过程层层推进、不断深化。课程改革制度化的过程，也是课程改革主体之间通过权衡各种利弊关系达成契约，分担责任与义务，在价值协同的前提下共同推进改革目标的过程，体现了协商民主、程序正义等公共道德价值。课程改革政治制度化的过程中涉及复杂的权力博弈、利益分配、制度构建、秩序生成现象，体现了课程改革权力、课程改革制度、课程改革秩序三大要素的互动关联逻辑。权力博弈理论、利益相关者理论、契约正义理论和秩序自由理论作为课程改革公共伦理的理论基础，具有价值和实施上的合理性。首先，从价值逻辑而言，各个理论为课程改革中的权力、制度、秩序三大要素本身及其关系的伦理性提供了价值标准，以及课程改革运行状态中是非善恶基本依据的内在善，内在善也可称之为观念善。其次，从事实逻辑而言，通过课程改革公共伦理价值体系的建立体现了规范课程改革制度化过程的手段善，手段善也可称之为外在善。从这个意义上讲，以政治发展理论、权力博弈理论、利益相关者理论、契约正义理论和秩序自由理论为观念依据的课程改革公共伦理理论体系，将课程改革的权力、制度、秩序的伦理性作为课程改革公共伦理概念形成的有机统一体，通过内在善与外在善的统一、手段与目标的统一，以促进实现课程改革良性运行这一终极善的实现。因此，不管从价值逻辑还是事实逻辑上，课程改革公共伦理的理论基础都具有合理性。

第 三 章

课程改革的权力伦理

通过前面的分析,本书已经为课程改革公共伦理的整体形象做了一个简要的"勾勒",对它是什么、它的来源是什么、它的思想是什么做了概括和描述。接下来,需要对它的每一部分进行解构和分析,并结合实践了解它的现实样态,使课程改革的公共伦理"有血有肉",更加形象和生动,富于生命和活力。

课程改革的公共伦理追求实现"让人民满意"的课程改革。吴康宁认为,在今天这样一个利益分化的时代,"人民"的构成本身也日益丰富和复杂:工人、商贩是人民,高管、企业家、政治家也是人民;穷人是人民,富人也是人民;教师、校长是人民,学生、家长也是人民。所以,客观地说,很难实现让人民都满意的课程改革。① 如果在没有深入了解人民需求的情况下随意为改革张贴价值标签,盲目打着"让人民满意"的旗号进行改革,不仅会陷入"事实"和"价值"二元对立的尴尬境地,使"让人民满意"虚有其名,也会导致人民不能享受改革之利,从而产生抵制改革的逆反心理,使课程改革在现实推进过程中寸步难行。因此,想民之所想,急民之所急,改民之所需,求民之所盼是将课程改革落到实处的前提和基础。

权力运作的本质是利益分配问题。与其他改革一样,课程改革是一个利益分化、调整和重新整合的过程,在这个过程中,权力主导利益格局的重塑。正如戴维·帕里斯所言:"即使改革的理念能够得到认同,但

---

① 吴康宁:《教育改革的"中国问题"》,南京师范大学出版社2015年版,第10页。

是如果改革的理念缺乏利益的支撑而且缺乏在制度中得以实现，那么这些理念几乎不可能产生实践效应。"① "民主所需，行之所至"，满足大众的利益需求是课程改革权力运作的出发点。课程改革的权力伦理通过了解课程改革中利益相关者的权、责、利现状，构建的"权—责—利"矩阵，从权、责、利的协调分配和权力运作的伦理规范角度出发，以促进课程改革权力伦理性的实现。主要解决的问题有：课程改革的利益主体有哪些？政府所代表的利益与其他参与者的个人利益之间的矛盾是什么？课程改革中哪些人的哪些利益需求没有得到满足？以及怎样通过权力协调责任、利益的分配等问题。通过对现实状况的调查了解，明确课程改革权力伦理的现实困境和发展路向，以达成合理的权力生态，为实现维护公共利益的价值目标提供保障。

一 课程改革权力伦理的内容

课程改革的权力伦理旨在关注课程改革权、责、利分配的合理性和权力运作的伦理性。在课程改革中，对利益的追求是课程改革权力运行、制度建立的内驱力，而课程改革权力的作用在于为利益追求提供合理性和合法性。霍布斯将权力定义为："取得某种未来具体利益的现有手段"。② 他的定义带有明确的指向性，将权力与利益相关联。本书从课程改革制定和实施的过程，将课程改革的权力类型分为决策权、监督权和执行权。课程改革的权力是建立在公共意志基础上的契约性产物，是为大众谋求福利的"工具"。课程改革的权力伦理问题实质上是探讨课程改革权力是否为人民谋福利以及怎样谋福利的问题。一般而言，权、责、利三者之间相辅相成。一项公共事务的推进需要权、责、利相对等，才能调动人民积极性，也就是说负有什么样的责任，就应该具有相应的权力，同时应该取得相对称的利益。因此，课程改革的权力伦理以课程改革中利益相关者的权、责、利的协调统一为基础，再从课程改革的每一类权

---

① 田凌晖：《公共教育改革——利益与博弈》，复旦大学出版社2011年版，第156页。
② [英]霍布斯：《利维坦》，黎思复、黎廷弼译，商务印书馆1985年版，第62页。

力出发,关注如何协调和分配权、责、利的关系,处理权力运作的伦理性问题。具体而言,课程改革的权力伦理主要有以下几个方面的内容:

(一) 课程改革"权、责、利"的协调性

课程改革的权力伦理实质上是从道德的角度审视权力的妥善安置问题。权力是管理学的重要概念,管理的本质是管理人性,人性的一个重要维度是人具有价值性。马克思主义认为人的价值是目的性和工具性的统一。即人类与一般动物的区别在于,人的活动具有目的性,这种目的来源于人的客观需要,需要在现实中表现为利益,对利益的追求是人的活动持续发展的现实动因。同时,人也只能把自己作为满足自身需要的工具,才能够驾驭他物,而权力则正好是人实现自己需要的工具性的产物。换言之,权力是人实现自己目的的工具。从而,人的价值性体现在两个方面:一是人存在价值需求,价值需求是人获得价值的持续动力,这是人性中目的性的一面;二是人具有价值的创造能力,这是人性中工具性的一面。连接人的价值需求和价值能力、人的目的性和人的工具性的是人的责任,人没有责任心就没有执行力,责任决定了人创造价值从而实现价值需求的主观能动性。总之,权、责、利是人的价值的体现形式。其中责任是个体之间在价值活动中形成的义务关系;权力是个体在价值活动中形成的地位或角色关系;利益是个体之间在价值活动中形成的需求关系,三者缺一不可。人的价值本性要求价值创造能力、价值需求和价值体现形式(权、责、利)相匹配,当三者相匹配时,个体(组织或个人)价值形态平衡,从而形成良好的组织生态,提高活动效率;当三者不匹配时,个体价值形态失衡,变革开始。

同样,课程改革也是一场价值活动,在课程改革中,个体有不同的价值需求,同时,他们也进行价值创造,最终的目的是使课程改革展现出其价值。课程改革中主体承担着不同的责任,拥有不同的权力。权力是职责履行的基础,责任是衡量权力行使的天秤,而利益则为权力公正行使的长远之计。如果权、责、利分离或者不协调,不但使得权力难以实现科学的配置,而且也使谁来推动改革、改革会不会失去动力等问题更加突出。课程改革的过程即权、责、利互相协调、建立契约的过程,

各利益相关者在明确各自的权、责、利之后，所要做的就是履行义务、执行权力、分配利益。理想的平衡态是各个利益主体之间平等的分配权、责、利，不破坏规则，不侵犯其他主体利益。然而在现实状态中，往往存在孰轻孰重的问题。课程改革的目的是学生的发展，因而以学生和教师的合理利益需求为先，在此前提下尽量保障其他主体权利不受侵害。如此，课程改革才能指向"善"与"正义"，符合课程改革公共伦理的价值需求。

（二）课程改革决策权的伦理性

课程改革决策是课程改革最重要的一个环节，课程改革的成败、效率的高低，关键在于课程改革决策。在课程改革中，课程改革决策通常直接关涉课程改革相关政策和制度的制定，也关乎课程改革中权、责、利的分配，具有"提纲挈领"的作用。从权力伦理的视角，课程改革决策权需符合伦理规范，一是由于课程改革决策是一种具有目的指向性的价值活动，为避免课程改革价值取向的偏失，落入片面注重绩效、短视利益的偏狭化、简单化、功利化的窠臼，课程改革决策需与课程改革的公共伦理精神高度契合，体现其伦理蕴涵。二是从现实操作层面看，课程改革决策的主体容易关涉伦理性风险。关注课程改革决策权的伦理性不仅有利于规范课程改革决策主体的行为，为课程改革决策的合理性实现提供重要保障，也有助于课程改革决策摆脱狭隘的技术主义陷阱或者片面追求有效性的不良倾向。课程改革的公共伦理以义务论为视角，关注"行为本身的正当性"。从这一标准出发，课程改革决策权主要关注价值与效率的统一，其伦理性主要体现在两个方面：

1. 协商民主

马修·费斯廷斯泰因将协商民主理解为一种阐释决策合法性的理论，"协商民主表达了这样一种思想，即民主决策是合理、公开地讨论支持和反对某些建议的各种观点的过程，目的是实现普遍接受的判断。"[①] 课程

---

① [英] 马修·费斯廷斯泰因、王勇兵：《协商、公民权与认同》，《马克思主义与现实》2004年第3期。

改革的协商民主有两层含义：第一，课程改革决策的基点在于"民主"。课程改革决策是制定课程改革规则的过程，从课程改革公共伦理的视角，对课程改革规范解释应该立足于公共意志和意愿，课程改革制度的制定应该通过课程改革利益相关者之间的协商、沟通、审议而达成，充分实现和保障课程改革的参与者在课程改革决策中有公开表达观点和意见的权利。这种制度的制定过程实质上是一种利益表达、利益协调与利益实现的过程，充分体现了民主价值。在课程改革决策的协商民主中，协商具有工具性和策略性的价值，其最终的目标是实现民主价值。协商民主有利于课程改革中决策主体从"自上而下"行政导向而形成的遮蔽一切的绝对宰制地位，合理地回归到自己应有的位置中。但是，协商民主并不是简单的投票式民主。诺贝尔经济学奖得主阿马蒂亚·森从公共理性的角度理解民主，在他看来，把民主理解为由大多数人决定的选举机制是及表而不及里，民主的本质是"Public Reason"，是通过公共辩论达成共识。① 课程改革的民主协商主张决策主体必须为课程改革中其他主体负责，强调决策者和参与者之间的分工合作，共同为课程改革制定规则。在这个过程中，所有参与者都是被"赋予权利"的，同时又是"协商的"，因此是一种协商的民主，或者说"多元政治"。它体现了人民主体的地位，能够最大限度地满足人们的需求，保障人们的根本利益。第二，课程改革决策的关键在于"协商"。协商主要是指课程改革决策前的讨论过程。由于课程改革的参与者众多，每个群体都有不同的利益需求，课程改革的决策主体只能代表其中的一种需求，如果不经过协商就做出决策，有可能会侵犯到他人的权利，而协商是彼此化解冲突、达成一致、寻求共识的有效方式。协商是自由的，参与者不受到权威的威慑，可以随心所欲地表达自己的观点。协商是平等的，任何参与者都有平等地提出自己意见的权利。协商是包容的，在课程改革中所有的利益相关者都可以参与协商，为自己的权利和利益需求进行辩护。通过这种自由、平等、包容的理性对话，课程改革的决策者可以倾听民声、了解民意，可

---

① [法]皮埃尔·卡蓝默、让·弗雷斯—瓦莱里·加朗多：《破碎的民主：试论治理的革命》，高凌翰译，生活·读书·新知三联书店2005年版，第13页。

以改变自身偏好，也可以说服他人，通过互相包容达成共识，实现"美美与共"，最终制定出让大多数人满意的决策方案。

2. 技术理性

决策的目标是实现价值与效率的统一，技术理性是达成效率目标的基本保证。技术理性是指课程改革决策者需遵从理性的技术规则，在"怎么做"问题上以最经济的原则达到预期的目的，使课程改革方案具有可行性、可操作性，促进课程改革决策效用的最大化。技术理性作为课程改革决策权伦理性的关键因素，主要体现在：一方面，技术理性是课程改革科学决策的重要保证。"技术"即强调科学技术在课程改革决策中的运用，包括运用量化分析技术、效益评估等手段，科学预测和缜密分析课程改革中的各个环节，对课程改革中可能出现的情况制定不同的应对方案，做好随时应对变数的准备，从而提高决策的精确性、全面性和时效性。"理性"是指课程改革决策者不能随意按照个人的喜好定规则、下结论，而是要克服主观随意性，以理性思维、实事求是的态度和科学求真的精神，客观、公正地做出决策。"技术"与"理性"的结合是"科学的方法"和"科学的头脑"的结合，二者的有机统一能够大大增进课程改革决策的科学性，从而实现课程改革决策的效率目标。另一方面，技术理性是课程改革决策维护公共利益的重要手段。实现公共利益是课程改革的公共伦理的目的和旨归，通过技术理性做出科学合理的决策方案，能够减少课程改革决策的盲目性和随意性，保护大多数人的利益不受侵害。

（三）课程改革监督权的伦理性

监督权是避免权力滥用、权力腐化的"防腐剂"。监督权具体包括批评权、建议权、申诉权、控告权、检举权。监督权本身具有强烈的政治性和道德性。其政治性体现在对行政事务的监督上，公民通过行使监督权来参政议政，实现对自身权利和利益的保护。毛主席曾说："只有让人民来监督政府，政府才不敢松懈，只有人人起来负责，才不会人亡政息。"[①] 监督

[①] 黄炎培：《八十年来附〈延安归来〉》，文史资料出版社1982年版，第157页。

权的道德性体现在"民主"的价值内核和"由民作主"的权力意志。在课程改革中，为保证课程改革的公平正义性，需要监督主体对课程改革的全过程进行监督。课程改革的监督权本身，也需要有伦理规范，主要体现在以下两方面：

1. 客观公正

应该说，任何监督权的诞生都是为了避免"伦理冲突"。因为在道德生活中，每个人对于是非善恶、正义与非正义都有自己的价值判断，特别是在公共生活领域，涉及利益问题时，这种伦理冲突就更为明显了。那么，怎样为这种伦理冲突的解决提供一种有效的办法呢？坚持道德监督就是一种行之有效的解决方案。道德监督主要是指在进行道德决策时不直接进行伦理选择，而是集中大众智慧，依靠实践经验做判断。所以，客观公正是课程改革监督者必须具备的道德品质，也是监督权的道德灵魂。客观公正指课程改革监督者在处理问题时以实际情况为依据，不带任何个人偏见和感情色彩，就事论事。公正是指在处理利益纠纷、责任划分、权力矛盾时保持价值中立，不偏不倚，一切从实际出发，作出最客观、公正的判断和处理。课程改革监督权以客观公正为基本道德原则，其原因体现在——客观公正的目的是为课程改革中的利益相关者负责。课程改革中参与者众多，代表不同的利益诉求。课程改革的监督者作为课程改革权力合法性的"裁判"，不能因为课程改革权力主体的年龄、性别、政治关系、文化背景或其他因素而产生偏见、歧视、差别待遇等行为，而应保持客观公正的态度，这是赢得人们信任的前提条件。只有人们信任"裁判"，课程改革才可以成为吸纳民意、上情下达的桥梁，人民群众才可以通过这一渠道反映心声，表达自己的意志、情感、欲望，获取一定的话语权，让政策制定者和执行者真正了解人们最迫切的、最需要的诉求，弥补政府制定课程改革政策时因与民众缺乏足够的沟通交流而产生的信息不对称、脱离实际的缺陷，使课程改革更加贴近教学实际。因此，客观公正应成为课程改革监督者的行为准则。

2. 价值中立

监督权的价值中立是指"公民在行使监督权时只服从预先公布的普

遍性的规则，不受其他机关、社会团体和个人控制和约束的状态。"① 由于中国课程改革是行政导向的，政府承担了课程改革的设计者、指导者、管理者、调控者等多重角色，对课程改革进行全方位、全过程、高强度的控制，使课程改革具有较强的指令性和规范性特征，"自上而下"的色彩很浓。② 为避免形成政府"一家独揽"的利益格局，彰显课程改革的民主性，需要有"第三方"对政府权力进行监督，通俗来说就是不可以让政府"既当裁判，又当教练"，而应该把二者分开，以保证课程改革的公平正义性。课程改革的监督者作为课程改革权力的"第三方"，他们既垂直连贯课程改革的整个实施过程，又水平统整各方利益需求，起着上下协调、力量平衡的作用。作为"第三方"，课程改革监督者需要保持独立，以客观公正的立场开展工作，才能使利益相关者的利益需求得以彰显、平衡和满足。一方面，他们通过收集基层、民间及媒体等各方面的反馈，察觉课程改革中的"盲点"，及时查漏补缺，对课程改革进行持续的监督和调控；另一方面，他们有权力对政府进行公正监督，避免课程改革缺乏公正性和权力异化，以此平衡各方力量。

（四）课程改革执行权的伦理性

课程改革的执行权是指课程改革中的执行者，广义上包括参与课程改革的全部组成人员；狭义上指在实践中直接承担课程改革工作的群体，（主要包括学校课程教学管理人员和教师），通过解释、宣传、实验、控制等行动，贯彻和实施课程改革方案，将观念形态的课程改革付诸实践，最终使课程改革的目标和理念深入课堂教学之中，成为师生日常生活的一部分的过程。迈克尔·富兰认为，"课程变革过程内在两难性，并伴随着某些因素的难以驾驭性和单个情境的独特性，使得成功的变革成为高度复杂和极端微妙的社会过程。管理变革的有效方法，要求把那些尚未明显地统合在一起的因素——简单又复杂、松散又紧密、强有力的领导

---

① 那述宇、吴延溢：《政治文明语境中的权力监督与权力制约》，《内蒙古社会科学》（汉文版）2003年第4期。

② 吴康宁：《教育改革的"中国问题"》，南京师范大学出版社2015年版，第5页。

参与（或同时自下而上或自上而下）、忠实性与调节性并存、评价与非评价结合——联合在一起并加以平衡。"① 为尽可能缩小预期与实际之间的差距，使课程改革执行的稳定性与持续性、忠实性与调适性并存，课程改革的执行权需遵守一定的伦理规范，体现一定的道德意义。以实现课程改革的公共利益为价值目标，根据课程改革执行的主体和特点，课程改革执行权主要体现程序正义和互动创生的伦理诉求。

1. 程序正义

《荀子·正名》云："正利而为谓之事，正义而为谓之行。"公正或正义是课程改革的执行权最根本、最主要的价值诉求。程序正义是指课程改革的执行者在开展课程改革中要遵循合理正当的程序，合乎正义的要求。程序正义一般和实质正义进行比较和区分。大体而言，对程序正义的理解侧重于过程的正义，而对实质正义的理解侧重于结果的正义。在课程改革中，程序正义有可能和实质正义发生冲突，换言之，过程公平不代表结果公平。但是，起点和规则的公平是保障大多数人利益需求的前提，没有程序正义就不可能达到真正的实质正义。利维特认为程序正义的意义体现在："如果人们认为程序是正义的，即使最后的分配对自己不利，人们也会接受它，并且视其为公平。"② 由于课程改革执行过程中本身有很多不确定性，如人员观念的冲突、经费投入的差异、文化习俗的不同、时间安排上的变动等等，如果课程改革的执行者不能明确职责、合理分工，不按照规范的程序进行改革，就更增加了课程改革的难度，使课程改革充满主观性和随意性，难以实现课程改革的公平和正义。罗尔斯将程序正义分为三种：纯粹的、完善的和不完善的程序正义。纯粹的程序正义是指规则本身的正义问题，不管结果是否正义，如游戏规则；完善的程序正义是指不仅保证过程正义，也能保证结果正义，如切蛋糕的人取最后一块蛋糕规则；不完善的程序正义是指包含着衡量程序是否正义的标准，但没有保证结果正义的程序，如申诉规则。按照罗尔斯的

---

① [加]迈克尔·富兰：《教育变革新意义》，赵中建、陈霞、李敏译，教育科学出版社2005年版，第73页。

② Gerald S. Leventhal, What Should Be Done With Equity Theory? New Approaches to the Study of Fairness in Social Relationships, Plenum Press, New York 1980, p.53.

划分方式，课程改革执行权的程序正义是指完善的程序正义，即正义的过程附加决定结果是否正义的标准，以及如何使结果达到这种标准的操作程序。① 程序正义具体体现在课程开发、课程设计、课程实施过程中，执行者自觉遵守共同的规章、制度和纪律，在实施和评价中体现规范性、普遍性、公开性、法治性、民主性等特征。

2. 互动创生

课程改革的执行一般有三种价值取向：忠实取向、互相适应取向和创生取向。忠实取向是指课程改革执行者忠实于课程改革政策，严格执行课程改革方案；互相适应取向是指课程改革的执行者通过与决策者之间展开对话、互相磨合，最终达成意见一致的执行方案；创生取向是指课程改革的执行者创造性地改造和实施课程改革。与其他两种取向相比而言，忠实取向虽然操作性强，但墨守成规，千篇一律，不利于课程改革的可持续发展。同时，忠实取向的课程改革忽略了课程改革的复杂性，容易使课程改革执行者脱离教学实际，陷入工具理性的陷阱。实质上，忠实取向的课程改革在现实中开展难度较大。因为通常，课程改革的执行过程并不像方案设计者所预想的那样乐观。尤其是当课程改革的决策者和执行者彼此独立，缺乏足够的沟通交流时，容易增添课程改革执行者工作的复杂性和艰巨性。他们一边要全面深入地解读政策文件要义，认真领会决策者的改革意图；一边要事先预料各种突发状况，因地制宜地制定切实有效的实施方案，这不仅增加了课程改革执行者的工作难度，也对他们本身的个人能力提出了较高的要求。因此，加强课程改革执行者与决策者和其他利益相关者，如教师、学生、家长的互动沟通至关重要。因为，沟通是价值需求传递的过程，课程改革执行者需要根据实际需要随时调整改革方案和进度，从而保证课程改革的持续性和稳定性互动创生，鼓励课程改革执行者在政策执行过程中"放开手脚"，发挥主观能动性，不被条条框框所束缚，因地制宜、因时而异地开展改革。这不仅能够满足课程教学的现实需求，也符合课程改革"以人为本"的价值目标。

---

① ［美］约翰·罗尔斯：《正义论》，何怀宏、何包钢、廖申白译，中国社会科学出版社1988年版，第80—81页。

二 课程改革权力伦理的现状及其问题

行政导向的课程改革中必然凸显权力、利益和价值三个向度的关系，权力运作的核心是利益规制问题，而利益需求又带有一定的价值取向。对权力的认识不同，运用权力的目的不同，就形成了不同的权力观和行政导向，也会产生不同的利益分配格局。从课程改革权力伦理性的视角，权力运作的目的在于通过对权力的合理规制和分配，以形成符合大众利益需求的课程改革制度，实现对课程改革中主体权利和利益的保护。然而，通过对课程改革中三级权能调整和利益分配的现状审视发现，中国课程改革在权力伦理方面存在"权—责—利"失衡、课程改革决策权的主观性和封闭性、课程改革监督权的依附性和虚置性、课程改革执行权的随意性和保守性等问题。了解课程改革权力运作中呈现的伦理问题，并构建善于正义的道德法则加以正确引导，有利于保障权力运作的合法性和合理性，为课程改革制度的良善、秩序的正当性奠定道德基础。

（一）课程改革的"权—责—利"失衡

1. 课程改革的利益相关者

课程改革是对现有课程教学的一场"革命"，是一个破旧立新的过程，涉及的利益相关者众多，如果不考虑利益相关者的利益需求，盲目地进行改革，会对他们的积极性造成较大的冲击，难以使他们对改革产生认同感，从而给改革在无形中设置巨大的"屏障"，阻碍改革的发展进程。人的价值观具有多样性，处于社会的不同阶级、不同领域、不同区域中的人们对于利益的需求也不同。利益相关者理论认为，"一个组织获得长期生存和繁荣的最好途径是：考虑其所有重要的利益相关者并且满足他们的需求"。[①] 为了了解课程改革当中有哪些重要的利益相关者、他们的核心利益需求是什么，本书通过专家咨询法，采访了 15 位专家的意

---

① 王振洪、邵建东：《构建利益共同体 推进校企深度合作》，《中国高等教育》2011 年第 Z1 期。

见。具体步骤是通过访谈，请专家列举课程改革中的主要利益相关者有哪些群体，他们的利益需求分别是什么，由此总结出 8 类课程改革利益相关者。再根据他们在课程改革中获益水平的高低进行打分，最高者得 8 分，最低者得 1 分，以此类推，根据专家打分算出平均数，对 8 类群体在课程改革中利益水平的得分从高到低进行排序，结果显示，课程改革中利益相关者按照利益程度的高低分别为：课程专家、政府教育官员、教材出版商、课程改革培训资料的编写和销售人员以及组织课程改革培训活动的人员、城市学生、校长、教师、农村学生及家长，详见表 3-1。

表 3-1　　　　　　　　　　课程改革的利益相关者

利益程度排序	利益水平平均分	利益相关者
1	7.750	课程专家
2	7.125	政府教育官员
3	6.375	教材出版商、课程改革培训资料的编写和销售人员以及组织课程改革培训活动的人员
4	4.500	城市学生
5	3.333	校长
6	3.125	教师
7	2.125	农村学生
8	1.000	家长

课程改革的利益相关者主要包括以上 8 类，他们有些从课程改革中获益较多，有些获益较少。

政府教育官员是课程改革的利益相关者。政府在课程改革中扮演什么角色，由政府自身的职能规定，也由课程改革的规模而异。但是大体来说，在西方发达国家，政府在课程改革中主要扮演"顶层设计者"的角色，即提出课程改革的总体架构，一般不会细化到课程改革的所有方面，也不会涉及所有过程。在中国，课程改革主要是行政导向的，由政府"自上而下"发动且大力推进，因此，政府在课程改革中的职能要大得多，也多得多。吴康宁总结中国政府对课程改革的控制主要有三个特征：全方位控制、全过程控制和高强度控制。① 所谓"政府控制"，实质上是"政府部门控制"，大多数政府教育官员作为政府意志的代言者，自然在课程改革中充当了设计者、指导者、监督者、管理者、调整者及评价者等"无所不能"的角色。政府教育官员在课程改革中投入了大量的时间与精力，自然也获得了一定的回报。政府教育官员的利益需求主要来源于他们的"政绩"情结。课程改革的成效往往与政府官员的政绩考核相挂钩，而政绩考核又是他们提拔升迁的重要依据，因此，政府教育官员往往想在自己的任期之内，通过大刀阔斧地推进课程改革来获得新的工作方向、目标、动力和政绩，同时也提高声誉和彰显地位。

课程专家是课程改革的利益相关者。随着课程改革的科学性和民主性不断增强，课程改革不再是由政府教育官员拍拍脑袋，一夜之间推出的改革计划或改革举措，而是经过民意调查、专家咨询等相关论证后做出的"科学"决策。在课程改革中，课程专家主要扮演"设计者"的角色，课程专家的参与让课程改革增添了"科学性"的色彩。对于专家而言，课程改革为他们提供了一个巨大的活动舞台，让他们的理论研究能够落到实处。参与课程改革的课程专家主要有"名"与"利"的利益需求，或者说物质利益（咨询费、学术成果、职称评定等）和精神利益（荣誉、地位、知名度等），而专家的名和利通常是政府给予的，因此，专家队伍的"犬儒主义"特征日益明显，政府部门与专家之间便形成了一种"共谋"的关系。这具体表现在，参与课程改革政策制定的专家队伍，他们主要负责各种计划、方案的论证。在大多数情况下，这种论证是对政府部门所期待的方案的修补和完善，而很少进行批判或者推翻。而且，专家们会为政府部门拟定的各种计划寻找理论依据，如此一来，经过专家论证的课程改革方案就会变得更加"科学合理"。②

教材出版商、课程改革培训资料的编写和销售人员，以及组织课程改革培训活动的人员是课程改革的利益相关者。他们主要来源于教育"市场"，为课程改革的推广作出贡献，从课程改革中获取经济利益。课

---

① 吴康宁：《教育改革的"中国问题"》，南京师范大学出版社2015年版，第32页。
② 吴康宁：《教育改革的"中国问题"》，南京师范大学出版社2015年版，第34页。

程改革为他们提供了更多的工作机会和赚钱渠道，因此，他们也是课程改革的间接利益相关者。

城市学生是课程改革的利益相关者。学生是教育的主体，是课程改革存在的客观理由。课程改革的目的是促进学生的发展，学生理应是最核心的利益相关者。按照马斯洛需要层次理论，人的需求主要分为生理需求、安全需求、社交需求、尊重需求和自我需求，这五个需求像阶梯一样逐级升高，某一层次的需求得到相对满足后，就会向着高一层次发展。这五个需求是驱使行为的动力，也是人的利益需求的主要来源。以此迁移，学生在学校中学习，主要有三种利益需求：生存的需求、发展的需求和自我的需求。生存的需求主要是指学生的生理和安全的需求得以满足；发展的需求是指学生通过学习，能够对自己的升学、工作等前途命运有利，也就是传统观念中的"上好大学，找好工作""学而优则仕"；最高的需求是自我的需求，即通过学习发现自我、认识自我、改造自我、完善自我，这主要将个人的需求上升到精神和道德层面，也就是柏拉图所说的通过教育实现个人的"灵魂转向"或者王阳明所谓的"致良知"。换言之，学生希望通过学习能够生存、发展和实现自我的价值。由于地域差异，相比而言，城市学生率先享受着新型课程资源及优质的教学，如"研究性学习""活动课程""国际化课程"等，课程改革在很大程度上能够满足他们发展和自我的需求，因此他们是课程改革的直接受益者。

校长是课程改革的利益相关者，但不一定是受益者。校长作为基层的教育官员，受国家委托来管理学校，需要忠实执行各项课程改革的法规和政策，领导和组织学校层面的课程改革。正是因为"校长负责制"，使得校长在课程改革中扮演着领导者、组织者和管理者等关键角色，成为课程改革的主要利益相关者。由于校长有双重身份——具有自利性的"经济人"和具有公共性的"政治人"，所以他们的利益需求较为复杂：既有作为校长的个人利益需求，也有学校整体发展的组织利益需求。作为"经济人"，校长追求个人利益最大化，主要包括物质利益（工资补贴、职称评定及职位升迁等）和精神利益（人格尊严、领导威信、社会声誉）。作为"政治人"，校长作为国家委派的教育官员，其利益需求应该与国家利益相一致，追求学校的发展，具体体现在提高学校的办学水平、学校的竞争力、影响力。在应然状态下，校长的个人利益与组织利益应该是一致的、同向的。然而，在实然状态下，个人利益和组织利益之间经常会错综复杂地交织在改革进程之中，校长仍然可能遇到二者发生冲突的情况。为实现这些利益需求，校长通常需要投入更多的时间和精力，他们的投入和产出不一定成正比，因此，校长不一定是课程改革的受益者。

教师是课程改革的利益相关者，但不一定是受益者。作为课程改革的实践者，能不能担当课程改革的重任，推进新课程的计划与实施，促进教育创新是教师业务能力的体现。课程改革的成效经常与教师的奖金、福利、待遇等物质利益以及学生对教师的评价、个人成就感等精神利益挂钩，因此，教师是课程改革的核心利益相关者。然而，对于教师而言，课程改革对于他们自身来说是一次彻底的"革命"。课程改革意味着他们必须摒弃原来的教学观念、教学内容、教学风格，转而学习和接受新的观念、新的方法。这意味着教师需要花费大量的时间、精力去适应课程改革，这是他们付出的"成本"，但是，大部分情况下，课程改革给他们带来的收益与成本之间的差额小于 0，由此课程改革变成教师们的一种负担，遭到他们的抗拒。不置可否，教师是课程改革的最终执行者，在课程改革中起着不可替代的关键作用，课程改革的理念和方案，只有转化为教师的思想和行为才能取得实效。没有教师的协助和参与或违背教师意愿的课程改革，难以取得成功。因此，在课程改革中了解和满足教师的利益需求，充分调动他们的积极性，获得教师的参与、支持和认同，是课程改革取得成功的关键要素。

农村学生是课程改革的利益相关者，但不一定是受益者。与城市学生一样，农村学生同样有生存的需求、发展的需求和自我的需求。与城市学校相比，中国许多农村学校较为落后，教学设备不够完善，一些农村学校甚至没有配备科学室、电脑室、音乐室、美术室、图书室等基础设施，在教育观念、教学方式等方面也与城市学校存在较大差距。然而，从整体上而言，课程改革标准较高，如"新课改"的理论基础和学术背景是国际化和现代化的，在国际方面，通常以美国为参照标准，在国内以上海为参照标准。① 按照农村学校现有的办学条件和教学水平来说，曲高和寡，相去甚远，难以适应。因此，对于农村学生来说，他们不但没有迫切的课程改革需求，也难以从课程改革中受益。

家长是课程改革的利益相关者，但不一定是受益者。家长作为学生的监护人和教育出资者，是学生的"重要他人"，对学生的成长和发展有着不可推卸的责任和义务。如果用市场的眼光来看教育，将学校教育比作"产品"，那么家长就是产品的"消费者"，有权力评判教育的好坏。斯蒂芬·J. 鲍尔谈道，如今，学校清醒地认识到，家长有权提出他们想要的服务请求，但这不针对孩子而言，仅指家长权力。② 由于家长的权力和家长对课程改革极高的关注度，因此家长也是课程改革的利益相关者。家长对课程改革的利益需求主要体现在课程改革对学生知识、能力、思想和品格提升的诉求，也就是希望课程改革促进学生的发展和自我完善。在现实环境中，许多家长有"改革焦虑"，他们一边抱怨"应试教育"的局限性，希望学生能够"全面发展"，一边又受功利主义思维的驱使，担心课程改革会使学生成绩下降，影响学生的前途命运。特别是农村学生的家长，由于教育观念的局限性，他们只关注学生成绩，如果课程改革不能帮助自己的孩子顺利升学，获得好的前程，他们会觉得课程改革"误人子弟"，不会真正支持课程改革，也感觉自己无法从课程改革中获益。

2. 课程改革的"权—责—利"矩阵

按照前面的推断，在课程改革中，利益越高，责任越小，主体越能够进行价值创造；反之，利益越小，责任越高，主体价值创造力越低。主体权力则是实现这种价值创造的保障，主体权力越高，就越能够实现利益目标，有实力承担责任，相对而言主体价值性越高。权力和利益越高，主体越强势；权力和利益越低，责任越高，主体越弱势。通过建立课程改革的"权—责—利"矩阵，有利于我们进一步对不同利益相关者

---

① 靖国平：《"新课改"：利益的失衡与矫正》，《湖北大学学报》（哲学社会科学版）2003年第3期。

② ［英］斯蒂芬·J. 鲍尔：《教育改革——批判和后结构主义的视角》，侯定凯译，华东师范大学出版社2002年版，第136页。

进行定位，判断在课程改革中，哪些是利益弱势群体，应该从哪里引入权力保护他们的利益需求不受侵害，同时，判断哪些是强势群体，从而对他们的权力运行加以监督。如图3-1，在"权—责—利"矩阵中，X轴代表课程改革中利益相关者的利益高低，Y轴代表利益相关者的责任大小，Z轴代表利益相关者的权力高低。按照权力的属性划分，课程改革中的权力主要是指课程改革的决策权、监督权和执行权。

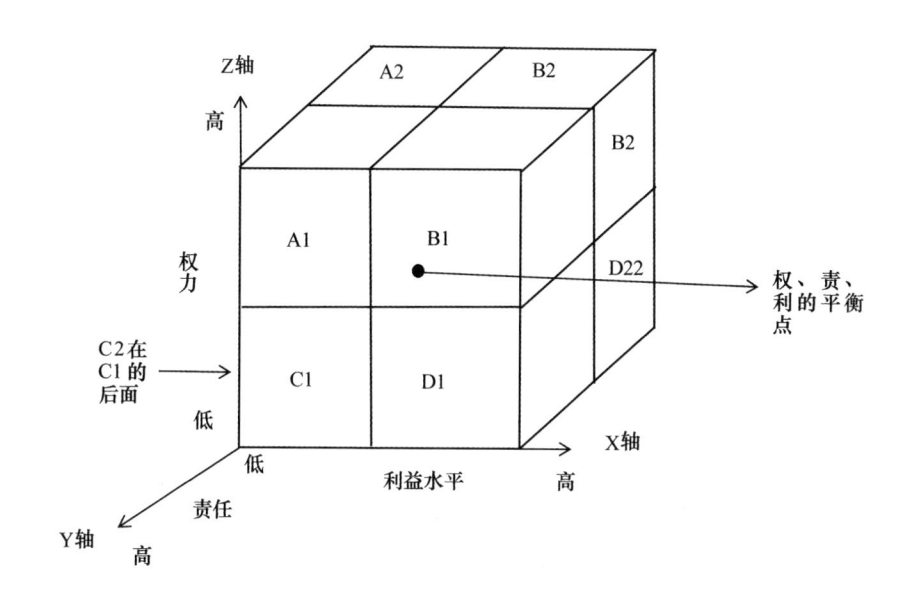

图3-1 课程改革的"权—责—利"矩阵

为进一步了解课程改革利益主体的权力、利益和责任，本书访谈了15名课程改革专家、2名参与课程改革的教育官员、3名校长（2名城市1名农村）、8名教师（4名城市4名农村）、8名学生（4名城市4名农村）和4名家长（2名城市2名农村）有关在课程改革中他们所承担的主要工作、担负的责任、渴望得到的利益回报等问题，总结得出课程改革中各个利益相关者的权、责、利如表3-2，他们分别对应课程改革"权—责—利"矩阵中的B1、B2、D1、A2、C2、C1这6个方格。

表3-2 课程改革中利益相关者的权、责、利

矩阵定位	课程主体	权力	利益	责任
B1（权力高、利益高、责任低）	课程专家	决策权、监督权	物质利益（咨询费、学术成果、职称评定等）、精神利益（荣誉、地位、知名度等）	研究与开发、评估与监测、指导和服务
B2（权力高、利益高、责任高）	政府教育官员	决策权、监督权、执行权	政绩	市场调研、需求分析、制定改革方案、开发课程、过程监督、效果评价
	教材出版商、课程改革培训资料的编写和销售人员，以及组织课程改革培训活动的人员	无重要权力	物质利益	出版教材、组织培训
D1（权力低、利益高、责任低）	城市学生	无重要权力	生存的需求、发展的需求和自我的需求	无明确责任

续表

矩阵定位	课程改革主体	权力	利益	责任
A2（权力高、利益低、责任高）	校长	执行权、监督权	个人利益（主要包括物质利益，如工资补贴、职称评定及职位升迁等和精神利益如人格尊严、领导威信、声誉等）、组织利益（学校的办学水平、竞争力、影响力等）	组织与执行、规划与指导、探索与研究、协调与服务
C2（权力低、利益低、责任高）	教师	执行权	物质利益（教师的奖金、福利、待遇等）、精神利益（学生对教师的评价、个人成就感等）	课堂教学、反思与研究、课程开发
C1（权力低、利益低、责任低）	农村学生	无重要权力	生存的需求、发展的需求和自我的需求	无明确责任
C1（权力低、利益低、责任低）	家长	无重要权力	学生知识、能力、思想和品格的提升的诉求	无明确责任

通过建立"权—责—利"矩阵，我们看到，课程改革的主体有以下几类：

权力低、利益低、责任高的教师，他们是课程改革中的"失语者"，由于没有权力的保障，许多基本的利益需求得不到尊重和满足。教师在课程改革中只有执行权，主要追求教师的奖金、福利、待遇等物质利益和学生对教师的评价、个人成就感等精神利益，承担课堂教学、反思与研究、课程开发等多种责任。课程改革中，应该赋予教师更多的权力资本，包括教师可以支配的教育资源、课程话语权等，尤其是在课程改革决策、课程改革监督中，确保教师权力的合法性和持续性，这是教师保障其权益的基础。

权力低、利益低、责任低的农村学生和大多数家长，他们是课程改革的"边缘者"，在课程改革中的地位无足轻重，是容易被忽视的一类群体。农村学生和大多数家长没有明显影响课程改革的权力，也不需要承担重要的责任，但是有一定的利益需求。农村学生的利益需求主要是生存的需求、发展的需求和自我的需求。家长的利益需求主要是希望孩子的知识、能力、思想和品格能够通过课程改革得以提升。

权力高、利益低、责任高的校长，他们是课程改革中的"高压者"，在课程改革中的付出大于利益回报。校长在课程改革中主要拥有执行权和监督权，承担组织与执行、规划与指导、探索与研究、协调与服务的责任，追求工资补贴、职称评定及职位升迁、人格尊严、领导威信、社会声誉等个人利益及学校的办学水平、竞争力、影响力等组织利益。

权力高、利益高、责任低（高）的课程专家和政府教育官员，他们是课程改革的"主导者"，拥有绝对的话语权，主导课程改革的发展方向。权力高、利益高、责任低的课程专家主要拥有课程改革的决策权和监督权，追求咨询费、学术成果、职称评定等物质利益和荣誉、地位、知名度等精神利益，承担研究与开发课程和教材、评估与监测课程改革、指导和服务课程教学的责任；权力高、利益高、责任高的政府教育官员，他们集多种大权于一身，同时拥有课程改革的决策权、监督权、执行权，主要以追求政绩为利益需求，主要承担市场调研、需求分析、制订改革方案、开发课程、过程监督、效果评价的责任。

权力低、利益高、责任低的教材出版商、课程改革培训资料的编写和销售人员,以及组织课程改革培训活动的人员,他们不在课程改革中承担明显责任,但是能够获取较高的利益,是课程改革的"满意者"。在课程改革中,教材出版商、课程改革培训资料的编写和销售人员,以及组织课程改革培训活动的人员几乎没有影响课程改革的权力,主要追求物质利益,承担出版教材、组织培训的责任;大多数城市学生也属于这类群体,他们没有明显的权力和责任,但是有迫切追求生存的需求、发展的需求和自我的需求。

3. *课程改革权、责、利失衡的表现*

课程改革中的利益相关者不仅应该是利益主体,也应该是权力主体和责任主体,其利益需求得以满足需要借助权力和责任,当权责一致时,才能实现主体的利益需求。课程改革中权力和责任之间背离的形式包括"有责无权""有权无责""责大权小""权大责小"。"有权无责"和"权大责小"都属于权力的不正常扩张。正如马克思所揭示的,权力作为有用且有力地分配权利和利益的工具,具有狡诈和强势的特性,需要受到约束。从"权—责—利"矩阵(图3-1)中可以发现,当下,中国课程改革利益相关者的权、责、利处于失衡状态,主要表现在:

(1) 部分课程改革权力主体"权大责小"

课程改革专家作为课程改革的权力主体,对课程改革政策的制定起着绝对"主导"作用。中国在课程改革中特别强调发挥课程专家研究策划与专业引领作用,注重课改的专家队伍建设。2014年,教育部恢复重建"教育部基础教育课程教材发展中心";同年,教育部组建"基础教育课程改革专家工作组",并先后在全国设立了18个"基础教育课程研究中心"。紧接着,各个地方也组织成立基础教育课程改革专家咨询服务队伍,对课程教材建设及教学改革工作进行专业指导和服务。以山西省为例,2003年共聘请国家课程专家及各教材出版单位有关专家300余人次,其中仅临汾市2003年暑期培训中一次性即聘请省外专家60多名。为奠定课程改革的思想理论基础,山西省截至2003年已经成长起一支可独立承担培训任务和具有不同学术背景的专家队伍约150人,他们成为推动课程改革在实践中深化的中坚力量。① 无论是整个国家层面"教育部基础教育课程教材发展中心""基础教育课程改革专家工作组"的建立,还是地方课程改革专家咨询队伍的组建都昭示着:课程改革专家是一支受政府委托,代表政府意志进行课程改革决策、监督、咨询和培训工作的队伍。在"政府资源"的支持下,课程改革专家的权力具有权威性;在"专家光环"的烘托下,他们的决策具有专业性,这双重特性使课程改革专家在课程改革中游刃有余地扮演着"规划师""设计者""指导者""评价者"等多重角色,拥有着左右改革方向和扼制改革"命运咽喉"的权力。借助课程改革的平台,课程专家也可以积极参与各种各样"项目"与"课题"以及争取各种各样的"表彰"与"称号",得到丰厚的利益回报。相比起课程改革的其他主体和他们在课程改革中拥有的权力和获得的利益而言,课程改革专家可谓"责任小、操心少"。一般而言,课程改革专家只承担研究与开发、评估与监测、指导和服务的责任,不亲自参与改革实践,不对课程改革的最终结果负责。在课程改革实践中,人们往往只关注改革的最终结果,即便是追问课程改革"好不好"这样的问题,大家的矛盾焦点也是在推行改革政策的政府身上,很少有人注意到课程改革专家在其中的重要角色,也很少有人对课程改革的整体架构、前瞻性和技术性进行追责。因此,课程改革专家作为课程改革的主要权力主体,"权大于责"。

(2)部分课程改革责任主体"权小责大"

在大多数课程改革之中,政府教育官员和课程专家只是起到一个"总规划"和"总设计"的作用,而课程改革的切实推进还需校长和教师在现实中不断摸索前行。作为课程改革的执行者,校长和教师承担了课程改革实施的主要责任,所以也称为责任主体。课程改革的组织与执行、规划与指导、探索与研究、协调与服务、课堂教学等多项工作都需校长与教师的亲力亲为,对他们而言,课程改革意味着对现有课程教学制度的一次大"换血",其工程浩大,几乎涵盖学校课程教学的方方面面。由

---

① 温彭年:《从激情进入到理性反思——对山西省基础教育课程改革的回顾与反思》,《教育理论与实践》2005年第11期。

于工作量与回报不成正比,许多教师对课程改革的态度并不乐观,笔者通过访谈某初中一年级教师(教师 A)了解到:

> 我们支持课程改革,但不是真的支持,因为课程改革的很多想法都和实践大相径庭,这只会增加我们的工作难度,因为这些制定课程改革方案的人不了解家长和学生的真正需要,他们不想要改变现状,怕影响学生的成绩,而课程专家们只会坐而论道。①

教师 A 的这些观点,与其说是对课程改革的批评,还不如说是对自己缺乏深层次参与课程改革这种"责大于权"的现状的失望与无奈。课程改革具有复杂性,校长和教师对此有着深刻的认知:改革的特征(如计划的质量和实用性、需要性、明确性)、环境因素(家长的态度、师生关系、社会认可度)、物质因素(如硬件条件、政府支持、经费预算)都会成为推动或者阻滞改革的强大力量。然而,在"自上而下"的行政导向的课程改革中,校长和教师不能反抗课程改革,因为他们需要接受评估与考核,课程改革的成效将成为学校发展和个人绩效考核的重要指标。同时,由于校长和教师无权参与课程改革决策,他们也没有足够的话语权使课程改革朝着他们期待的方向发展,只能在课程改革方案的框架内做一些细微的调整,这使得他们在课程改革中的地位非常被动,课程改革像一座大山一样压得他们喘不过气来,成为校长和教师的工作负担。

(3)部分课程改革利益主体"权小责小"

课程改革最终的目的是促进学生的发展,家长与学生"同呼吸、共命运",学生的发展是家长最殷切的期盼,所以学生和家长是课程改革最主要的利益主体。按照课程改革的初衷,学生期望从课程改革中获得生存的需求、发展的需求和自我的需求,家长期望课程改革能够提升孩子的知识、能力、思想和品格,他们本身都对课程改革报以美好的憧憬和期待,然而,事与愿违的是,由于家长和学生在课程改革中缺乏话语权,他们既没有参与课程改革决策、执行的权力,只有被"虚置"的监督权,

---

① 内容源于对某中学初一教师的访谈,访谈时间是 2018 年 9 月 15 日。

也不承担参与课程改革的责任,只是被动地接受课程改革,等待着"被灌输""被改造",仿佛是课程改革的"局外人",没有人想要倾听他们的声音,没有人想要了解他们的需求,他们在课程改革中显得"弱小而无助"。家长 B 谈道:

> 课程改革就是国家自导自演的一出戏,他们想怎么改就怎么改,我们都是从家长会和孩子的口中才了解到最近在搞什么'核心素养',说要开展座谈会,听取家长的建议,我们都不知道核心素养是什么,他们为什么要搞核心素养,没有人来问我们的意见,没有人关心我们最关注孩子需要什么样的教育环境。①

且不说家长对于课程改革的评价是否正确,家长 B 的观点至少表明了,在家长的立场上,他们的核心诉求是希望在了解的基础上参与到课程改革的决策中去。由于课程改革与家长和学生的利益需求息息相关,并且影响具有长远性和持续性,这使得家长和学生最关心课程改革,也最容易变成课程改革的"敌人"。然而,家长与学生权责的缺失使得课程改革中缺少一个"化敌为友"、建立共识的过程,切断了课程改革主体间的联系,不利于家长和学生权利和利益的维护,也会影响课程改革的推进,增添了改革目标达成的困难。

(二) 课程改革决策权的主观性和封闭性

权、责、利的关系需要权力进行协调,权力本身也需要伦理监督。没有对权力的规制与约束,势必导致权力的腐败。因此,权力运作的规范性也是课程改革权力伦理所要关注的主要问题。课程改革决策权是课程改革的核心权力,在课程改革中起着引领、选择、驾驭和支配作用。课程改革决策权的集中和分散,直接关系着课程改革过程中效率的高低。按照价值和效率相统一的标准,课程改革决策权的伦理性具体体现为协商民主和技术理性。然而,课程改革决策权在实际运行过程中所展现出

---

① 内容源于对某小学家长的访谈,访谈时间是 2018 年 9 月 20 日。

的价值特征往往与"民主"和"理性"相悖，体现着一定的主观性和封闭性，具体体现在以下两个方面：

1. 课程改革决策中"领导意愿"的主观性

《教育部关于全面深化课程改革落实立德树人根本任务的意见》中指出："课程是教育思想、教育目标和教育内容的主要载体，集中体现国家意志和社会主义核心价值观，是学校教育教学活动的根本依据，直接影响人才培养质量。"① 诚然，课程改革作为国家的人才发展战略的重要举措，需要体现国家意志。然而，"国家意志"并不代表"领导意志"，这里需要对二者进行区别。谈"国家意志"是基于"官方"和"民间"的角度，国家代表"官方"，国家意志是受法律保护并且进行强制规范的"合法意志"；而"领导意志"带有强烈的个人主义色彩，是一种人治政治，容易出现领导人完全凭借自己的主观意愿和个人喜好随意更改课程改革方案，使课程改革陷入主观主义的泥沼之中，由权力宰制理性的现象。审视中国的课程改革，不难看到"领导意愿"对课程改革决策的重要作用。在访谈中，校长 A 谈道：

> 通常课程改革的命令下来，学校就需要照单全收，按照上级领导的意思去执行。关键是，国家颁布的课程改革政策性的文件往往是宏观的，不能细化到实施层面，也就是说对于课程改革效果的考核没有统一的标准，那么怎么去解读文件呢？这也要看上面（上级教育行政官员）的意思。如果我们和他们的意见出现了分歧，大部分是按照他们的意见为主。总之，其中有很强的主观性。②

根据校长 A 的描述，课程改革行政化的色彩非常浓厚，已经超越了"国家意志"，在是否进行课程改革、怎样进行课程改革、课程改革进行得怎么样等决策过程中都带有强烈的"领导意愿"。吴康宁认为导致这种

---

① 教育部：《教育部关于全面深化课程改革落实立德树人根本任务的意见》（http://www.moe.gov.cn/srcsite/A26/jcj_kcjcgh/201404/t20140408_167226.html）。
② 内容源于对某小学校长的访谈，访谈时间是 2018 年 9 月 20 日。

现象的原因主要有三点：一是中国历来有"人治"的传统，二是"官本位"的决策取向，三是领导的"政绩情结"。大部分课程改革的利益主体认为这样的课程改革既不"民主"也不"理性"，是不平等、非公平、非正义的课程改革。这样的决策特征对课程改革的危害体现在：一方面，在课程改革领导的绝对权威性的震慑下，课程改革执行者不敢放开手脚，只能采取"忠实取向"的课程改革实施策略。由于拘泥于条条框框的束缚，所以难以产生丰富多元、具有个性和张力的课程改革；另一方面，课程改革决策的主观性导致课程改革充满了强烈的随意性和不确定性，容易使课程改革如蜻蜓点水般"浮于表面"，不利于课程改革持续化、稳定化、深入性发展。

2. 课程改革决策权的高度集中所导致的封闭性

阿克顿认为，"权力导致腐败，绝对的权力导致绝对的腐败"，① 这一观点也成为后来"三权分立"政治学说建立的理论依据。它所解释的道理是显而易见的：高度集中的权力不利于公民权益的保障。目前，中国课程改革的决策权主要集中在政府教育官员和课程专家的手中，他们主导着课程改革的发展。通常，中国课程改革的决策机制是"专家论证、政府决定"，教师、学生、家长等其他主体被排斥在课程改革的决定之外，没有真正参与到课程改革决策之中，只是被动地接受课程改革。虽然中国课程改革一直在呼吁"集体审议""共同决策"，然而，由于课程改革中主体的多元和复杂性，如果真正实现"公众参与、专家论证、政府决定"三位一体的决策结构需要耗费漫长的时间和大量的财力、物力。为了省去这些不必要的"麻烦"，给课程改革决策者"解压"，政府通常的做法是通过网络公开渠道征求公众意见，或者选取一些代表参与课程改革决策。实质上，这只是一种在形式上稍加调整和改变的"缓兵之计"，并不能真正拉近课程改革决策者和其他利益主体之间的距离，难以实现课程改革中大部分主体的权利和利益需求的合理表达，也无法使课程改革决策主体单一、决策过程封闭的问题得以妥善解决。课程改革决

---

① [英]约翰·埃默里克·爱德华·达尔伯格-阿克顿：《自由与权力》，侯健、范亚峰译，译林出版社2011年版，第294页。

策的开放性真正体现在课程改革决策主体成分的多元化、课程改革决策主体表达的自由化、课程改革决策主体分权化、课程改革决策过程的交互化、课程改革决策方案的动态化。从当下课程改革决策机制、精神、方式等深层次内涵来看,课程改革决策还与人民的期待存在着较大距离。

(三) 课程改革监督权的虚置性和依附性

监督权是打破权力垄断、防止权力腐败、实现权力民主的有效手段。公民可以通过行使监督权参与课程改革,实现自身权利和利益的表达。为实现监督的公正、公平性,应该明确权力归属,使课程改革的监督主体与其他权力主体相分离,保持监督权的相对独立性,从而保证监督权的权威性、实体性和有效性。但是在实际中,课程改革的监督权被隐没了,呈现出虚置性和依附性,难以体现客观公正和价值中立的伦理精神。

1. 课程改革监督权"形同虚设"

监督的含义是通过监视、督促和管理,使某一项活动能够达到预期目标。目前,中国课程改革基本实行"政府监督",监督权主要集中在政府教育官员、课程改革专家手中,校长也掌握了一部分课程改革实施的监督权。政府不仅负责课程改革的决策和管理,同时也承担并组织基础教育课程、教材、教学方法及其他基础教育教学领域的相关监督和评估,对课程改革发挥着"全过程""多方位"的控制作用。政府教育官员和课程改革专家在课程改革进行一段时间后,会通过总结和验收,对课程改革实施效果进行评价,这种评价也是对课程改革开展情况的监督。换言之,政府教育官员和课程改革专家瓜分了大部分权力,他们既是这一工程的"设计师",也是"监督者"和"评价者"。事实上,监督权是公民依法维权、参政议政的有力工具。公民才应当是监督权的主体。然而,在课程改革中,学生、家长、大众传媒的监督权却没有及时到位,监督权没有得到合法保障。学生F谈道:

> 我不知道课程改革好不好,也没有人问我们课程改革好不好,我感觉不到课程改革给我带来了什么样的变化,可能是教材变了吧。其实也没有人告诉我们这些,所以我们不太关心。我们主要关心的是学

习和考试…我们一般没有人会给老师怎么样上课提意见，因为我觉得老师教得很好，我没有比老师高明到哪里去，所以我没什么意见。①

学生 F 的感受反映了学生对于课程改革无知、无视和冷漠态度，或者说他没有从根本上认识到课程改革对于自身发展的重要意义。导致这一现象产生的原因是他们缺少课程改革的知情权和话语权，没有真正参与到课程改革中去。正因为学生和家长的监督权没能得到有效的发挥，使得他们在课程改革中显得软弱无力。监督权因不能落到实处而"形同虚设"，一方面，由于课程改革监督权缺乏独立性，使监督权和其他权力一样，也体现出明显的"领导意志"；另一方面，课程改革监督制度不健全。具体体现在，在历次课程改革政策文本中，监督主体权责划分模糊，各地方在落实课程改革政策过程中也鲜有专门成立合法的监督部门、建立完善的监督机制，这使得公民的监督权难以得到合法保护，无法系统开展监督工作。

2. 课程改革监督权具有依附性

监督的功能在于以权力制约权力，如果监督权依附于其他权力，就谈不上民主和有效监督。然而，在现实中，由于课程改革监督权没有完全独立出来，而是受制于政府，因此具有一定的依附性。一方面，课程改革监督权在组织上具有依附性。课程改革中没有成立专门的监督机构，监督权的行使需要依赖其他组织。家长和学生行使监督权的方式一般是通过政府意见信箱、学校开办的家长学校和学生家长培训班，表达自己对于课程改革实施的意见和建议。由于这种表达途径的局限性和非正规性，几乎无法使课程改革的决策者听见他们的声音，得知他们的诉求。并且，家长和学生的监督权是政府和学校赋予的，政府和学校可以随时收回这种权力，也可以完全不回应、不理会也不采用这些意见。可以说，在这种现状下，家长和学生在课程改革中的监督功能无足轻重。虽然大众媒体作为一种"舆论监督"可以自由表达对课程改革的意见，但是由于中国法律对媒体的保护不够，使得媒体监督常常出现"不了了之""风声大、雨点小"等现象，难以实现监督的客观公正性和价值中立性；另

---

① 内容源于对某初二学生的访谈，访谈时间是 2018 年 9 月 20 日。

一方面，课程改革监督权在利益上具有依附性。由于课程改革的监督主体、课程专家与政府教育官员之间关系紧密，已经形成了利益体系，彼此之间利益互惠，使得其他民间资本即便是参与课程改革监督，也常常因为利益上对权力的依附性而不敢提出真实的观点。正是由于课程改革监督权在组织和利益上的依附性，使得监督权变得虚化、空洞化、缺乏意义，难以真正发挥其价值。

（四）课程改革执行权的随意性和保守性

课程改革的成效如何关键在于执行环节。为尽可能缩小预期与实际之间的差距，保持课程改革执行的稳定性与持续性、忠实性与调适性并存，课程改革的执行权需遵守程序正义和互动创生的伦理规范。由于教育教学对象和课程改革环境的多面性和复杂性，使得课程改革的执行表面上看起来十分简单，但是在现实推进中却困难重重。在课程改革执行者与复杂多变情境的交互作用的影响下，课程改革在执行过程中难以实现程序正义和互动共生的伦理价值，而是表现出一种课程改革执行的随意性和保守性，具体体现在：

1. 课程改革实施随意缺乏深度

课程改革的成败取决于执行者的所思所为。事实就是如此简单，同时也是如此复杂。课程改革的执行者主要是指校长和教师，他们是将课程改革理念与现实进行对接的直接责任者。中国实行国家、地方和学校三级课程管理，通常一项课程改革政策颁布以后，会由省教育厅、区（市）教育局、县教育局逐级对课程改革实施进行管理，制定地方性的实施指导意见，以规范学校的课程内容选择和编制行为。但是，在这个过程中，校长和教师对于具体方案的制定参与度并不高。在一项调查当中，81%的校长选择了学校与上级主管部门之间合作，只有6%的校长选择了学校领导与教师之间合作进行课程方案的制定，这说明作为执行主体的教师并没有很多机会参与到课程方案的制定中去。正是因为如此，课程改革的理念和实施容易出现偏差，课程改革中常常出现指导不足和落实不力的情况，这是导致课程改革实施随意和缺乏深度的关键性诱因。由于课程改革政策只是一个总体战略，是对课程改革走向何方、达到何种程度、如何实施、实现什么目标，如何开展评价的宏观描述，而在具体实施细节方面，并没有刻画得如此清晰。教材如何编写、内容如何选择、课程如何编排和教学如何实施等问题都需要课程改革的执行者自主把握，其实施的成效取决于执行者对课程方案的理解和运用程度。但是，一方面，由于教师对课程改革政策及制度不熟悉，缺乏对课程改革理解的准度、深度和精度，使得课程改革计划经常在执行过程中被教师随意更改甚至直接中断；大部分课程改革执行者缺乏对课程改革经验的反思与再反思、评价与再评价的能力，课程改革没有从课程实践走向课程哲学，这种没有建立在课程哲学基础上的缺乏深度反思和评价的课程改革容易浮于表面，陷入"旧瓶装新酒"的困境，从而周期性地兴起、淡出、消解与重建。另一方面，在应试教育的高压下，课程改革执行者在实施过程中顾虑重重，放不开手脚，迟迟难以纵深推进。一些学校迫于升学压力，同时为应付上级检查，只满足于文本的周全和形式的完整，使得课程改革缺乏深度，成效不明。

2. 课程改革忠实执行缺乏创新

课程改革执行是一个再创造的过程。课程改革方案只是一幅具有指导意义的地图，而不是僵硬的路线，它需要在鲜活的课堂环境中激发生命力和创造性。然而，课程改革执行过程中，大部分教师在"自上而下"的权力意志的影响下，受工具主义和技术主义理念的控制，坚持保守的意识形态，从主观上形成了一种"课程改革政策完全是合理合法"的价值判断，认为课程改革方案是固定且不可变更的，这使得他们习惯于运用标准化的教学材料，采取程序化的操作步骤，按部就班地进行课程改革。在这个过程中，教师将自己"矮化"为信息的"传递者"和知识的"搬运工"，将教育教学工作视为"技术活"。很少有教师对课程改革的理念和实践进行反思和批判，提出建设性的指导意见，而是忠实地扮演着政策执行者的角色，没有发挥出他们在课程改革中的主体性和创造性，这直接导致课程改革执行者（教师）与课程改革的分离，导致教学与教研的分离。在这种情况下，课程改革方案因得不到来源于实践的反思与批评而无法改进，学校课程体系、人才培养模式都如同流水线上的产品，千篇一律，难以实现创造性发展。①

三 民主与正义：课程改革权力伦理的诉求

在课程改革中，课程改革目标的确立、内容的选择、制度的设计、效果的评价，无不渗透着课程改革利益主体的权力分配和运作。权力具有双重性质：工具性和价值性。罗尔斯认为，一个良序的社会中成员应该有不同的生命计划，因为每个人有不同的才干，无法依靠某一个人或者某一群人来完全实现社会分工，所以每个人都可以从彼此存在的共同体中收获利益。② 权力的存在对公共事务的架构、安排和实施发挥着重要的工具性作用，权力的工具性主要作用在于解决"效率"问题。权力的价值性体现在权力追求公平、正义、自由等道德价值。权力从来都不能隔断与道德之间的关系，"权"一旦失去了"德"的滋养，就失去了其存在的根基。由于课程改革中权力主体坚持怎样的权力道德价值会影响他们的行为动机，研究课程改革的权力伦理就是关注课程改革权力主体的价值立场和权力运行的道德规范，从而促进课程改革走向良序善治。权力以人民意志为基础，正如卢梭谈道："一切权力属于人民，因而一切权力的表现和运用必须体现人民的意志。当人民的权力被篡夺并被运用来压迫和奴役人民时，人民完全有权利举行起义，有权利用暴力来消灭篡权者。"③ 公共伦理视域下的课程改革的权力伦理就是期望课程改革权力运行过程中能够体现利益相关者意志，同时保持权力的合理性与合法性，以促进课程改革公共善的实现。从当下课程改革的现状和问题出发，民主与正义是课程改革权力伦理所需体现的价值诉求。

---

① 王金娜：《超越忠实执行与盲目抵制——教育改革中教师作为转化性知识分子的角色担当》，《中国教育学刊》2016年第1期。

② JOHN RAWLS, *A Theory of Justice*, THE BELKNAP PRESS OF HARVARD UNIVERSITY PRESS, 1971, p.448.

③ ［法］卢梭：《社会契约论》，何兆武译，商务印书馆2003年版，第37页。

(一) 课程改革利益分配的协调性

教育是人民的事业，教育从本质上应当服务于人民。深化课程改革是为了促进教育的发展，课程改革的成效关系到学生的成长发展及其家庭的未来命运，涉及千家万户的切身利益。从这个角度，课程改革应当是一项"民生"工程。作为一项民生工程，课程改革的目标应符合大众对教育的合理期盼，课程改革所表征的利益格局应当符合大多数人的利益需求。也就是说，课程改革不能被政府部门的绩效需要或者学校自身的利益追求所左右。课程改革如何？改革方案究竟公不公平？学生到底能不能从课程改革中获得更好的发展？课程改革的利益分配是否公平？这些对课程改革的评价不能单单由政府部门说了算，也不能由学校说了算，而是应该综合考虑到课程改革中所有利益相关者的意见，使他们根据自己的切身感受对课程改革作出最真实的评价。只有当课程改革在目标上体现了人们的需要，在改革的过程中保障了人民的权益，才能赢得人们的信任。如此，课程改革才会顺畅发展，实现预期目标，真正做到"让人民满意"。但由于公共权力等分配变量深入课程改革的利益分配领域，造成了一系列不公正的分配现象，如部分权力主体"权大责小"、部分责任主体"权小责大"、部分利益主体"权小责小"，导致利益的天平"失衡"，不同利益主体之间由于利益分配的不合理而产生冲突，挫伤了课程改革中的利益主体参与和实施改革的积极性和能动性。①

促进课程改革利益分配的协调性，首先要充分认识课程改革中利益相关者的多元化及其利益的冲突性。中国课程改革采取的是"自上而下"模式，长期以来，实行的是集权制的管理模式。课程改革一般而言是由教育部牵头，政府在做出决定后，通过行政手段来推进课程改革。在这种模式下，无形之中预设并且生成了一种以高度同质性为基础的利益格局，这种格局的构建是以资源的统一配置、知识的统一选择，身份结构的统一划定以及集体利益至上的方式来强制执行的，相对于政府意志、

---

① 刘茂军、孟凡杰：《冲突理论视域下的课程改革话语冲突分析》，《课程·教材·教法》2015 年第 10 期。

集体利益而言，个人利益、下级主观能动性及其愿望表达受到压制和束缚。① 由于地位、身份、价值观等多种因素的共同作用，使得利益主体的多元化无论是在整个课程改革运行过程中，还是在群体和个人层面都有所体现。在整个课程改革运行层面，课程专家、政府教育官员、教材出版商、课程改革培训资料的编写和销售人员以及组织课程改革培训活动的人员、城市学生、校长、教师、农村学生及家长属于不同的利益群体，表达了不同的利益诉求。在社会资源的有限性、权力分配不完善的情况下，利益冲突在课程改革当中时有发生，制约着课程改革的发展。课程改革中凸显出的利益矛盾逐渐表明：中央、地方或者学校，任何一方出于单边利益作出的课程改革决定，都有可能因为没有照顾到其他利益相关者的需求，无法获得支持而被搁浅。一方面，课程改革的利益相关者也是推动课程改革运行的权力主体和责任主体，在课程改革中扮演着至关重要的角色，缺一不可。另一方面，课程改革中利益相关者对于自身权益维护的意识逐渐增强。因此，仅仅依靠行政命令和政府意志强行推动课程改革的管理观念已经无法适用于现实需求，课程改革中追求民主与公正的公共意愿逐渐勃发。

其次，在利益分配过程中，优先考虑学生和教师的利益需求。中国课程改革权—责—利失衡的主要表现是，学生、教师作为课程改革的主要利益相关者，在课程改革中属于"边缘者"和弱势群体，他们的利益诉求得不到充分表达。课程改革的主要目标是学生的发展，学生的需求应当成为课程改革政策制定和实施过程中考虑的首要因素。以第八次课程改革为例，其核心理念为"一切为了学生的发展"。这里的"一切"表明，所有的权力斗争、责任分配、利益协调都应首先考虑为学生服务。课程改革的"以人为本"首先是以学生为本，脱离了学生的课程改革，就变成了无源之水、无本之木，失去了其存在的价值和意义。因此，课程改革应当以学生的发展作为课程改革的出发点和目的，充分考虑学生基本的生存的需求、发展的需求和自我的需求。其次，是教师的需求。教师是课程改革的主要执行者，如果他们的需求得不到充分的满足，将

---

① 田凌晖：《公共教育改革——利益与博弈》，复旦大学出版社2011年版，第259页。

直接导致课程改革身陷囹圄、难以推进。因此，从增加课程改革中教师的话语权入手，扩大教师权力，使教师充分发挥出参与课程改革决策制定的主体性作用至关重要。同时，将教师所关心的奖金、福利、业绩等物质利益及对教师的评价等精神利益与课程改革成效相关联，有助于提高教师对课程改革的认同感与参与度。

课程改革权、责、利协调分配的具体实施应该在国家的基本要求引导下，发挥政府和市场在课程改革资源配置中的作用，以权力介入利益分配系统，实现利益分配的公平正义性。首先，构建多层次多方位的利益相关者对话平台，创建不同主体利益表达的有效渠道是促进课程改革利益分配公平性的基本前提。由于现如今，中国课程改革之中"政府缺乏自下而上的沟通机制，基层政府和民众的利益表达、利益聚合缺少规范的组织形式和组织通道，因而在政策输出与利益需求之间存在较大的差距"。[①] 因此，需要由政府搭建利益表达和对话机制，完善课程改革方案的意见征询制度，使利益相关者共同参与课程改革方案的制定，参与课程改革的实践和管理，使家长、教师、学生都成为法定的参与者，将有助于课程改革中弱势群体利益的充分表达。其次，利益分配要建立在责任、权力与利益相对称、受益与成本"收支平衡"的基础上。换言之，课程改革中的各个利益相关者是否权、责、利一致是衡量利益分配公平性最重要的标准。利益分配失衡的矛盾产生于部分主体承担了过高的责任，却缺乏与之相匹配的权力，在资源供给条件有限的情况下，他们难以获得效能方面明显的受益，这使得他们的生产动力不足，导致课程改革权力"失灵"。因此，课程改革权—责—利的对等分配将成为推动课程改革的引擎，促进课程改革权力的协调运行，推动课程改革深入教学实践，保障课程改革目标的实现。

（二）课程改革的决策民主与程序正义

课程改革决策是为课程改革制定切实可靠实施方案的过程，也是一项

[①] 刘靖华、姜宪利等：《中国政府管理创新（总论）》，中国社会科学出版社 2004 年版，第 49 页。

系统工程。课程改革决策的立足点、决策结构、决策机制和决策方式都直接决定了课程改革的发展之道，在课程改革中起到提纲挈领的作用。同时，课程改革决策受权力控制，包含着权力运作和意识形态之争，也是一项政治过程。为体现课程改革决策的正义性，保证课程改革基本方针、政策和路线的正确性，使课程改革中的资源和利益实现合理分配，需要对课程改革决策权进行价值性的关注和引导，使之符合伦理规范。虽然改革开放以来，民主与法治的现代化进程在各个领域得到不断进步，但在中国源远流长、根深蒂固的"人治"管理传统影响下，当下，在中国课程改革决策的制定过程中，政府教育官员仍然拥有绝对的权威性和话语权。正是由于课程改革决策中领导意愿的主观性、绝对权威性和课程改革决策的封闭性，容易使课程改革决策主体陷入滥用职权、谋取私利的陷阱，导致课程改革决策伦理失范。在现实中屡见不鲜的是：在任领导执政期间推行的一项改革，下一任领导上任后便随意改变或者终止它。这违背了课程改革决策伦理所追求的协商民主和技术理性的价值指向，不利于课程改革建立优良的道德秩序。因此，在课程改革决策中重申民主与正义等价值观和权力的应然指向，是课程改革权力伦理的价值灵魂与应有之义。

决策民主的基本思路是以"对话"与"沟通"替代"命令"与"指挥"，以多元沟通取代专制管理、以共同对话取代话语霸权、用兼容并包的思想在课程改革决策中集大众智慧，发挥课程改革利益相关者的主体性，共同参与课程改革决策。传统课程改革决策采取的是一种"精英决策模式"。参与课程改革决策的主体主要是社会中的有权势者。课程改革决策基本上反映的是他们对课程发展的理解和偏好。在这种模式下，课程改革决策反映的是少数人的理性，而非公众理性。民主决策的具体思路是构建多元主体的课程决策模式。孙彩平认为决策人数是决定决策理性的一个重要判断标准。他采用参与决策的人数、决策出台的时间与决策程序的复杂性做了一个关于决策理性的函数，它们之间的关系是：$R = N \cdot T \cdot D$，即：决策理性 = 参与决策的人数 × 决策出台的时间 × 决策程序的复杂性。[①] 其中，决策人数不单是数量上的标准，也包括参与人员

[①] 孙彩平：《教育的伦理精神》，山西教育出版社2007年版，第276页。

的背景多元性。只有来自不同阶层、民族、性别、职业、财产状况、宗教信仰等的主体都能够积极参与到课程改革决策中,畅所欲言地发表自己对于课程发展的意见和建议,才能体现课程改革决策的集体理性和民主性。

程序正义是实现课程改革技术理性、优化决策的价值标准。罗尔斯曾经将正义分为形式正义、实质正义和程序正义。与形式正义和实质正义相比,程序正义强调的是一种"过程价值",是对决策程序本身正义与否的价值判断。① 程序正义不仅为谁有权参与课程改革决策以及他们在课程改革中的权利是否能够得到切实保障提供了评判标准,也提供了课程改革决策主体行使权力的价值依据。程序正义首先要求决策过程需要受到公众监督,保持决策程序的公开性和透明性。只有当决策符合民意时,这样的决策才是合理和合法的课程改革决策。其次,课程改革决策程序要符合科学、理性、民主、公正的原则,"正义不仅应该得以实现,还应该以可以看见的方式实现",② 它要求在课程改革决策的各项工作中,必须强调正当程序(程序公正),尤其是涉及人民群众根本利益的事项、利益主体意见分歧、权利受到侵害的事项,应做到程序公正、程序公开、程序合理。换言之,就是要设计出科学的程序、民主的程序、理性的程序、公正的程序来进行课程改革决策。

(三)课程改革监督的参与公正

课程改革监督主要是体现公共行为的"他律"性。"影响公共行为主体进行公共行为选择的决定性动因是利益和利益关系,它是一切公共行为和伦理现象的基础。"③ 公共伦理学认为影响公共行为选择的伦理动因主要有三种:他律、自律和他律与自律的统一。"他律"主要表现为受外力约束而需承担的道德责任,"自律"主要表现为个人的道德良心,而他律与自律的统一是外在的道德责任和内在的道德良心的结合,也是公共

---

① 陈瑞华:《刑事审判原理论》,北京大学出版社1997年版,第53页。
② 陈瑞华:《看得见的正义》,中国法制出版社2000年版,第2页。
③ 冯益谦主编:《公共伦理学》,华南理工大学出版社2010年版,第163页。

行为的价值目标。课程改革监督权的行使是以一种强制性的权力约束课程改革的主体行为。监督主体从不同方面考察和评价权力主体是否承担了相应的责任、履行了相关义务，是否利用权力做出有害于学生、教师和公共利益的行为，是否让课程改革的权力运作起到约束效力。因此，课程改革的监督权是属于"他律"性质的。课程改革监督权的发挥不仅有利于向权力主体传递有用的价值信息，使他们了解自己行为所可能产生的社会后果，也可通过迫使课程改革权力主体接受来自课程改革中各个利益主体的善恶裁决和准则性命令，从而及时"纠错"。由于中国课程改革的监督责任主要集中在政府和课程专家手中，呈现出虚置性和依附性，忽视了客观公正和价值中立的伦理原则，因而影响了监督主体监督功能的释放。

课程改革监督权难以实现合理合法化的根本原因在于政府主导的课程改革中，"效率"对于"公平"的遮蔽。按照经济学的观点，课程改革本身是一场利益的"博弈"。课程改革中各类主体代表不同的利益群体，他们谁的权力更大，占有的教育资源更丰富，谁就在课程改革中拥有了更大的话语权，能够使利益的天平朝着他们的方向倾斜。由于政府官员和课程改革专家是"集大权者"，他们能够主导课程改革方向，这种主导不仅体现在"决策"，更贯穿了课程改革的全过程。政府耗费大量的人力物力财力，经过一系列酝酿、发起、组织和设计后最终颁布课程改革方案，为的是能够尽快将课程改革的预设目标落实到教育教学中去，在这个过程中，追求效率是公共行政的出发点和归宿。改革开放以来，中国义务教育"重点化"发展战略在课程领域延伸，这一战略从 20 世纪初开始，其影响延续至今。国家集中力量办好一批重点中学、小学，这些学校在校长任命、教师招聘、教育经费、课程资源等方面都优先享有特权。"重点化"发展战略迅速提高了部分重点学校的教学质量，也在一定程度上发挥了"先富带动后富"的作用，但是其弊端也是不容忽视的——它忽略了"公平"价值的实现。这一战略的实施不仅使学校与学校、地方与地方之间的差距被拉开，也使其他利益相关者的诉求难以得到合理表达。特别是对于学生而言，他们在教育机会、教育过程和教育结果等方面都是不平等的。从公共选择理论上看，真正的公平在于给予每个公民选择权和投票权,让利益相关者得到他们需要的东西。① 监督正是公民发挥选择权和投票权,从而保证课程改革公平性的合法途径。如果缺乏对于权力的制衡与监督,课程改革在制定之初就难以实现利益表征的均衡性,预设的目标在实践中也逐渐发生变异、偏离,必将影响课程改革的顺利推进。然而,由于主导改革进程的政府在开展课程改革中"效率"对于"公平"价值的遮蔽,监督权没有得到妥善的安置,发挥其应有的作用。

打破课程改革监督权"形同虚设"、依附政府存在的僵局的路径是促进课程改革监督参与公正的重要实现方式。只有当课程改革监督体现参与公正,才能使课程改革效率与公平并重,促进从"效率中心"到"民主价值"的转变,实现公共精神的合理回归。学生、家长、社会人士属于社会中大多数群体,他们的意见反映了大多数人的心声,他们的需求代表了大众利益。在课程改革中,学生、家长、社会人士、新闻媒体无法直接参与课程改革决策,监督权的发挥是他们参与课程改革的主要渠道,也是他们维护自身权益的唯一合法路径。参与公正主要是指课程改革使代表大众利益的群体能够平等地参与到课程改革监督中去,自由地表达对于课程改革的意见和建议。对于实现监督权的参与公正而言,加强信息反馈机制的建立至关重要。首先,政府和学校通过主动公开课程改革信息,拓宽信息渠道,建立公开、透明的信息服务系统。信息是一种非常宝贵的教育资源,课程改革中权力不对等和参与程度的差异,常常会导致不同主体"信息不对称"的情况,在这种情况下,占有少数信息的人无法实施监督权,往往在利益博弈中处于劣势。因此,加强信息供给有利于为社会监督创造条件,使社会大众在获取课程改革信息和利益分配中处于主动地位。其次,通过完善信息反馈机制,让监督主体在了解信息的基础上能够随时提出异议、问责和举报有关事宜的处理情况,并且通过提高处理反馈信息的回应率和解决率,使监督功能得以切实有效的发挥。最后,加强监督主体监督机制的建立。通过实现对监督者的监督,激发监督主体的责任意识,提高监督主体行使监督权的内在驱动

---

① 田凌晖:《公共教育改革——利益与博弈》,复旦大学出版社 2011 年版,第 208 页。

力，从而不断健全和完善监督机制，促进课程改革监督参与公正的实现。

（四）课程改革执行的行为正义

课程改革成败的关键在于执行。课程改革执行者持有怎样的价值立场决定了课程改革执行的行为方向。从前面的讨论中发现，如果执行者坚持忠实取向，将课程改革实施变成程序化的过程，机械地执行上级命令，这不仅不利于课程改革执行者主体性地位的凸显，不利于特色课程的创生和课程改革的深化，也忽略了技术简单性与实践复杂性的伦理事实，容易使执行主体陷入"技术乌托邦"的困境之中，增加了课程改革执行的难度；如果课程改革执行主体一味地追求创新创造，按照个人经验盲目地进行改革，则容易使课程改革误入主观主义的陷阱，使改革过程失去约束，降低课程改革效率。在现实中课程改革执行者两种思维并存，因而常常出现敷衍执行、徇私执行、偏离执行等伦理失范行为。那么，课程改革执行者到底应该坚持怎样的价值取向才可称之为行为正义？这主要取决于课程改革的执行者如何在忠实取向和创生取向之中寻找平衡点，从实践经验来看，这种平衡主要表现在以下三个方面。

第一，课程改革执行的行为正义以忠实于目标前提下的课程创生为思想基础。忠实取向与创生取向并不是完全对立存在的，课程改革执行者需要辩证地看待二者关系。忠实中能够实现课程创生，创生中同样也可以体现忠实的课程目标。忠实是课程改革执行的前提，忠实能够体现预设的作用。在课程改革执行之前，需要有规范性的政策文件对课程改革进行设计安排，它规定了课程改革的指导思想、目标、内容，是执行者实施课程改革的范本。然而，课程改革的政策性文件也只是提供一个整体目标和大致思路，具体怎样开展，仍然有很大的发挥空间。此时，预设的作用主要体现在学校和教师对课程改革的整体设计中，使他们能对课程改革如何开展有一个整体的把握，在课程改革观念到教学实践的转化过程中为课程创生提供观念上的依附点。在教学实践中，教师教学理念、教学方式、教学内容的变化是围绕课程改革的思路而来的，是承接学校所开发的课程改革方案的，如此，课堂教学就能在预设中实现观念的动态生成，并且根据课堂的实际状况，围绕预设目标进行调整，为课程创生提供一定的引导作用。总之，在忠实于课程改革目标的前提下融入创生，要求课程改革的执行者不能拘泥于一成不变的改革模式，而应该在课程教学中冲破常规、打破固化的思维模式、发挥教学想象力，创新教育经验和方法。

第二，课程改革执行的行为正义以至少符合最低限度的程序性规范为过程保障。课程改革的执行权作为行政权的一种，必须符合最低限度的程序公正的标准。程序性规范是指在规章制度的限定下，课程改革执行的顺序、方法、步骤和时限受到一定的约束，这有助于课程改革执行过程中"张弛有度"，在一定的空间限度内生成新的内容。最低限度的程序性规范包含两层意思：第一，课程改革的执行需符合正当程序。正当的程序是课程改革科学性的前提，只有尊重课程改革的政策要求，顺势导学，才能避免由于教育者主体意识的过度强化或者失落，使课程改革犹如"信马脱缰"，在复杂的教学情境中迷失本真。正当程序的作用是为课程改革"保驾护航"，促进课程改革持续、稳定、有效地开展和推进。第二，执行过程只要求最低限度的程序保障，在这个门槛上，其他权力主体不得对执行主体的行为加以干涉。程序保障需要有一个"限度"。恰到好处的规限能够为课程改革执行者提供自主发挥的空间，有利于实现"预设"和"生成"的有机融合。但是超过这个限度进行干预，甚至是凡事都要进行干预，课程改革的过程则完全沦为一种程式化的操作过程。执行者完全失去了自主探究和自主开发的空间，难以实现课程改革的创新与创造性发展。

第三，课程改革执行的行为正义以决策者与执行者的共同参与为实践支撑。由于中国的课程改革是"自上而下"的执行模式，课程改革的决策者和执行者属于不同群体，不仅代表不同的利益需求，也存在观念和行为上的差异。政府教育官员和课程改革专家作为统帅课程改革全局的决策者，他们预设的课程改革是受到国外先进经验的影响，或者根据理论论证推演出来的改革方案，虽然有扎实的理论根基和先进的技术支持，但是由于他们脱离教学实践，课程改革政策往往呈现出一种抽象化、理想化的特点，容易与现实"脱节"。而校长和教师属于课程改革的主要执行者，他们全权负责学校层面课程改革的执行过程。学校层面的课程改革是其能否落到实处的关键环节,因此校长和教师的角色显得至关重要。然而,校长和教师没有直接参与决策的权力,整个课程改革政策的起草、方案的制定过程中,他们大多都属于"局外人",需要站在他者的立场上理解他者意图,这在无形中为课程改革的执行过程增加了难度。由此,课程改革执行的关键在于通过让课程改革的决策者参与到执行过程中,建立二者的"重叠共识"。通过开放式交流了解彼此需要,明确任务,调节二者关系,努力营造一种"民主"的课程改革环境,从而减轻课程改革的实施阻力,提高课程改革计划的质量与实用性。

第四章

课程改革的制度伦理

课程改革是一项艰巨而复杂的权力博弈过程，具有社会属性的价值取向。从政治学的视角来看，课程改革涉及多方主体权力互动来推进改革的有效运行；从经济学的视角来看，课程改革是文化资本的重组与再分配，在分配的过程中实现利益最大化；从文化视角来看，课程改革是多元文化观与教育观的融合与对决，彼此在争夺中形成改革共识。课程改革是教育场域的一次"换血"，权力主体围绕文化资本观照下的资源再分配，实现权力控制下的知识结构与利益的再分配。课程改革是知识、权力与利益共在博弈的互动过程，三者在理性交互的过程中达成共识。这种共识是一种理想状态的产物，倘若课程改革离开了制度伦理来规约知识、权力与利益间的复杂关系，就会出现权力泛滥、价值异化以及利益独大等改革弊病，阻滞课程改革的进程，一定程度上会违背课程改革的公共伦理精神，因此，课程改革需要坚守制度化的伦理精神，确保课程改革遵循契约正义理论的理论旨要，形成普遍、公开与逻辑一致的课程改革规则。

一 课程改革制度伦理的内容

课程改革制度伦理旨在强调拥有教育权力的主体通过特定的方式与程序建立一套课程改革系统规范，包括课程改革的基本结构、课程改革的运行机制以及课程改革的程序等。课程改革制度伦理贯穿于课程改革的全过程，每个环节都需要伦理精神的融入，在开放多元的知识场域中，建立起适合每个环节的课程改革制度规范精神，需要厘清彼此间的关系，凸显制度正义与善性。正如罗尔斯所言，"一个'善'的现代社会应当具有何种基本价值精神，作为生活在这个'善'的现代社会中的公民相互间应当是怎样的关系，这种应当具有的相互间关系何以能够建立，其内在又应当贯注着何种精神。"① 课程改革的每个阶段与每个环节都有不同的制度化表征与特征样态，具体而言，课程改革政策即课程制定、决策与实施运行的过程，主要包括课程政策、课程管理、教材编审、课程实施与课程评价等过程。课程改革制度化重心偏向于课程改革本身，课程改革政策作为一种宏观的价值纲领，引领着整个改革进程与方向，在这一旗帜引领之下，课程管理制度、课程编制制度、教科书选用制度、课程实施制度以及课程评价制度都是对课程改革政策贯彻与落实层面的二级制度，是对课程改革政策的服务和保障。

课程改革政策是国家意志的体现，彰显国家权力对教育场域中课程设置的期许，决定着课程实施的合法性与合理性，进而影响课程内容能否成为教育行动者从教的行动自觉。同时，课程改革政策也是为了解决课程建设中出现的诸多问题，顺应国家的教育目标，体现国家和党对教育方针作出的理性思考。倘若课程改革政策缺乏理性、正义的价值目标，势必会影响课程实施与评价。

教材编审制度是中国课程改革的一个重要方面，教材编审制度主要包括教材编写制度、教材审查制度以及教材选用制度三大方面。无论是教材编写、教材审查、还是教材选用，都需要按照课程知识本身的运行规律对其加以制度规范化，严格审查教材的知识结构内容，严格把关教材的种类，以适应课程政策主体的价值取向，遵循课程权力的游戏规则。

课程实施制度是将在课程政策指引下的课程计划付诸实践的过程。课程实施是课程理论与实践相结合的有利验证，包括教师如何教学、课程如何呈现以及学生领悟的效果等，也是课程开发中最为重要的环节。没有课程实施，其他的课程开发环节都无法奏效。同时，课程实施也是

---

① 转引自高兆明《制度伦理研究——一种宪政正义的理解》，商务印书馆2011年版，第115页。

检验课程内容设计好坏的重要指标。

课程评价制度是指人们收集必要的资料以决定是否采纳、修改或删除总体课程或某一特定教科书的过程或一系列过程。① 课程评价主要包括评价课程设计结构、课程开展过程、课程实施情况等，整个课程评价重在过程性与总结性评价相结合，有利于摆正课程实施的方向与目标，有利于推动学生的全面发展。

总而言之，课程改革政策、课程管理制度、课程编制制度、教科书选用制度、课程实施制度以及课程评价制度构成了课程改革制度化的发展体系。课程改革制度化不是单一的某个元素，而是完整的、健全的多维元素的集合，构成了课程改革的"制度链"。唯有深入探究这些课程改革制度的伦理指向，明确各制度间的关系，才能使课程改革朝着公平正义的方向发展。

（一）课程改革政策的伦理指向

课程改革政策在整个课程改革的体系中处于统摄地位，决定着课程实施的合法性与合理性，进而影响课程内容能否成为教育行动者从教的行动自觉。课程改革政策的制定与运行关涉多元主体间的利益表达与整合，在正义理性的环境润养下，释放课程改革的"善意"，彰显多元主体共同参与，以理性价值为引领，建立协商共议的课程改革政策的交往生态机制。

1. 多元平等

依据契约论的思想，契约方式是现代民主社会达致和谐共生的基本诉求愿景。然而，契约本身就意味着差别与平等共在的二重特质：从一个角度而言，不同利益主体是存在一定的差别的；从另一个角度而言，尽管存在不同的利益差异，但这种差异并不妨碍他们相互间的平等协商对话。平等的协商对话是现代社会的时代精神，人们在日常生活的交往中必定会以此为价值引领。课程改革政策的制定需要在这样的环境下进

---

① ［美］艾伦·C. 奥恩斯坦、费朗西斯·P. 汉金斯：《课程：基础、原理和问题》，柯森主译，江苏教育出版社2009年版，第339页。

行，需要考虑多主体参与性与共商互动的价值诉求，这样的课程改革政策才能兼顾差异、兼顾公平、彰显正义。罗尔斯在其著作中强调："正义是社会制度的首要价值，正象真理是思想体系的首要价值一样。一种理论，无论它多么精致和简洁，只要它不真实，就必须加以拒绝和修正；同样，某些法律和制度，不管它们如何有效率和有条理，只要它们不正义，就必须加以改造或废除。……在一个正义的社会里，平等的公民自由是确定不移的，由正义所保障的权利决不受制于政治的交易或社会利益的权衡。"[①] 从罗尔斯对制度的理解，我们可以看出正义是制度的首要价值取向，同时正义的制度指引着行为主体从事场域事务的公正性与民主性。超越凭借外在力量获取自身权益的动物性，学会理解、学会在契约中欣赏他人，这正是人类脱离动物界而成为人的一个根本标志。人的自由并不是特殊命题，人的自由是一个普遍命题。人的自由要成为必然的，就必定扬弃其偶然性、特殊性。这些正是人类有可能相互间平等尊重的存在本体论根据。抽象、普遍的自由是多元间的平等自由。这种多元间的平等自由，意味着多元间对于平等权利、身份、尊严的相互承认。这种相互承认也是建立在多元主体间的平等互让上的。

课程改革政策作为课程改革的方向盘与目标源，指引着课程改革的前进方向。从教育的角度来看，多元平等实则是教育民主化的一种表现，要求在课程决策时转变以往"自上而下"的模式，逐渐形成"自上而下"与"自下而上"相结合的课程决策模式，实现由中央政府高度集中转为地方和学校自主权结合的发展愿景。在新时代背景下，课程改革旨在强调多主体间的平等合作，课程政策不仅仅是国家教育权力机关的特权，也是教师共同体、家长以及学生需要关涉的对象。教师共同体作为课程的执行者，他们需要洞悉课程内容、课程体系以及课程开发的全过程；家长也享有学校课程政策的知情权、评价权与建议权。在教育民主化进程逐步推进的过程中，越来越多的个人、教师团体以及其他民间组织以积极的态度参与到课程政策制定与决策中，确保课程知识能够最大程度

---

① ［美］约翰·罗尔斯：《正义论》，何怀宏、何包钢、廖申白译，中国社会科学出版社1988年版，第1—2页。

地体现最广大人民的利益。一个"善态"的课程改革政策是多元主体在互动共生的语境下形成的具有普遍价值共识的制度规范,在共生主体与课程政策文本交流过程中会产生分歧与争议,通过彼此间的交流与切磋能够建立相互信任与合作的交往机制,建立起可理解性、真实性、真诚性和正当性的课程改革政策。

2. 制度理性

一个善的社会结构及其制度,应当具有多元和谐、分配正义的价值精神。倘若这种价值精神没有进一步具体为具象化为现实的制度,那么这种价值精神至多还只是一种理念上的追求。高兆明教授指出:"制度理性指称制度本身不仅应当具有公平的正义这一价值精神,还应当将这种价值精神更进一步具体化为一系列具体制度设计与安排,并使这些具体制度成为如黑格尔所说自由理念的定在。"[1] 课程改革政策属于顶层设计层面,是保障课程改革主体发挥自由的想象与建立课程改革秩序的有机统一,必须建立在制度健全与合理性基础之上,然后才能进行创新与突破。在整个课程改革政策的进程中,需要摒弃非理性的独断专行的霸权行为,课程政策主体需要明晰权利与义务的关系,建立科学、正确的课程政策理论基础和指导思想,形成理性自觉。课程改革政策是一种兼具价值理性与工具理性的统一体,也即手段和目的的统一。一个"善"的课程改革政策不仅仅是形式、工具意义上的"善",更是实质、内容意义上的"善"。[2] 课程政策作为统领性的纲领,应在注重形式的基础上兼顾实质内容,课程改革的实质在于考证课程内容本身是否正义、是否面向整个群体,是否能在交往过程中彰显民主,兼顾所有群体的利益表达,而不仅仅注重形式。课程改革能够在关注形式的同时更加注重课程改革政策文本实质内容的规范性,能够体现国家课程、地方课程以及学校课程的教育价值观,课程政策得以运行的动力源自共同体成员对课程本身蕴含的价值观念的认同与接受。课程政策教育价值观作为课程改革的实质性内容,彰显的是课程权力开发者对课程文化的理解与思考,也是学

---

[1] 高兆明:《制度伦理研究——一种宪政正义的理解》,商务印书馆2011年版,第280页。
[2] 高兆明:《制度伦理研究——一种宪政正义的理解》,商务印书馆2011年版,第56页。

校在开设课程时所应考虑的重要因素。课程改革政策作为宏观全局统领性的蓝本，应体现知识本位、社会本位以及学生本位的实质规范内容，在注重知识的同时，综合考虑社会发展以及学生发展的价值观。

（二）课程管理制度的伦理指向

课程管理制度改革是课程改革政策"落地"的关键，良好的课程管理有利于明晰课程改革场域中各级主体的权力与义务关系，明确各自的职责内容，确保各主体形成共意的发展合力。在充满正义的课程改革场域空间内，课程改革管理制度需要从实际基础教育的改革实践出发，遵守课程本身的规范性，厘清国家课程、地方课程以及校本课程制定主体间的权力与义务关系。

1. 规范性

课程管理制度作为课程改革场域中的制度范本，在实施中需要坚守一定的秩序规范，为学校践行以人为本、全面发展的课程观开辟道路。从法理的角度来看，课程管理是一种正义的秩序，必须确保这种管理制度得到教育场域内每个成员的认可，教材的编制、课程内容的设定、课程体系的设置等需经过共意商定的讨论，课程管理离不开课程政策的引领与指导，课程管理需要在形式规范性与实质规范性中达成交往共识。在形式规范性中，课程改革管理制度需要在制度构架、制度理念、制度创新等层面做到规范有序，符合学生发展的内在要求与属性，树立以人为本的管理理念，切忌生搬硬套的"本本主义"。国家课程管理、地方课程管理以及学校课程管理均需秉持国家宏观的课程精神以及育人精神，做到程序正义，避免权力的独揽与侵占。在实质规范性中，国家课程管理、地方课程管理与学校课程管理在洞悉各学科核心素养指标与大类标准基础上，需要注重课程道德情感融入，在内在理性价值的引导下对课程体系系统设计、行政管理秩序、教学活动开展等方面的管理以"人性善"的角度去观照，以学生为本，关注学生的身心发展与可接受度。一切善的课程管理，旨在满足教育场域主体需要、实现主体发展诉求、符合主体目的的属性，激发课程知识的应用活力与教育生命力，能够给课程接受主体带来愉悦的身心发展。

2. 权责一致

如前文所述，课程管理制度是国家教育权力机关对课程内容设置进行管理。课程管理离不开权力与责任相观照。良好的课程管理制度有利于学校课程良好运转。在课程管理中需要明确各个主体间的权力配置与责任分工。课程管理本身就是一种公共责任的承担与分享，公共责任主要是指为了实现公共利益，政府部门以及担任公职的公务人员在行使公共权力的过程中，对其行为及其结果所负有的责任。从人类社会发展的历史来看，当人类社会发展到一定阶段，为了维持社会系统的稳定、秩序与发展，就必须从社会系统中分出一种专门承担管理与协调社会公共事务的部门，并通过一定的程序选拔一部分社会成员履行管理社会公共事务的角色与任务。课程管理是国家权力的象征，政治体制内行使公共权力的课程管理过程涉及三个层面：国家、地方和学校。在课程改革浪潮中，哪些权力需要上移至国家，哪些权力需要下放至地方和学校，这是值得思考的。首先，国家层面的课程管理的基本理念在于形成共同的教育价值认知与文化共识，考虑到公共利益，国家课程管理会运用"强制命令""能力建设""鼓励"以及"制度变革"方式。"强制命令"是一种维持国家教育权力权威性的必备手段，审时度势，校正课程发展的方向，对基本的课程问题做出权威判断。为了使国家下达的课程理念得以认真贯彻，国家也需要采取"能力建设"与"鼓励"的方式对地方和学校给予物质和精神奖励。为推进课程改革顺利进行，国家也会通过制度变革的方式对课程实施中存在的问题进行诊断与评价。总而言之，国家层面的课程管理权力集中表现在：确保课程改革能够有序合理地运行，为地方和学校执行国家课程提供指导，同时也防止地方和学校滥用权力。其次，地方课程管理在整个课程改革中起到"上传下达"的作用，积极传达国家的课程政策决议和精神，并结合当地经济文化发展需要，将国家的课程决策地方化，以便让学校能够更好地落实。地方课程决策最关键的在于明确自身的职责，将外在的职责要求内化，自身能够主动服务于地方学校课程建设的公益性事业中，并自觉接受监督、评判。最后，学校课程管理要在贯彻和落实国家、地方的课程建设理念与思路基础上形成学校自身发展的情感态度和价值观，以学校发展为指向，探究符合自身特色发展的学校课程改革的设计内容和设计框架，在实践交往的环境下逐步形成独具特色的人格精神的校本课程，指引学校课程朝着时代发展的潮流变迁。总之，三级课程管理主体唯有明晰各自的权力与职责，才能在交往互动的课程实践中建立现代性的、自由的课程改革价值观，实现课程育人的契约目标。

（三）教材编审制度的伦理指向

教材编审制度是课程改革与建设的微观旨要，涉及教材编写制度、教材审查制度以及教材选用制度三层内容。一定程度而言，教材编写制度、教材审查制度以及教材选用制度是构成整个课程改革中教材编审制度的重要维度，坚持科学严谨、民主平等的伦理精神，确保教材建设内容符合受教育者的身心发展水平，凝聚"倾听"的力量，多方平等互动交往，调动参与者建设教材的积极性，将成为新时代基础教育教材编审制度改革与发展的关键。

1. 民主平等

教材编审制度是中小学教材开发与实施的核心，也是课程改革的重心。教材的编制和审定事关基础教育领域课程的发展走向。在教材的编制、选用和审定等方面，需要坚守开放自觉的民主平等理念，在标准化的课程教材建设中注重关注学生成长与个性发展，注重教材制定的全员参与、多元利益的表达。具体而言，"均衡发展"是课程改革宏观层面的指导思想，在中观层面，涉及教材教学制度中对于"均衡发展"的内核——"民主平等"思想的贯彻落实。"民主平等"在课程改革中主要强调多元主体的广泛参与性与正义表达，注重教材编审的民主伦理价值。图纳在《考察教科书出版的文化》一文中指出，至少有五类成员参与教材的编写：出版者（沟通各方面联系的中间人），解释者（作者），教师（适当材料的选择者），学者（新知识和理论的生产者），教育领导机构的成员（其部分职责是生产课程或课程指导手册）。[①] 首先，注重教材编写、

---

① Herlihy J. G., *The textbook controversy: issues, aspects and perspective*, Westport, Conn: Praeger, 1992, p.106.

审查、使用的伦理价值审视。2017年，中国成立国家教材委员会，统编道德与法治、语文、历史三科教材，标志着中国教材制度进入了一个"精确化统一管理"的新纪元。国家教材委员会是规范教材编写、审查与使用的最高管理机构，专门机构的建立也昭示着中国的课程教材建设更加注重民主，在教材走向统一管理的过程中，更需要倾听大众的声音，接受大众的监督，全面从严把关，通过专门建立正式的平台和沟通的渠道，广泛征求意见，集思广益，切实提高教材质量，以保证统编教材编写、审查、使用的公平公正性。其次，在教材内容上具体落实"平等"的价值体认。例如，在价值取向上，教材中注重传递男女平等、种族平等、信仰平等、家庭背景平等价值观，杜绝出现宣扬大男子主义、极端的种族主义、民族主义的言论等。在课程理念、内容、知识选择等维度上体现社会共同善的价值取向，优先满足全体社会成员对教育利益的需求，弱化种族差异对教育产生的偏见。最后，在教学制度层面，注重以学生发展为中心，纠正权威主义、个人主义的教育教学方式，凸显公平、正义、民主的价值理念，践行师生共生共赏的教学交往制度，以此规范师生行为。创生一种主体间性的民主平等教学制度，培养学生在多样性的教学生态环境中去体现自己、实现自己、完成自己、欣赏自己。①

2. 科学合理

现代社会是一个制度化的社会，人们对制度化的要求在逐渐加深，教科书编审制度作为课程改革的灵魂，更需要彰显制度本身的正义、科学之气质。改革开放40年来，教科书制度建设不断完善、教材观念不断更新、教科书质量逐步提升，质量与效率兼顾的价值取向在逐渐彰显。2001年，《国务院关于基础教育改革与发展的决定》指出，国务院教育行政部门和省级教育行政部门同时负责教科书的编写审核工作，推行国家基本常态引领下的教科书编审多样化与科学化旨意。国务院设立专门的教材审定部门，负责审定国家和地方的教材，确保教材内容设置、教材图片选用、教材理念设定等方面符合学生身心发展的基本诉求和社会发

---

① 高清海：《高清海哲学文存·哲学的奥秘》，吉林人民出版社1997年版，第121页。

展需要①。在教材观念层面，中国的教材观正从"霸权式"教材转向"民主共享"教材。"霸权式"教材侧重于强调教材作为教学的一种神圣的工具，不得违背教材内容，学生和教师需要服从教材规定，需要学生去死记硬背知识，不主张教师与学生共商教学应该如何设计、如何组织等。而"民主共享"教材鼓励教材设计者、开发者主动选择、修改教材内容以适应学生的发展。教学是以教材为载体的知识技能的传授，这种传授应是建立在教材基础上的创新与尝试，由"教教材"向"用教材"的范式转换，调整教师和学生盲目崇尚教材的"本本主义"。这种转变也正是坚守科学理性教材审定与制定的价值伦理体现。最后，在中国教材40年的不断建设过程中，教材质量在不断发展，更加突出学生素养的培养，教材的内容更加凸显知识生活经验的转化与运用，强调教材知识的灵活运用与探索，更加注重教材的科学性与理性，教材的体例设计与内容更趋于合理化与人性化。整个教材设计中的价值伦理也是在社会主义核心价值观的引领下，面向和服务于全体学生，更加注重科学引导、理性指导的知识生成旨趣。

（四）课程实施制度的伦理指向

课程实施制度是课程改革与发展付诸实践行动的领航者与风向标，课程实施制度能否得以有效落实也直接影响着课程改革的实际效果。课程实施制度是领会课程政策最好的实践品，也是检验课程内容设计是否正义合理的标准。在交往语境下，课程实施制度是动态共生的利益表达机制，交往主体与客体在相互信任、相互理解的对话环境中达成课程内容的交往共识。因此，在课程实施制度运行的过程中，互动共生、公正透明是其关键的伦理指向。

1. 互动共生

课程实施制度作为课程改革的执行环节，是在落实课程政策的精神，其关键在于各主体对课程规律的把握与互动，需要将共识性的课程语言

---

① 国务院：《国务院关于基础教育改革与发展的决定》（https：//www.gov.cn/gongbao/content/2001/content_60920.htm）。

看作是取向达成理解的学科课程话语体系,营造一种互动共商的课程交往环境。在这种环境的引领下,教师和学生是双向的主体,两类群体能够相互体让,建立起相互信任、相互理解的教学方式与知识传授方式。达成教学与课程理解的目标是达成这样一种同意,其终止于相互理解、共享知识、相互信任和彼此一致之主体间的公共性中。同意是建立在哈贝马斯提出的四种有效性基础上的互动共生,即可理解性、真实性、真诚性和正当性。① 其一,可理解性要求课程实施中的多元主体能够在可理解性的课程话语中展开交流与互动,确保教育者与受教育者能够无障碍沟通,进行探究性教学。其二,真实性要求课程实施主体(教师、学校、教育行政部门等)观照学生的发展,必须传达真实的课程知识的命题内容,以便倾听者可以分享教师的知识。在这种充满真实性的课程实施环境中,教与学双方能够建立起相互信任的合作关系。其三,真诚性要求课程实施主体(教师)能够体悟学生对课程知识的理解,真诚表达自身的意图,在与学生互动中,吸收新的教学理念与教学方法,不断增强自身的教学观念、改进教学方式。其四,正当性要求课程实施主体必须根据现存的教学规范和价值选择一种正当的、学生可以接受的教学话语,从而使得课程实施主体和学生能够在大家认可的教学规范背景的话语中相互之间达成交往共识。课程实施制度是师生在互动交往的生活世界中形成的具有反思性的教学与课程的共在理解,需要两类主体共同促进、共同欣赏,形成理性共意的课程改革伦理价值。

2. 公正透明

任何制度都不是空洞的,都是某一领域包含的特殊规定的制度,这决定了制度实施不能不受价值观的支配。新时代课程改革反映了时代的价值诉求与发展指向,在一个追求公正的社会,课程改革实施制度需要内涵公正透明的价值观,实现课程民主化改革的发展愿景。从目前中国的课程改革与实践来看,在课程改革的过程中,存在重视课程改革的政策、管理等方面,较为忽视课程改革的实施的问题,学校和教师刻板地遵守执行国家

---

① [德] 尤尔根·哈贝马斯:《交往行为理论:行为合理性与社会合理化(第1卷)》,曹卫东译,上海人民出版社2004年版,第23页。

的课程管理规定，严重影响课程实施的民主化与公正化进程。罗尔斯在其《正义论》中提出了正义的两个原则之后，也分别回到了制度与美德的两个方面加以检验。事实上，罗尔斯是在表达一个基本思想：社会公正优先于个体善，个人的美德、情感只有在一个公正的社会中才能形成。① 因此，从整体出发，课程改革需要在公正透明的课程实施制度中释放正义能量，确保课程改革主体与客体能够知晓整个课程实施政策，每个课程实施环节都能够在公正透明的环境下落实，规避权力错位与越位的霸权行为，明晰权力主体的责任范围，确保教师教学与学生接受知识的双向过程能够适合本校的教学制度。只有当学校课程实施制度安排在德行有用的透明基础上时，整个课程改革才能被社会成员所接受，才有可能在大众层面上引导其成员普遍向善，才有可能向社会成员提供向善、自由生长的制度。课程实施制度需要考虑到弱势群体的接受度，因为贫困地区教学资源相对匮乏，整个课程政策在实施过程中需要结合地区间的差异，本着差别发展、公平正义的原则，将课程资源向贫困地区倾斜。通过这种差别对待的方式，确保教育教学资源能够因地制宜、公正落实。随着中国特色社会主义进入新时代的轨道，我们的教育也要求实现公平且有质量的发展，课程实施政策需要在公正透明的语境下实现跨越式发展，避免课程实施者的主观臆断。

（五）课程评价制度的伦理指向

课程评价贯穿于整个课程改革之中，对课程改革的各个环节起到反馈、臻善的作用。课程评价制度是课程改革与发展的最后一道关，是验证并考究整个课程改革成效的"指挥棒"。课程评价制度需要坚守客观中立、以人为本的伦理底线，发挥多元主体的课程改革合力，共同助力课程改革实践，客观公正地面对现实教育教学问题。

1. 客观中立

课程评价制度是课程改革的最终改进环节，课程评价主要是指相关

---

① [美]约翰·罗尔斯：《正义论》，何怀宏、何包钢、廖申白译，中国社会科学出版社1988年版，第432页。

主体通过收集相关的资料去判断所设计开发的课程体系是否完整、是否能产生出预期的执行效果。课程评价的目的在于为今后课程的有效实施做好铺垫，期待将课程塑造成一种活灵活现的应用教材。课程评价主要关涉课程发展的全过程，包括课程决策评价、课程管理评价、教材编审评价以及课程实施评价等环节，全程关注课程改革的发展与变迁，需要评价者秉持客观中立的价值观，综合使用诊断性评价、形成性评价和终结性评价对课程目标、课程内容以及课程理念进行全程跟踪与测评，及时发现问题。一方面，客观中立的课程评价有利于对课程改革的全过程进行监测，把握课程治理过程中出现的异化与扭曲的课程疾症。课程决策者和课程管理者需要在对现实课程改革情况做出客观分析基础上，针对课程实施的各个环节，分析课程改革方案的利与弊，提供真实客观的数据与分析材料，切忌盲目守旧，漫无目标，在客观中立的价值伦理下改进霸权课程管理的低效局面，确保课程改革制度的真实有效。另一方面，客观中立的课程评价有利于课程改革者与实践者不断提高改革的效果，反思改革的思路与脉络是否能够带动整个教学实践，形成良好的课程改革激励思路，通过课程评价激励的方式促进课程改革者、课程实践者不断提高改革的效果，强化改革的动机，不断提高课程改革的热情与积极性。客观中立的课程评价能够促成新时代课程改革朝着公平正义的发展样态迈进，鼓励课程改革者、实践者、学习者形成课程改革合力，共同助力课程改革实践，客观公正地面对现实教育教学问题。以评促改、以评促升，客观公正地看待每个课程改革的内容与现实情况，从公正的角度出发，还课程改革真实样貌。

2. 以人为本

现代课程评价需要吸收人本主义的主体性思维，坚守"以人为本，面向全体"的发展理念。新时代的课程改革更注重课程内容的实质性发展，提倡一种人性化、发展性的综合评价过程，注重人的合理性发展，而非仅仅作为工具性的手段。以人为本中的"人"侧重于教师和学生，教师与学生是课程改革的两类关键的主体，二者相生相伴，教师需要明确学生发展的兴趣点与评价的目的、功能，为学生创造展示自己的、认识自己的机会，将评价作为一种激励学生前进的"指挥棒"。首先，学校、教师需要关注学生个体的发展差异，充分认识学生的智力差异与非智力差异，帮助学生学会欣赏自己、发现自己，理解知识与人的生命样态，最大限度地挖掘每个学生的发展潜能与实力，不要将评价者的意志强加于学生，注重引导的发展性价值。其次，评价本身不是目的，是为了促进有效教学，基于这种考虑，以人为本的课程评价需要关注学生的有效参与，强化学生的参与认知角色，在评价中提升学生的综合素养，树立发展自信，促进学生民主意识和批判精神的发展，在互动共生的情景中提升教育教学质量，反思自身的教学方式、方法是否与学生的接受度相适应。

二 课程改革制度伦理的现状及其问题

课程改革是保持教育生机和活力的必由之路，事关国家和民族的未来。课程改革制度包含课程改革政策、课程管理制度、教材编审制度、课程实施制度和课程评价制度等重要方面，共同决定着中国课程改革的成败。中华人民共和国成立以来，中国课程改革先后经历了"传统"初建、"师俄"取向、"自主"与"失误"、迷途后重建、全新重构等阶段[①]，在民主平等的政策伦理、课程管理机制、教材编审制度改革、多媒体技术应用教学、多元化评价方式等方面取得了一些进展，课程制度日趋民主平等、公平正义、科学多元，但仍旧存在平等不足、主体间利益博弈、公众参与度不足、师资队伍素养参差、应试化倾向、评价方式终结单一等问题，严重阻碍了中国课程改革的成效。厘清中国课程改革的制度伦理现状及其存在问题，结合实际情况不断补齐短板、改进不足，扎实稳妥地推进中国新一轮课程改革，赋予课程改革向科学合理、公平公正的道路发展的前进动力。课程改革相关政策文件具体见4-1。

---

① 彭泽平：《嬗变与超越——新中国基础教育课程改革史》，电子科技大学出版社2014年版，第1—2页。

表 4-1　　　　　　　课程改革相关政策文件及其内容概述

序号	年份	印发部门	政策文件	内容概述
1	2001	教育部	《教育部关于印发〈基础教育课程改革纲要（试行）〉的通知》	调整和改革基础教育的课程体系、结构、内容，构建符合素质教育要求的新的基础教育课程体系
2	2002	教育部	《教育部关于积极推进中小学评价与考试制度改革的通知》	学生、教师、学校评价的原则与内容，考试制度改革要求
3	2005	教育部	《教育部关于基础教育课程改革实验区初中毕业考试与普通高中招生制度改革的指导意见》	课程改革实验区中考改革要求
4	2011	教育部	《教育部关于大力推进教师教育课程改革的意见》	为贯彻落实教育规划纲要，深化教师教育改革，全面提高教师培养质量，建设高素质专业化教师队伍，教育部现就推进教师教育课程改革和实施《教师教育课程标准（试行）》提出意见
5	2014	国务院	《国务院关于深化考试招生制度改革的实施意见》	部署深入贯彻落实党的十八届三中全会关于推进考试招生制度改革的要求，进一步促进教育公平，提高选拔水平

（一）中国课程改革政策变迁中所体现的伦理精神及问题

中国的课程改革与课程政策之间具有密不可分的关系，一部课程改革史即为一部课程政策变迁史。中华人民共和国成立七十年来，中国一直沿用"自上而下"的政府主导型课程改革路线，课程政策充当了课程改革的最主要驱动力。在七十年的课程政策变迁过程中所体现出的伦理精神与伦理价值，直接影响着课程改革的科学性与合理性，影响着课程改革中的利益分配与改革质量。然而，沿用教育行政部门为主导，通过行政手段自上而下传递改革政策的课程改革方式，势必导致行政色彩的过度蔓延，挤压课程改革中诸多主体的民主参与性。合道德性是课程改革政策的制度伦理，公平这一价值取向是课程改革制度伦理的根基。纵观中国七十年来的课程改革，公平的缺失是显而易见的。在多元主体间互动共生的课程改革环境中，对公平之"善"的忽视势必会导致课程改革很难取得质的飞跃，达到多元共生的境界，周而复始的在多元主体的消极抵制中扭曲、变形、分崩离析，在肢解之后再次走上推行新一轮课程改革的老路。

1. 课程改革政策变迁中平等的不足挤压多元主体的民主参与性

课程改革政策是国家意志的体现，多由国家权力部门做出决策，通过行政手段自上而下进行传达。行政色彩的过度蔓延势必导致平等性的不足，从而挤压课程改革过程中诸多主体的民主参与性。改革初期，众多专家所倡导的上行与下行并举的课程政策制定方式依旧没有探索出行之有效的实践道路。在自上而下的课程改革策略引领之下，教育行政人员与课程专家占据了绝对的指导地位，学校和教师处于被动接受和执行的境地，处于悬置地位的一线教学人员很难真正理解课程改革内容的全貌与实质。

改革开放以来八次课程改革的推进以及平等化、民主化进程的加快，教师、学生等课程改革的真正建设者、开发者和实践者也日益受到重视，并被吸纳进课程改革政策的"建构"部队之中，平等不足的问题得以缓解，以往被严重挤压的民主参与性也得以提升，课改政策的民主性得以加强，政策也更加符合地方及各级学校的实际情况。但是，八次课改最终还是未能真正摆脱"自上而下"这一行政模式的囹圄。首先，课改的绝大部分话语权还是掌握在教育行政部门领导与少数专家手中。现今课改过程中的不同呼声还未能真正得以考量和接纳，课程政策决策过程中的公开化、透明化还远未与现代社会以民主、平等的对话协商为主旨的时代精神相契合。教师、学生、家长及社会人士等课程改革政策制定的关键主体并未得到应有的尊重，在课改政策的制定过程中多元主体间在互动共生的语境中并未成形，极易导致课程改革的实施结果与预期目标产生严重的错位。其次，教育行政部门多以"纳谏"的形式接收教师、学生及社会各界人士的建议,如原国家教委在课程改革政策的制定过程中依托专家调查团"下访"民情。这种以"陈情"为主要手段的不平等的意见反馈机制无法对政府政策的制定形成一定的源自基层和课程实施主体的压力,更无法从根本上对政策决策的推进起到颇具裨益的作用,挤压了多主体的民主参与性。在"陈情"与"纳谏"的意见传达体系之中,行政人员与教师等其他的课程改革主体的地位从根本上便呈现出高低不平的态势。这与西方发达国家主张的政策输入应表现为各种政治力量的社会互动过程大相径庭。罗尔斯所力求达到的"平等的公民自由"这一正义的本质在中国现今的课程改革政策的决策过程中更是远未达到。课程改革政策决策过程中的平等不足导致多主体的民主参与性被严重挤压这一问题亟待解决。

2. 课程改革政策变迁中制度伦理的缺失及其与课程之"善"的相异性

"制度"一词中"制"指节制、制约,"度"则有尺度、限度之意。制度伦理则是指一定的制度赖以建立和存在的伦理基础,以及制度中所蕴含的伦理追求、道德原则和价值判断。制度伦理的基本含义是制度的合道德性。[①] 一种制度的形成必须与社会伦理道德的合理性部分相契合。只有合乎伦理的制度才能推动"善"的社会结构的完善,进而推动多元和谐、分配正义的社会价值精神的形成。罗尔斯认为:"正义是社会制度的首要价值。"[②] 一种制度的首要伦理价值即正义,正义与否则要从平等、民主、公开等价值视角进行透视。同时,正义也是"善"的社会结构的根本价值。课程改革制度的形成也必须建立在合乎制度伦理与课程之"善"的基础上。

纵观改革开放四十年先后八次课程改革政策的变迁,公平这一制度伦理之根本价值的缺失是显而易见的。首先,中国的课程改革越来越倾向于以城市基础教育的现状为基准设计课程改革的政策与制度。学科的设立、课程的开发、教材的编订均以城市为中心,脱离农村实际。教师

---

① 杨灿明、胡洪曙、施惠玲:《农民国民待遇与制度伦理分析——兼论"三农"问题的解决对策》,《中南财经政法大学学报》2003年第5期。

② [美]约翰·罗尔斯:《正义论》,何怀宏、何包钢、廖申白译,中国社会科学出版社1988年版,第1页。

的教学水平与设备先进程度不足，严重阻碍了课程改革政策在农村地区的全面铺开。此外，课改政策中所提出的合作学习、自主学习等以"创生"为内核的学习方法忽视了农村地区教师素质与大班额教学情况所带来的天然的劣势。以灌输为主要教学方式的农村学校短时间内无法有效掌握创生类教学方法的内核。课程改革所带来的缺失公平性的推陈出新，给予农村基础教育的极有可能是一场场沉重的打击。这不仅是制度伦理的缺失所导致课改天平的失衡，更是课改政策与课程之"善"的相异性造成的最终结果。其次，课程改革的全面铺开往往是以新教材的推广、各级教师的统一培训为先行手段来推动课改政策的有效变迁。学生强制学习新教材，教师强制进行新课改相关政策的培训。这种师生强制性的被动接受背离了制度伦理与课程之"善"所主张的摒弃非理性的独断专行的霸权行为这一初衷，否定了师生在课改政策变迁过程中的主体性作用。在这种课程改革的话语体系下，制度伦理中的公平与民主元素必然压缩殆尽，多元主体间互动共生的语境下形成的具有普遍价值共识的制度规范这一课程政策变迁的"善"态必然遭到忽视，最终致使课改中除教育行政人员以外的多元主体走上了消极执行的老路。

（二）中国课程改革管理制度的伦理价值及问题

课程管理制度是在课程改革过程中逐步形成的制度范本，合规范性地阐述了一系列课程改革与实施及教学活动中的秩序规范、管理条例、管理目标。在课程改革的过程中，制定国家、地方以及学校的三级课程管理制度，其目的在于确保各级主体在课程改革过程中的管理规范性，使参与课程改革管理"有法可依"。然而，由于课程改革的频率较高，速度较快，课程改革管理制度会因推陈出新速度较慢，无法与课程改革政策的步伐相协调，出现"空白性"缺失，导致"无法可依"问题频发。同时，课程改革频率过高也会导致管理制度"失真"现象的出现；课改管理者自身素质、能力、态度的问题也会导致课改管理制度的落实度较低。此外，国家、地方、学校的三级课程管理制度从表层看来，权责分明，各司其职，课改政策可以在三级之间做到有序传达，便于指导与反馈，课程的编订与开发权也实现了三级主体之间的共享。但各级主体间在"集权"与"放权"过程中不断出现的利益的博弈现象,导致各级之间分明的权责无法有效落实,抑制了课程改革的推进速度。

1. 课程制度"低"落实度导致管理机制的失灵

中华人民共和国成立70多年来,随着八次课程改革的步步推进,课改的主要目标、根本任务、基本内容、评价机制也不断发生变化,课程管理制度因落实程度较低而导致管理机制失灵的现象也频频发生。首先,课程改革管理制度的"空白性"失灵。课程改革是立足于时代发展和国家政治、经济、文化等方面的变化,对课程的内容与结构进行时代化的"刷新"。课程改革管理制度也应随着课改的步伐不断与时俱进、推陈出新。管理制度中那些与时代脱节的,与课程改革内容不适配的,在实践过程中证明无法推行的糟粕内容应该被摒弃。然而,四十年来中国前后进行的八次课程改革密度较大。较多的改革次数首先就会导致管理制度的更新无法及时跟上课程改革的步伐。旧制度被否定的同时,新制度却未及时出台,导致制度"空白性"失灵。管理者在课程改革的过程中遇到新兴问题或突发状况时,无法定位到相应的管理制度,致使相关问题的解决方案无法及时落实,管理机制失灵。例如,在素质教育全面取代应试教育时期,课程管理制度也逐步向提升学生素质,促进学生的全面发展靠拢。但在课程改革的过程中,管理者未能及时对素质教育形成一套行之有效的管理标准与评价指标,导致学生在接受素质教育课程后无法以数字的形式直观地形成一套优劣标准,使素质教育课程改革不具备说服力。其次,课程改革管理者的执行力较低致使管理机制失灵。管理制度的执行与落实往往会受制于执行主体自身的素质、能力、态度等因素,执行主体在制度执行过程中表现出消极、低效的执行态度,会导致制度落实度较低,影响制度的效力。在课程改革管理制度的推行过程中,各级课程改革管理者需要具备的首要能力即课程改革管理制度的解读能力,能够全面、细致地剖析制度的内涵与实质,明确制度的边界。在当前课程管理制度的实践中,"自上而下"的制度传达模式更加大了课改管理制度的解读难度。教育行政人员及部分专家等国家课程管理人员在对管理制度进行修改颁布后,地方课改的管理者很难站在专家学者的高度解读管理政策,导致管理机制失灵。最后,课程改革频次过多,导致课程管理制度的"失真"。课程管理制度需依照国家制定的课程改革方向而不断去粗取精，去伪存真。课程改革的大政方针发生变化，管理制度也要做出相应的调整与适配。过多的课程改革次数导致了管理制度不断高频率的删减、修订。在改革次数多且频率高的情况下，势必会引起课程改革的实践主体对课程管理制度正确性的质疑，课程管理的落实度也会呈现下降趋势。

2. 课程管理主体间的利益博弈致使权责无法有效落实

中国现行的课程管理制度为国家、地方及学校的三级课程管理制度。三级课程管理的基本模式是：国家制定课程发展的总体规划，确定国家课程的门类和课时，制定国家课程的标准，宏观指导课程实施；省级教育行政部门根据国家对课程的总体设置，规划符合不同地区需要的课程实施方案，包括地方课程的开发与选用；学校在执行国家课程和地方课程的同时，开发或选用适合本校特点的课程。从国家颁布课程管理制度文件来看，各级管理主体的权责较为分明，各司其职，且管理制度可以实现在三级之间有序传达，便于指导与反馈，课程的编订与开发权也实现了三级主体之间的共享。这一管理模式不仅有利于体现中国教育改革的科学化、民主化趋势，推进课程资源的有序挖掘与开发，还有利于深化教育改革，顺应世界各国课程管理既相对统一，又相对分散的发展趋势。但是，在中国看似权责分明的三级课程管理体系中，三大主体在"集权"与"放权"的博弈过程中并未形成权益互惠的有效发展模式。在近年来的课改过程中，国家这一权利主体不断放权，为了让"国控课程"呈现多元化、地方化、校本化的趋势，制订了地方一级和学校一级的课程管理指南、教材编写审定管理办法等一系列课程管理文件，而这些管理文件却未在地方课程与校本课程开发的过程中发挥应有的作用。各省市教育行政部门与学校在编写地方化课程的过程中随意性大、盲目性强，"无效课程"的乱象频发。在教材选用方面，国家以委派专家团队审查的形式，有计划地放开了部分教材编写与选用的权力。但是，在近几年课程改革成效的审查与反馈中，发现教材审查在一定程度上受到了关系、利益的侵蚀，教材质量的"把关"机制出现漏洞，多地教育行政部门强行干预学校教材的选用与编写。从学校层面来看，"分数本位"的应试教育畸形理念无法有效驱散,"主课"与"副课"的层次划分仍在各个学校实行。国家计划制定的"应然课程"在各个学校无法转化为按规定实施的"实然课程",成为阻碍课程改革进程的绊脚石。

(三) 中国教材编审改革中所呈现的伦理价值及问题

教材是课程的重要组成部分,是课程内容的核心载体,也是对课程计划和课程标准的具体实施。习近平总书记在 2016 年 12 月召开的全国高校思想政治工作会议上明确指出"教材建设是育人育才的重要依托"。[①]长期以来,教材在中国课程和教学活动的实际开展过程中发挥着十分重要的作用。尽管时下教材形式和内容日益多样化,但教材作为教师教学的重要参考,对教师、学生以及教学活动的开展仍旧起着至关重要的影响。教材编审改革是中国课程改革的重点关切,"民主平等"和"科学合理"是中国教材编审、建设和改革过程中一直秉承的价值理念。改革开放以来经过八次课程改革,中国在教材建设理念革新、编审制度改革和教科书质量提升等方面取得了一定进展,但在教材建设过程中公众的参与程度仍旧不高,教材编审的多元互动机制也尚未形成,这既影响了民主平等观念的有效落实,也阻碍了教材质量的进一步提升。

1. 教材建设的公众参与度不足限制了民主平等观念的落实

教材作为一种社会公共产品,其编写、审定、选用、发行以及评价的全过程都离不开公众的广泛参与。正如课程专家施瓦布所说,课程编制过程中,需要有足以代表各方面经验的集体(小组)的共同合作,这个集体就是课程审议小组,通常由教师、校长、学生、家长、社区代表、教材专家、课程专家、心理学家和社会学家等人组成。[②] 多方利益主体的广泛参与既是教材建设过程中落实民主平等观念的基础和前提,又是教材内容科学性的重要保障。

中国长期以来实行中央集权式的教育管理体制,课程标准和课程教

[①] 中国教育报:《我国大中小学教材建设步入新的历史阶段——三位专家谈国家教材委员会成立》(http://paper.jyb.cn/zgjyb../images/2017-07/14/07/ZGJYB2017071407.pdf)。

[②] 黄忠敬:《课程政策》,上海教育出版社 2010 年版,第 193 页。

材都是高度统一的。党的十八大以来,中国国家、地方和学校三级教材管理体制不断完善。国家基础教育课程教材工作领导小组、国家教材委员会和教育部教材局的相继成立,加强了国家对教材的宏观指导和统一规范。新时代,国家在大中小学教材建设与管理中的主体责任得到全面落实,党对教材建设与管理的领导权和支配权得到加强,教材建设亦上升到国家事权的高度。① 但是,地方和学校在教材建设和管理体系中的主体角色还比较模糊,主体责任并未得到很好发挥,这在一定程度上影响了地方和学校两级主体参与教材建设和管理的积极性。国家倡导三级教材管理体制,给地方和学校编制具有当地乡土特色的教材预留了空间,鼓励地方和学校根据当地经济情况、风土人情,并结合本校学生的实际情况,编写地方教材和校本教材。地方教材和校本教材是国家教材的有益补充。但是由于长期以来的"高度统一",许多地方和学校习惯于"万事只等上级下发文件"的消极状态,缺乏对本地、本校实际的考察研究,以及在此基础上编写乡土教材。再者,长期以来教材编写都被定位为教材专家的工作,似乎与校长、教师、学生和家长并无关系,他们只是教材的传播者或使用者,而非创造者,故其参与教材建设的主体责任感和实际参与度都比较低。教材建设的公众参与度低,尤其是教师、学生和家长的话语权缺位,致使教材的群众基础薄弱,限制了民主平等观念的落实,教材内容的科学性和实用性也难以保障。

2. 教材编审的多元互动机制未形成致使教材质量难以保障

教材是合法性和普遍性文化的重要载体,教材编审是厘定主流文化与合法文化的重要途径,也是决定教材质量的关键环节。在公平正义、科学合理观念的引领下,中国教材编审需要逐步建立起多元互动、共赏的机制。正如菲利普·泰勒等人指出"参与课程编制活动的人员和机构包括个人、团体、全国性协会和国际组织等。没有哪一个国家是由某一个机构或个人来进行课程编制的。但由于对课程及其功能的理解不同,因而在不同的国家,参与这种活动的人员和机构也不同。这种差异表现

---

① 刘学智、张振:《改革开放40年基础教育教材制度改革的回顾与展望》,《课程·教材·教法》2018年第8期。

在进行课程编制的人员和机构从事这项活动的方式、所处的级别、比如国家一级的机构或者地方一级的机构其影响的直接程度以及自主权的大小。"①

改革开放以来，中国教材编审制度不断完善。然而，随着中国特色社会主义进入新时代，提升教材质量的迫切需求与教材编审机制较为单一的矛盾日益突出。原国务院副总理刘延东在国家教材委员会第一次全体会议上强调"要尊重教育规律和学生成长规律，提升教材思想性、科学性、时代性。"② 这不仅是对教材质量的总体要求，也是对教材文化的顶层定位。教材的思想性主要是指教材是国家意志的集中体现，应将社会主义核心价值观融入其中，尤其是在基础教育课程教材的编写中要坚持社会主义政治方向。教材的科学性是指教材是普遍认可的合法知识和主流文化的重要载体，不管是教材的顶层设计、指导思想、框架结构、具体内容都应该是科学合理的。教材的时代性是指教材必须和社会实践相联系，和生活实际相联系，反映时代特色和时代使命。协调各相关主体间的权力均衡，建立多元互动的教材编审机制，在提升教材思想性、科学性、时代性与确保教材质量之间起着关键的肯綮和纽带作用。但目前中国尚未形成多元互动、多方共赏的教材编审机制，严重影响了教材质量。教材编审机制主要涉及"谁来编写""编写什么""谁来审查""如何审查"等核心议题。尽管2017年5月，教育部启动部署全国大中小学教材建设五年规划和管理办法研制工作，研制任务包括建立健全各级各类教材编写、审查、使用及引进等各环节的制度③，教育部2017年和2018年工作要点都提出研制和印发"教材的编写审定管理办法"，但至今并未取得突破性进展，教材编写人员资格认定标准仍不完

---

① ［英］菲利浦·泰勒、科林·理查兹：《课程研究导论》，王伟廉、高佩译，春秋出版社1989年版，第42页。

② 中国教育报：《刘延东在国家教材委员会第一次全体会议上强调 把国家教材建设作为战略性 基础性工程抓紧抓实抓好》（http://www.moe.gov.cn/jyb_xwfb/s6052/moe_838/201707/t20170706_308786.html）。

③ 教育部：《教育部启动全国大中小学教材建设五年规划和管理办法研制工作》（http://www.moe.gov.cn/jyb_xwfb/gzdt_gzdt/moe_1485/201705/t20170521_305303.html）。

善，教材编审分离制度也还有待落实。① 中国教材编审基本处于"专家"编写、"专家"审定的混乱状态，致使公众对教材的可信度和公正性都有所质疑。新时期中国虽然逐步确立了国家、地方和学校三级教材管理制度，但编审分离、多元主体互动互赏的机制尚未形成，教材质量难以保障。

（四）中国课程实施制度变迁中所体现的伦理精神及问题

"课程实施就是把一个新课程计划付诸实践，实现预期课程理想，引起预期变革的动态过程。"② 课程实施是课程改革的重要环节，是课程改革政策和计划顺利落实的关键。课程实施的主要途径是教学，涉及教学观念的革新、课程知识的更新、教学方法的变革和师生角色的转变等。随着新课程改革的深入推进，中国课程实施在理论研究、观念更新、教学方式、多媒体技术应用等方面取得了一定进展，对课程实施的重要性和复杂性有了更为深刻的认识，正如加拿大学者迈克尔·富兰所说"变革是一项旅程，而不是一张蓝图。变革是非直线的，充满着不确定性，有时还违反常理"。③ 然而，当前中国教师队伍的专业素养水平参差不齐，部分教师态度消极、课程意识淡薄、课程领导力较弱，阻碍了师生之间互动共生关系的形成，致使课程实施缺乏创生性。此外，尽管在课程改革过程中，中国强调要推行素质教育、培养德智体美劳全面发展的社会主义建设者和接班人，但目前教育的最终评价仍然主要采用单一的考试（笔试）形式，忽视学生的情感体验，因而课程实施难以摆脱应试教育的制约，公正透明的愿景难以实现。

1. 教师专业素养参差阻碍了课程实施主体间互动共生关系的形成

英国课程专家斯腾豪斯指出"课程改革是人的改革""课程发展是人

---

① 刘学智、张振：《改革开放40年基础教育教材制度改革的回顾与展望》，《课程·教材·教法》2018年第8期。

② 和学新：《基础教育课程的变革与反思》，广西师范大学出版社2015年版，第178页。

③ ［加］迈克尔·富兰：《变革的力量——透视教育改革》，中央教育科学研究所、加拿大多伦多国际学院组织翻译，教育科学出版社2004年版，第33页。

的发展""没有教师的发展就没有课程的发展"①，充分肯定了课程改革主体尤其是教师在课程改革过程中的重要作用。课程改革最终指向课程实施，课程实施关涉教师、学校、教育行政部门和学生等权力主体。教学是课程实施的关键环节，其应然状态是一种互动共赏的课程交往环境，教师和学生在此环境中是双向的主体。教师是课程的最终实施者，其专业理念、专业知识和专业能力等对课程实施的过程和结果都具有至关重要的影响，在一定程度上决定了课程实施主体间尤其是师生关系的格局。

  长期以来，由于政治经济等多方面原因，中国人才流动的格局基本为学业成就顶尖的精英较多流向金融类行业，教育领域多为学业成就中下的学生的选择。这在一定程度上决定了中国师资队伍素养的总体水平一般的基调。为了深化教师教育改革，全面提高教师培养质量，建设高素质专业化教师队伍，教育部于 2011 年 10 月专门发布了《教育部关于大力推进教师教育课程改革的意见》。② 但是师资素养总体水平差强人意，教师的经验和话语权在课程改革中没有得到应有重视。中国历次课程改革都是通过行政手段上传下达，采取的是单一的自上而下的课程实施策略。史密斯曾一针见血地指出"在制定其教育政策的时候，很少考虑教师的经验。教师只不过是一些公仆，其职责是将别人作出的决定付诸行动。"③ 由此带来的不良后果主要有三：一是部分教师不思进取，缺乏专业成长的动力。采取忠实取向的教师，在课程实施过程中扮演的是一个课程计划的忠实执行者角色，其能量局限于"教书匠"的技术层面，着眼于传授知识，而无需更新教育理念、深化专业理解和认同、丰富专业知识、提升专业能力。只要能把"上所施"的课程计划，变为"下所行"的课程实践，似乎就完成了自身使命，不利于教师专业素养的整体提升。

---

  ① 彭泽平：《嬗变与超越——新中国基础教育课程改革史》，电子科技大学出版社 2014 年版，第 210 页。
  ② 教育部：《教育部关于大力推进教师教育课程改革的意见》（http：//www.moe.gov.cn/srcsite/A10/s6991/201110/t20111008_145604.html）。
  ③ 张家军：《新课程实施的问题、原因与对策》，《天津师范大学学报》（基础教育版）2007 年第 3 期。

二是教师专业素养水平参差不齐,影响课程实施的质量。忠实取向阻碍了教师专业素养的总体提升,只有少部分具有坚定职业理想和自我发展信念的教师能够坚持不断促进自身专业发展,在课程实施过程中投入自己创造性的智慧,提升课程实施的质量。而大部分安于现状的教师以执行计划模式"按图索骥"地进行教学,缺乏对课程的深刻理解和情感体认,必然导致课程实施日趋僵化、质量不高。三是课程实施过程缺乏探究性,教师和学生之间难以建立起平等对话、相互理解、互动共生的教学交互关系。课程建设过程缺乏教师参与,教师对课程知识、教材体系的理解不到位,不利于教师灵活选用教学方法,也不利于作为受教育者的学生理解课程,进行创造性学习,课程实施的开放性和动态性都大打折扣。总之,教师专业素养参差不齐制约了其在课程政策制定和课程建设过程中核心作用的发挥,教师、教育行政部门、学校、学生等课程实施主体间的互动共生关系尚未形成。

2. 应试教育倾向性严重不利于课程实施过程公正透明愿景的达成

课程实施过程公正透明是社会成员的普遍诉求,也是彰显课程改革正义性的重要路径。罗尔斯认为"正义有两个原则,第一个原则是平等自由的原则,第二个原则是机会的公正平等原则和差别原则的结合"。① 就课程实施制度而言,其公正透明性主要体现在三个方面:第一,在课程政策制定过程中,学校、教师、学生和家长等利益相关主体同教育行政部门和专家学者等理应平等自由地享有参与权;第二,在课程政策实施过程中,要充分考虑区域差异,将课程资源向贫困地区倾斜;第三,在具体的教学过程中,要注意了解学生的个体差异,将公正平等和差别原则相结合,尽可能照顾到每一位学生的特点,促进他们全面而个性化的发展,使课程实施最大限度地反映课程改革的成果。

令人遗憾的是,尽管党和国家一再倡导要培养全面发展的社会主义建设者和接班人,《国务院关于深化考试招生制度改革的实施意见》(2014)也明确指出要"扭转片面应试教育倾向",并"改革考试形式和

---

① 何怀宏:《正义理论导引:以罗尔斯为中心》,北京师范大学出版社2015年版,第128页。

内容""改革招生录取机制""启动高考综合改革试点"等,① 但目前以单一考试（笔试）作为主要选拔人才的方式并未发生实质性改变。在应试教育倾向较为严重的情况下，课程实施过程难免受到消极影响。首先，当考试作为评价和选拔人才的最主要方式时，学生、家长、教师都处于非常被动的地位。学生成为被考的对象，身心承受巨大压力和学业负担，无力在课程政策制定过程中平等自由地参与表达自身诉求。以高中阶段为例，教师面对教材"高难度"、教学"高进度"、高考"高分数"的多重压力，只能被动执行课程政策，难以发挥自身能动性和创造性。换言之，应试教育倾向严重，致使教师和学生两大课程实施主体的平等自由权利没有得到应有尊重。其次，严重的应试教育倾向使学生成绩在一定程度上反映官员"政绩"，地方经济发展不均衡、财政投入不均衡导致课程资源分配的地区差异大。2017年12月23日，根据时任财政部部长肖捷关于国家财政教育资金分配和使用情况的报告，2016年中国财政性教育经费一半以上（约60%）用于中西部地区并向农村倾斜。② 尽管教育经费向中西部地区并向农村倾斜，但由于发展基础、地区经济发展水平和财政支持力度的差异，中国东中西部、城乡课程资源不均衡仍是不争的事实。最后，应试教育倾向性在一定程度上扼杀了学生的个性。应试教育以统一的标准评价学生，其内在理论假设为"分数高即能力强"，忽视了学生的个体差异，导致课程实施过程的差异性平等沦为空谈。层出不穷的"高分低能"案例促使人们开始质疑这种一元性理论假设的科学性。美国心理学家霍华德·加德纳的"多元智能理论"为人才评价提供了全新视角，认为人的智能是多元的，每个人的智能组合并不完全一致，每个人都有自己的优势智能和劣势智能，应改变用一把尺子衡量学生的标准。由此可见，要实现课程实施过程中的公正透明愿景，改变应试教育倾向是关键。

---

① 国务院：《国务院关于深化考试招生制度改革的实施意见》（https：//www.gov.cn/zhengce/content/2014-09/04/content_9065.htm）。

② 人民网：《人大常委会第三十一次会议审议多部报告》（http：//cpc.people.com.cn/n1/2017/1224/c64387-29725402.html）。

(五) 中国课程评价制度变迁中所反映的伦理价值及问题

课程评价是课程建设与发展的引领性力量，是课程变革的向导。① 课程改革的理论和实践表明，课程实施的情况是改革是否成功的重要方面，而对实施过程的监控与评价是考察课程实施情况的一个关键环节。传统课程评价以泰勒为代表，奉行的是一种目标评价模式，正如他本人所说"评价过程实质上是一个确定课程与教育计划实际达到教育目标的程度的过程"②。由于过分强调通过儿童的外在行为表现来确定教师传授课程内容的效果，中国 20 世纪 80 年代之前的课程评价一度沦为"教学检查"，教师和学生的主体地位不被尊重。随着课程改革的不断深入，人们逐渐认识到课程评价的复杂性，开始关注课程标准与课程实施程度、学生学业成就以及课程价值等方面的问题。有学者认为课程评价是不断发现儿童生长的问题，并为解决问题提供理性的价值判断；课程评价是事实与价值判断的合体，是课程价值的发现与创造。③ 教育部于 2001 年印发的《基础教育课程改革纲要（试行）》就课程评价问题明确指出要"改变课程评价过分强调甄别与选拔的功能，发挥评价促进学生发展，教师提高和改进教学实践的功能"④。随着新一轮基础教育课程改革的全面实施，中国在注重学生综合素质、关注师生和课程共生发展、考试制度改革等方面取得了一定进展，但仍旧没有从根本上改变单一的评价主体、终结性的评价方式、整齐划一的评价标准和量化倾向的评价方法，由此带来的后果是课程评价的客观中立性存疑，违背了以人为本的价值取向。

---

① 王润、张增田、章全武：《核心素养：课程评价的时代追求》，《教育理论与实践》2018 年第 4 期。
② ［美］拉尔夫·泰勒：《课程与教学的基本原理》，施良方译，人民教育出版社 1994 年版，第 85 页。
③ 蒋雅俊：《课程评价：课程价值的创造与实现》，《华南师范大学学报》（社会科学版）2014 年第 3 期。
④ 教育部：《基础教育课程改革纲要（试行）》（http://www.moe.gov.cn/srcsite/A26/jcj_kcjcgh/200106/t20010608_167343.html）。

1. 评价主体的单一性和评价方式的终结性不利于客观中立地呈现评价结果

客观中立既是课程评价者的目标，也是被评价者的基本诉求。一方面，课程评价过程中多元主体的参与有利于广泛征求意见，集思广益，这种内部评价、外部评价、独立评价和共同评价相结合的方式，有利于客观公正地呈现评价结果，保障评价的科学性、有效性和发展性。① 另一方面，形成性的评价方式更有利于客观地反映教师教和学生学的过程，关注学生成长和进步的状况，更好地促进学生发展，尽可能减少"一考定终身"的偶然性。正如教育部编写的《素质教育观念学习提要》所指出的"教育不仅仅是汇报时的总结，评比时的数据，而是教师和学生共度的生命历程，共创的人生体验"②。

尽管早在2001年中国《基础教育课程改革纲要（试行）》就指出应"建立以教师自评为主，校长、教师、学生、家长共同参与的评价制度"③，充分肯定了多元主体参与对课程评价客观公正性的重要意义。但由于中国长期以来实行自上而下的管理体制，决定了课程评价中存在自上而下的评价体系。时至今日，课程评价的主体仍旧主要是国家、教育行政部门、学校、教师等教育内部主体，大部分时候学生评价都流于形式，并未发挥实质性作用。一般来说，课程评价自上而下依次是政府部门考评学校、学校评价教师、教师评价学生的单一向度，学生评价有名无实，其他社会主体，如科学家、政治家、社会活动家、人文学者、家长、地方社区代表和企业雇主等均没有机会以适当形式参与课程评价。美国评价专家古巴和林肯认为"评价是评价者和被评价者'协商'进行的共同心理建构过程；评价受多元主义价值观所支配；评价是一种民主协商、主体参与的过程，而非评价者对被评价者的控制过程"④。很显然，目前中国的评价主体多元性不足而单一性显著、评价过程单一向度倾向

---

① 和学新：《论发展型课程评价制度的建立》，《江西教育科研》2004年第12期。
② 和学新：《基础教育课程的变革与反思》，广西师范大学出版社2015年版，第212页。
③ 教育部：《基础教育课程改革纲要（试行）》（http://www.moe.gov.cn/srcsite/A26/jcj_kcjcgh/200106/t20010608_167343.html）。
④ 李雁冰：《课程评价论》，上海教育出版社2002年版，第48—58页。

明显，这些都不利于构建多元参与、平等协商、客观中立的课程评价制度。此外，终结性评价（考试）占主导地位也是影响中国课程评价结果客观中立的重要原因。虽然，党和政府早已认识到片面终结性评价的弊端，新课程改革也在积极寻求建立考试与其他评价方式相结合的综合考评制度，如教育部印发的《关于积极推进中小学评价与考试制度改革的通知》（教基〔2002〕26号）、《关于基础教育课程改革实验区初中毕业考试与普通高中招生制度改革的指导意见》（教基〔2005〕2号）等分别在中小学升学考试与招生制度改革、初中毕业生学业考试、初中毕业生综合素质评价以及普通高中招生录取方面做出了详细规定，开始转向综合考虑学生的整体素质和个体差异。[①] 但是，经过十几年的努力，考试仍然是课程评价的主要方式。由于升学和就业的激烈竞争，尚未找到比考试更高效率和公平合理的评价方式来甄别和选拔人才，以至于不少学校仍旧把分数看作评价学生的"试金石"。而这种"唯考试"的终结性评价取向显然难以客观呈现学生在社会实践、社会公益、文体活动等方面的日常表现，无法真实地反映学生的综合素质和成长过程。

2. 评价标准的整齐划一和评价方法的量化倾向违背了以人为本的价值取向

21世纪以来，随着课程改革的不断深入，中国逐渐形成了"以学生发展为本，培养创新精神和实践能力"的课程理念，主张以人为本、以人的发展为本。比如，上海在进行面向21世纪的第二期义务教育课程改革方案中提出了三个基本的课程理念：以学生的发展为本，以培养创新精神和实践能力为重点，构建新的学力观。[②] 由此可管窥中国课程改革以人为本的价值取向。以人为本价值取向关照下的课程评价除了关注学生通过课程所学到的知识和能力之外，更加重视人的成长，关心人的情感体验，以人的存在价值为最终归宿，并将人的发展作为课程评价的内在逻辑，指导课程的设计和实施。也就是说，理想的课程评价应兼顾知识、

[①] 和学新：《基础教育课程的变革与反思》，广西师范大学出版社2015年版，第214—215页。

[②] 黄忠敬：《课程政策》，上海教育出版社2010年版，第110页。

能力、社会和学生个人成长等诸多方面,不仅考虑社会发展的需要,科学发展的需要,同时还将人的发展需要置于重要地位,尊重人的多样化和个性化发展。

其实,孔子就认识到人的多样性和个性化发展需求,并提出"因材施教"的教育思想,对中国教育理论和实践产生了深远影响。中华人民共和国成立以来,党和政府也认识到人的多样化和个性化发展诉求,提出要"培养全面而个性化发展的社会主义建设者和接班人",注意评价标准的多元化。比如,教育部印发的《关于积极推进中小学评价与考试制度改革的通知》(教基[2002]26号)规定"评价标准既应注意对学生、教师和学校的统一要求,也要关注个体差异以及对发展的不同需求,为学生、教师和学校有个性、有特色的发展提供一定的空间"[①]。然而,"冰冻三尺非一日之寒",中国长久以来"以分数为纲""以升学率为宗旨"的社会现实并非短时期内能够完全转变。一方面,很多地方依然习惯用分数和升学率来评价学校的教学工作和办学水平,学校用升学率评价教师,教师用分数评价学生。这种"唯分数、唯升学率"的机械单一的评价标准过于强调共性和一般趋势,不尊重学生、教师、学校的个性发展和个体间的差异性,禁锢了学生、教师和学校的创造性,使分层教学、因材施教、差异性评价沦为"镜中月水中花",可望而不可即。另一方面,"唯分数、唯升学率"同时体现了一种评价方法上的量化倾向,将人的发展抽象为一个个数字和百分比,显然是不太妥当的做法。考试测验等评价方法有简单易行、省时省力、便于精准分析等优势,但也存在将人"物化",忽视人的复杂性和个体差异的缺陷。《关于积极推进中小学评价与考试制度改革的通知》(教基[2002]26号)明确提出"评价方法要多样,除考试或测验外,还要研究制定便于评价者普遍使用的科学、简便易行的评价办法,探索有利于引导学生、教师和学校进行积极的自评与他评的评价方法"[②]。但是,目前中国教育实践中仍然较为注重量化

---

① 教育部:《教育部关于积极推进中小学评价与考试制度改革的通知》(http://www.moe.gov.cn/srcsite/A26/s7054/200212/t20021218_78509.html)。

② 教育部:《教育部关于积极推进中小学评价与考试制度改革的通知》(http://www.moe.gov.cn/srcsite/A26/s7054/200212/t20021218_78509.html)。

评价和传统纸笔测验，对关注人的复杂性和课程过程性的诸如"课堂行为记录""学生成长记录袋""学习日记"等描述性评价方法却鲜有采用。质行评价方法多通过文字、图片或录音等形式表现出来，尊重人的个性化发展，强调评价主体在多元互动中平等对话，较能体现人的复杂性、差异性及教学的过程性，但也存在费时费力、评价结论主观性强等不足。因此，质性与量化评价方法相结合，多元化的评价标准，是秉承以人为本价值取向的课程评价改革的未来发展方向。

三　公平与公正：课程改革制度伦理的诉求

课程改革的制度伦理是善态课程制度的灵魂，这种灵魂是正义理性的回归，更是课程回归理性生活世界的本真诉求。在理性回归的环境下，课程改革制度注重课程制度要素间的融合与衔接，在公平与正义的交互共生制度空间内释放课程改革制度的伦理精神，探寻课程与制度间的秩序价值逻辑。在中国特色社会主义进入新时代的背景下，课程改革制度需要坚守社会正义准则，秉持社会主义核心价值观的精神旨意，将课程政策、课程管理制度、教材编审制度、课程实施制度以及课程评价制度五者有效衔接起来，在共生交往的伦理价值中彰显课程改革的正义与公正取向，最大限度实现彼此间利益共存的表达与整合。

（一）课程政策设计中彰显价值公正

价值公正是政治学中的一个核心概念，"正"意指方向和目标正确，不偏斜、平正；"公"意指公道的、公正的，有利于人民的道理，伸张正义。价值公正是公平正当、合情合理的正义体现，合乎事态发展的情理与道义基础，凝聚了人们对人类社会一般秩序与规范的普遍法则的遵守与认同。罗尔斯眼中的公正与正义发生在两个环境之中：客观上，存在着物质资源中等程度的匮乏，不可能完全满足人们的欲望和要求；主观上，各方都相互冷淡，互不关心，不受仁爱或怨恨、嫉妒的推动，既不自利，也不利他。罗尔斯认为，只要相互冷淡的个人对中等匮乏条件下的社会利益的划分提出冲突的要求，就具备了公平分配的条件。① 罗尔斯的正义环境中非常强调人与人之间的相互冷淡和"无知之幕"之后的互不了解，目的在于理性地选择个人的权利，追求平等多元的价值。公平的社会合作条款是由这些从事合作的人们所达成的协议决定的。原初状态是公平社会形成的基础，也是将众所周知的社会契约论的理念加以普遍化。它能做到这点，是通过使基本机构之首要正义原则成为协议的对象，而不是像洛克那样使特殊的政府形式成为协议对象。据此，原初状态释放的是公正社会的正义取向，人们在"无知之幕"的背景下，互不知彼此的身份、条件，可以在具有普遍性的理念下，形成人类追求自由、平等的一种价值期待。公正是正义理念在现实层面的体现，它更多体现在制度范畴中，通过制度及其执行，实现社会正义能量的有效释放。正如有学者指出，"公正只是正义的某种特定存在形态，是社会普遍所认同的正义，是一种与一定的制度性因素相联系的正义。"② 公正作为正义的特殊表现形式，代表着善恶美丑价值判断的标准，不同的领域，公正代表的意涵不同。在伦理道德方面，公正多指向正义；在政治领域，公正多指向权利的平等；在法律领域，公正是一种正义精神和程序的公正。无论是哪一类指向的公正，均是人类社会的永恒追求，具有普遍性、绝对性和至善性。作为社会场域中的人，在社会中从事某种职业必须遵守社会的准则，维护社会的公共性，协调社会成员之间的利益，需要将共同体中普遍意义的公正规则作支撑。公正作为人类社会的价值追求和理念，具有绝对性、永恒性，是人类命运共同体的一种价值期待。

课程政策设计作为课程改革的系统组织，本身的政策决策制定需要兼具公正的价值伦理，课程政策设计的方方面面需要符合公正价值的要求。课程政策价值公正是课程主体与课程政策客体在互动的环境中一种主体性表征，呈现出对课程变化规律、属性以及尺度的承认与共赏。在整个课程政策的设计中，课程政策主体需要立足中国教育的现实环境，

---

① [美] 约翰·罗尔斯：《正义论》，何怀宏、何包钢、廖申白译，中国社会科学出版社1988年版，第11页。

② 王桂艳：《正义、公正、公平辨析》，《南开学报》2006年第2期。

坚持课程政策发展的公正价值取向，把握课程政策目标、理念、内容等关键要素，兼顾效率质量与公平，形成国家、地方政府与学校共同关注基础教育课程质量与发展的共治格局。课程政策制定与设计涉及多方利益的博弈与制衡，需要以价值公正的伦理精神为指向，在"无知之幕"的政策环境中明确课程政策的制定多元主体任务分工，坚持民主参与、民主分工的科学理性决策目标，坚守课程内容本身的理性意义，破除课程政策设计的非理性与人治的主观臆断思维，逐步释放课程改革制度设计的善意能量，促进整个课程改革朝着理性制度的发展愿景迈进。具体而言：其一，课程政策制定者需要加强自身的课程理论知识学习，形成多方参与决策的公正课程决策格局。课程政策由谁来制定、如何制定、制定后如何运行都值得课程政策制定者深思熟虑，在多主体的理性交往中形成课程决策的制度化网络生态系统，确保课程制定者能够把握好课程知识的生成规律，以便更好地推进课程政策的实施与运行。其二，课程政策设计过程需要建立完善的课程咨询制度、课程审议制度、课程监督制度等，确保课程政策的制定能够在公正的价值伦理中有序运行，最大限度释放课程咨询制度、课程审议制度与课程监督制度间的共意合作能量，实现课程正义的有效表达与整合。

（二）课程管理制度中彰显程序公正

程序公正属于形式公正范畴，旨在强调利益分配中坚持同一性的分配原则，利益的分配要符合正义的指向，对于同一现象不能出现多种分配标准。在整个社会场域的活动中，只要分配的标准或分配原则是我们大家所共同认可的，那么分配过程中行为公正即为最关键的，至于结果如何，都不是很重要。比如，在课程管理场域中，只要人人遵守课程管理制度，没有主观霸权行为或失范行为的发生，无论执行的结果如何，都是程序公正的。亚里士多德提出，同类情况需要同样对待，不同情况不同对待，区别对待的程度应当与其不平等的程度成比例。分配的公正在于成比例，不公正在于违反比例。对于好东西，总是不公正的人所占的过多，受到不公正的对待的人所占的过少。① 这一规则就是形式的规则，坚持这种规则的公正，一定意义上而言即为程序的公正。博登海默曾言，"一个旨在实现正义的法律制度，会试图在自由、平等和安全方面创设一种切实可行的综合体和和谐体。这是一项充满了巨大困难的使命，而且迄今尚未发现一项杰出计划在实现这一目标时能够声称自己体现了'绝对的正义'。"② 在现代性的文明社会中，人们更注重制度的管理能力与实施的程序正义取向，注重释放制度的正义能量。正如有学者指出，正在现代性进程中的人们，首先面临的是一个有无平等自由权利的社会精神问题。只有确立起这样一种时代精神，在程序上做到公平正义，才有可能真正彻底告别宗法等级社会。③ 一定意义而言，程序公正能够促进社会形成良好的秩序，确保社会场域形成常态化的对话合作空间。

课程管理制度作为课程改革的中间环节，需要认真贯彻国家的三级课程管理观，在正义与规范间探寻课程治理的哲学意蕴。课程管理伦理制度作为一种理念的存在，是以程序正义的形态彰显出来的，是一种观念化与制度化并举的公正价值理念。在这一点中，课程管理制度追求的终极目的是人性的正义与权力的规范。从哲学的角度而言，正义与权力的指向是人，把人的尊严和价值、人的自由和解放以及人的全面而自由的发展视为正义与权力实现的根本与基础，并以此作为最高原则对现实的社会关系和生活世界进行合理性与合目的性的判断。课程管理制度作为实现课程善治的一种理想状态，本着规范统一与权责一致的伦理精神，把控课程发展的基本脉络与行动指向，坚守课程育人、课程理人以及课程善人的价值取向，在课程与人的交往中实现课程管理的理性契约回归。首先，课程管理制度中以"人"为中心，注重观照人的变革取向，坚守课程育人的正义指向，以人的发展带动课程的发展，始终坚持以变革与发展的眼光去规范国家课程、地方课程以及学校课程。在与受教育者等

---

① [古希腊] 亚里士多德：《尼各马可伦理学》，廖申白译，商务印书馆2017年版，第36页。
② [美] E. 博登海默：《法理学：法律哲学与法律方法》，邓正来译，中国政法大学出版社2004年版，第322页。
③ 高兆明：《制度伦理研究——一种宪政正义的理解》，商务印书馆2011年版，第224页。

群体交往的过程中，实现国家、地方以及学校三级课程管理的常态化与正义化发展愿景，三者实现多方联动。其次，课程管理制度在运行的过程中需要秉持"善"的韵味，逐渐将三级课程管理体制中蕴含的"伦理之善"发展为"完善之善"，即课程管理从使受教育者对课程产生兴趣的"善"变为促进个体人格健全发展之善，在整个课程管理中注重环境润人、制度束人、文化育人的伦理精神。最后，在课程管理善态的文化空间内，国家课程、地方课程以及学校课程需要凝聚教育正义的手段、善的目的、善的能量，在教育权力与教育权利间达成课程管理交往共识的"善意"表达，明晰课程管理权力与权利间的关系，在程序正义的观照下，凸显课程改革的公共伦理秩序。

（三）教材编审制度中彰显民主公正

民主作为当代人类基本的价值理念和政治制度，不可避免地有对公正的诉求。民主与公正是互动共生的概念，社会场域中的共同体成员在相互尊重的基础上达成一种公平而合理的协议。民主公正侧重于参与社会合作的每个个体都可以理性地接受或无法合理接受加以拒斥，这是共同的人类理性所赞成的基本行动准则。古希腊哲学发展巅峰时期的柏拉图在其著作《理想国》中指出个人正义和国家正义两个概念，目的在于寻找理想政治的标准。柏拉图认为，个人正义与国家正义是一对共生体，需要在坚守民主正义的前提下开展交往对话，个人正义的实质是人的内在本性能够完全主宰自己并与自己的职务相协调，使整个心灵处于健康、和谐的安宁状态。而国家正义是建立在公民个人正义基础上的最大"善"，国家是由公民个人组成的社群，每个公民正义的实现需要各守其位、各司其职，为了国家实现稳定长足的发展。[①] 每个人的灵魂都追求善，都把它当作自己全部行为的目的。[②] 在整个人类发展的进程中，社会共同体成员间展开的合意行动更倾向于注重民主参与的公正性，鼓励社会群体与个人间的互惠合作。知识社会的现代性场域中注重自主决策的

[①] 转引自栾亚丽《民主价值论》，辽宁师范大学出版社2011年版，第121页。
[②] ［古希腊］柏拉图：《理想国》，刘国伟译，中华书局2016年版，第236页。

公正性话语。知识社会开创了一种社会理念，即要在人的意愿基础上作出实现自主决策、自主调控和自主组织的决定。教材知识是理智行为的前提条件，也是开创促成教育导向人生美好幸福生活的关键。教材知识作为课程改革与建设的载体，意味着在信息处理、理解观念、统一标准和价值观念的交流中彰显正义与公正。这种正义、公正需要公民的多方参与，在参与教材建设中培养自身的探索精神、面对挫折的意识以及行动能力。在发展的过程中，公民通过平等参与课程改革与教材建设，不断丰富自身的知识涵养与科学文化素养，反对差异化的民族歧视，确保公民的基本受教育权。教育是每个人作为社会、政治和经济合格参与者的基础，使人们表达自己的兴趣、了解社会关系和将自己的意愿融入社会民主之中成为可能。

教材编审是课程改革实践过程的中间环节，教材编审对于课程改革的有效实施至关重要。教材编审需要在意念中形成民主参与互动互赏的教材管理观，传递平等互信的课程交往精神，秉持科学互惠的发展理念，形成国家教材管理、地方教材管理与学校教材管理的三方联动，三方在互信、互赏的发展空间内达成教材建设的共识。正如雅斯贝斯所言："国家对教育的掌握既不能放任不管，也不能过度支配，群众既意识到由国家暴力所强加的统一性，也意识到一种漫无目标的多样化。教育若想再回到最好的岁月中曾经达到的状况，只能通过一种信仰而发生。"[①] 这种信仰的生成需要教材决策主体在教材建设的价值取向、理念观念等环节注重教化意蕴的融入，形成多方民主参与的教材治理格局。一方面，教材编审需要在广泛调研的基础上，考究现行使用教材的科学性、实用性、针对性，考究教材使用者的身心素质、同类教材的优缺点比较以及教材制定者的理论研究水平，确保教材的编审能够在科学理性以及民主的环境下完成。另一方面，教材编审需要汇集各学科领域的专家共同商定研制教材编写大纲、对教材大纲进行深度评议，在此基础上征求学校教师和其他人员的意见，坚持民主共生的协同发展理念，确保教材编审制度

---

① ［德］卡尔·雅斯贝斯：《时代的精神状况》，王德峰译，上海译文出版社 2016 年版，第 100—101 页。

在课程改革的浪潮中实现民主公正。在教材编审制度中，需要协同利益集团、公民、大众传播媒介以及政策组织间的多重关系，综合考虑他们对教材制度建设的意见，形成多方共赏的教材编审制度。

（四）课程实施制度中彰显正义理性

正义与理性是共生存在的统一体，正义是一种关注人与人之间关系的社会美德，释放着理性的能量。从政治伦理的视角而言，正义规定着人类社会政治生活总的道德要求。由于人类生活在思想政治领域中，与政治实践的交往密切，需要与理性相融合，形成向善发展的生活世界。政治作为一种社会实践现象，是通过对公共权力的权威性分配与制约，也就是通过国家政权的形式来稳定和发展社会，改变和完善人们的物质、精神与文化生活。简而言之，正义是社会共同体成员为了自身的善而形成的集合。正义不仅具有神圣性，而且具有不可侵犯性。正义的神圣性在于，无论什么样的法律和制度，不管它们如何具有效率和条理，只要它们不正义，就必须加以改造或废除。正义的不可侵犯性在于，每个人都拥有一种基于正义的平等自由的公民权利，即使以社会整体的利益之名也不能逾越和侵犯这种权利。在正义的环境下，社会场域中的公民能够以主人翁的身份参与到政治生活中，通过追求政治的正义性，提升公民的政治使命感，将正义作为政治体制、国家制度的价值目标和准则。正义与理性并存，正义呵护的是人类的基本善，坚持的是人的平等自由权利，坚守广泛的政治道德原则，在最低的利益底线下维护和保障最弱群体的根本利益是正义理性的最大诉求。正义处理的是人与人、个人与国家、国家与国家之间的最高价值，是衡量国家制度合法性的根本标准，是评价国家和个人行为正当性的根本性依据。正义理性的功能在于保障国家与个人彼此间的交往的真实性与有效性，各主体能够遵守各自的行动底线，将正义作为一个思想理念与实践行动的指挥棒。

一定意义而言，正义理性是人们把握政治与伦理、政治与道德现象的综合性观念，既有政治的色彩又有道德的色彩，正义是政治和道德关系的聚焦点，同时也是公共领域与私人领域的权衡机制。课程改革中的课程实施制度需要以正义理性为价值引导，避免只专注于课程改革计划与假设的形而上的理念层面，更加关注课程改革与实施。在正义理性的引领下，课程实施政策需要关涉课程实施的主体、课程实施的具体路向，兼顾教育行政部门、课程建设者、教师与学生多方的利益诉求，课程政策的实施需要考虑到学生对课程的接受程度、课程本身的科学性等。课程政策实施本身也是在实现国家课程正义的政治目标，专注于国家与公民个人间的共意知识指向。课程改革最终指向的就是课程实施，既要关注一线教师的新课程知识接受度、教材理解力以及专业业务水平等，又要关注作为受教育者的学生对课程的整体感知度，包括课程结构、课程目标、课程理念以及课程体系等。整个基础教育领域的课程实施应注重学生个体生命价值的复归，关爱每个学生对知识的憧憬，逐步将"教课程"变为"理解课程"，在理性的课程交往氛围中达成课程促"善"、向"善"的发展目标，形成课程个体"善"与国家"善"的美好愿景。课程实施是落实课程改革的关键，由内而外彰显知识的内在向善发展理念，融合国家课程改革与学校特色发展的缄默知识指向，在共生共意的常态语境中，促进课程知识与人的生命相遇，释放更多的教育正义能量。课程实施制度最终要促进三级课程知识与学校特色发展间的多重发展并举，在正义与理性之间达成课程管理的利益表达共识。

（五）课程评价制度中彰显实质公平

实质公平与程序公平是互动共生的概念，实质公平指向的是分配的结果，要求分配结果的实质性平等。罗尔斯的一般正义观强调，所有的社会基本价值包括自由和机会、收入财富等都应平等地分配，除非对其中一种或所有价值的一种不平等分配合乎每个人的收益。① 从这一论述当中，我们可以看出罗尔斯正义论中的实质公平更侧重于平均主义的公正，这与哈耶克、诺奇克的观点不同，他们认为，在现实的社会场域中，不存在实质公平，程序公平是唯一可以衡量正义的标准，若顾及实质公平会损害个人的自由和权利。为了凸显实质公平，政府可以制定有利于弱

---

① [美] 约翰·罗尔斯：《正义论》，何怀宏、何包钢、廖申白译，中国社会科学出版社1988年版，第58页。

势群体的倾斜政策，进行社会的二次正义分配，实现分配的实质公正。政府在整个社会治理与教育治理中扮演着公正利益分配的裁决者身份，在坚守正义的取向时，实质公平与程序公平两者是共生统一体。实质公平是相对于程序公平而言的，是一种追求社会范围内实质性的、最大多数人的，社会的正义和公平的正义观。它包含着分配正义的内容，强调针对不同情况和不同的人予以不同的法律调整；它要求法及其调整具有能动作用、灵活性和适应能力，能够针对个别情况、个别主体、个别案件进行个别性的特殊调整，而不仅仅根据普遍性规范来解决所有问题。[①]美国著名法学家昂格尔指出，"不管实质正义如何定义，它只能通过具体问题具体处理的方法才能实现。"[②] 一定意义而言，实质公平能够确保程序公平的结果正义，保障当事人的合法权益以及社会整体利益，促进社会走向和谐公正的场域。实质公平重在结果公平与过程公平的统一，形塑社会场域诸事物间的和谐公正与理念向善，倡导行为主体在交往共生的对话生态中形成处理矛盾的多维方法论。

  课程评价是实现课程公正的一种有效方式，也是实现有选择的教育理念的一个极其重要的环节，直接影响着教与学双方的积极性乃至整个教学活动的健康发展。[③] 在课程改革与课程实践的浪潮中，课程评价制度作为最后的守门关，需要在课程目标、课程内容以及教学方法等维度进行全方位的诊疗，在收集相关数据基础上对课程计划、实施、结果等环节进行综合测评。在核心素养的关怀下，课程评价的参与者是多元的，涉及学校、家长、教育管理者、学生等多维评价主体；在正义理性的润养下，各不同的评价主体代表着不同的价值取向与利益诉求，促进师生在互动中形成多情感的态度价值观。课程评价关键在于形塑课程样本与教育共同体形成共生体，着力凸显导向与质量监控的作用，根本目的在于改善和发展教学，发挥个性特长，为人的终身发展服务，关注个体差

[①] 江必新主编：《强制执行法理论与实务》，中国法制出版社2014年版，第367页。
[②] ［美］R. M. 昂格尔：《现代社会中的法律》，吴玉章、周汉华译，译林出版社2001年版，第191页。
[③] 邬宪伟：《选择的教育——职业教育的一个新视角（第二版）》，上海教育出版社2017年版，第96页。

异的发展与需求。这种课程评价不仅仅是终结性评价，更侧重于形成性与发展性评价，注重反馈调节、激励、积极导向的功能，注重发现课程开设、运行等环节存在的问题并进行揭示，发现自身存在的问题与不足，找到症结所在，调整教学行为。这种课程评价更加侧重于课程内容评价的实质正义，凸显课程结构、课程内容的融会贯通。从本质而言，课程评价制度是一种动态的结构性规范，更加侧重于课程评价与课程内容知识间的具象合作，在情景化、智能化的课程评价样态中彰显课程与评价间的实质公正。课程评价制度是课程改革政策中的最后一道关，在以评促改、以评促建的课程改革韵律下，课程改革制度会在正义与公正间形成利益表达的共意伦理，促进课程改革朝着常态化、规范化的方向发展。

第五章

课程改革的秩序伦理

哈耶克认为,秩序是事物的一种状态。这种状态是由人、事、物按照位置排列而呈现出一定的规则性、稳定性和规律性。秩序以规则和制度为基础,规则与制度是维护秩序的工具。"没有规矩不成方圆""道生一,一生二,二生三,三生万物"都阐述了制度(规则)与秩序之间千丝万缕的关系,这里的"规矩"和"道"就是万事万物运行的规则,而遵循"规矩"和"道"最终产生的"方圆"和"万物"即形成秩序或规律的体现。课程改革的最终目的是形成一种新的教育教学秩序或者规律,课程改革制度即实现这种新秩序的工具。

一 课程改革秩序伦理的内容

课程改革秩序是课程改革的理想状态,达到这种理想状态是课程改革的目的和旨归。从权力的运作到制度的建构再到秩序的生成,本书所探讨的行政导向的课程改革过程是一个从"他组织"到"自组织"的过程,是一个从外在秩序到内在秩序的建构过程。苗东升认为,任何系统都是"自组织"和"他组织"的统一体,任何外力都发挥着"他组织"的作用,是对事物形成秩序方向的作用力。[1] 这个过程是一个物质、能量、信息与外界不断交换的过程,依靠环境影响下内外部各因素互相影响,使教育教学从一种平衡状态走向另一种平衡。通过政治、制度、法

---

[1] 苗东升:《复杂性科学研究》,中国书籍出版社2013年版,第146—152页。

律的强制组织力对课程教学内部环境的割裂与解构,到系统内部自行组织、自行创生、自行演化,最终实现了组织内外价值、规则、行为的重新归置和动态平衡,形成了新的"共生组织",即新的教育教学秩序。

课程改革秩序要满足和符合社会的需要,就应当服从道德审判和伦理价值指向。事实上,课程改革的价值秩序、规则秩序和行为秩序中都反映着一定的伦理指向和要求,正是这种伦理精神的深入渗透,将课程改革的各个主体、各个要素紧密联系起来,使之成为一个和谐的、有机的整体。厘清课程改革追求怎样的伦理秩序,坚持怎样的道德立场,达成何种伦理指向,是解读课程改革秩序伦理意蕴的关键。

(一) 课程改革的价值秩序的伦理指向

德国哲学家舍勒最先提出"价值秩序"的概念,他认为价值是一种先天独立的现象,感官价值、生命价值、精神价值、神圣价值先天处于一种从低到高的秩序关系中。① 舍勒对于价值秩序的理解为人探寻意义世界和社会秩序的价值建设提供了依据。杜威认为,在教育领域,不存在一种先验的、抽象的、绝对的、普遍的价值秩序。② 因为教育具有情境性,在一些情境中,某些价值具有优先性,而在另外的情境中,则另当别论。例如,不能说教育的审美价值大于教育的健康价值,反之,也不能说促进健康的价值大于促进审美能力的提升。如果脱离了社会情境,这些价值无法比较。石中英认为杜威关于教育的价值秩序的观点具有一定的合理性,但是,如果教育完全不存在价值秩序,则会陷入价值相对主义的陷阱之中——这意味着我们无论采取哪种价值取向的教育方式都是合理的,这将导致教育价值乱象丛生。因此,教育存在一定的价值秩序,但是应当视情境而定。基于大家的普遍认同,教育存在两种价值:内在的本体价值(促进个体发展的价值)和外在的工具价值(促进社会发展的价值),石中英认为在学前和基础教育阶段,青少年身心发育尚未成熟,教育

---

① [德] 马克斯·舍勒:《伦理学中的形式主义与质料的价值伦理学(上)》,倪梁康译,生活·读书·新知三联书店 2004 年版,第 128—132 页。
② 石中英:《教育的价值秩序》,《北京教育》(普教版) 2017 年第 4 期。

的本体价值应当优先于教育的工具价值；而到了大学阶段，青少年已经长成，更多地要为就业做准备，这时的教育就要更多地考虑工具价值。①

按照石中英的观点，课程改革的价值秩序是课程改革的价值理想，这种价值理想要视具体的情境而定。中国课程改革是一个由"他组织"到"自组织"的过程。"他组织"和"被组织"的含义相近。课程改革的过程首先是一个"他组织"的过程。各个课程专家、校长、教师等被组织起来共同完成整项改革工作，也就是说他们受到外在的强制驱动力驱动而参与改革，这种驱动力往往来自各级教育行政部门，来自国家颁布的课程改革政策与制度的要求。但是否能说整个课程改革都是"他组织"的呢？并不如此，最终课程改革如何深入实践，如何体现在教育教学当中，还需要依靠课程改革内部各个主体之间发挥主观能动性，因时而异、因地制宜地进行改革，这一过程正是课程改革"自组织"的过程。"他组织"对应行政导向的课程改革所体现的公共价值，而"自组织"对应课程改革所追求的本体价值，从这一角度出发，课程改革的价值秩序应当是从公共价值到本体价值的提升之路。公共价值和本体价值的伦理诉求和道德理想即课程改革价值秩序的伦理指向。舍勒认为，"伦理的更新与成长的最彻底形式是在爱的运动中并借助于爱的运动而完成的对'更高的'（相对于被给予的）价值的发现和开启，并且首先是在我们已经列出的那些最高的价值样式之界限以内，而后继续在其他的价值样式中。"② 换言之，价值秩序中存在着道德理想，并且这种道德理想指引着价值秩序的不断完善。因此，从"价值之理"到"伦理之理"表达的因果链之中追寻课程改革公共价值到本体价值的伦理意蕴，是对课程改革至善道德理想的澄清，也是对"应然"的课程改革的描绘与憧憬。

1. 育人化成

一定意义上，教育是国家意志的体现，19世纪后，世界上各国都出

---

① 石中英：《教育的价值秩序》，《北京教育》（普教版）2017年第4期。
② ［德］马克斯·舍勒：《伦理学中的形式主义与质料的价值伦理学（上）》，倪梁康译，生活·读书·新知三联书店2004年版，第128—132页。

现了教育国家化的趋势，欧美各资本主义国家也先后将教育纳入国家的管理活动之中，充分发挥教育对社会发展的关键性作用。课程改革也要为实现国家意志服务。在"他组织"阶段，控制课程改革的外在强制力是国家意志和公共价值，它来源于社会大众对教育的殷切期望，代表了国家的立场、民族的立场和人民的立场。《教育部关于全面深化课程改革落实立德树人根本任务的意见》中指出："立德树人是发展中国特色社会主义教育事业的核心所在，是培养德智体美全面发展的社会主义建设者和接班人的本质要求……全面深化课程改革……落实立德树人根本任务……整合利用各种资源，统筹协调各方力量，实现全科育人、全程育人、全员育人。"① 该意见的出台，明确了课程改革追求育人的根本价值。育人的第一要务是育德。育人的伦理指向在于将美德内化于心，外化于行，上升到公共层面即"育人化成"。

"育人化成"体现着整个国家、民族和人民对于至善课程改革的价值期盼。"育人化成"代表着两层含义：一是课程"育人"。分数、学历甚至知识都不是课程育人的本质，课程育人的本质在于正心明智、立德修身，在于育德。作为西方道德哲学的创造者，苏格拉底把求"善"的品质置于至高无上的位置，超越了天文地理和宇宙万物的自然知识。他强调，"一个人首先要学习的就是如何做一个好人"②，并留下"财富不能够造就美德（善），美德（善）却可以创造财富和其他各种幸福"的箴言。同样，被誉为轴心时代另一位"巨人"的孔子也肯定了"人事"高于"天理"的伦理秩序。"仁义礼智信""五常"是儒家倡导修身的主要内容。修身，一在修德，二在修行，三在修智，三修并举，方能德才兼备、知行合一，达到理想的修身结果。"五常"中"仁"、"义"、"信"旨在修德；"礼"旨在修行；"智"旨在修智。其中修德是修身的首要任务。"弟子，入则孝，出则悌，谨而信，泛爱众，而亲仁。行有余力，则以学文。"孔子告诫学生在家孝顺父母，出外尊重兄长，行事谨慎，待人

---

① 教育部：《教育部关于全面深化课程改革落实立德树人根本任务的意见》（http：//www.moe.gov.cn/srcsite/A26/jcj_kcjcgh/201404/t20140408_167226.html）。

② ［古希腊］柏拉图：《柏拉图全集》，王晓朝译，人民出版社2002年版，第425页。

诚信，泛爱民众，亲近品性崇高的人，若行有余力，方可修习文化。换言之，修身应以修德行为先，然后修智。① 发展到后期，无论是汉代"举孝廉"的察举制，还是宋太宗的"文德致治"都体现了统治阶级对教育"育德"的推崇，并将"德性为先"贯彻到课程理念中，以维护政权统治，保证社会稳定。价值教育则是沟通知识与道德的桥梁。课程是价值教育的载体。中小学各门课程都具有其学科特色和学术内涵，通过发挥课程本身的特色，提炼出家国情怀、法治意识、社会责任、人文关怀、环保意识等要素，转化为价值观教育最生动、最具体的载体，然后从课堂入手，避免刻板生硬的说教，充分调动学生的参与性和情感体验性，以引发学生价值、情感方面的认同，实现价值教育的目标。

二是道德"化人"。什么叫作"化"？我们经常说的"感化""教化""同化"等带有"化"字的动作，都是主动的、心甘情愿的过程，而没有被动的、强迫的意义。简单地说，从内心自动生发出来的感受，叫作"化"。同样，道德观念的形成、道德品质的锤炼也需要一个"价值化"的过程。价值教育的核心内容是德性，最终目标是使价值观念转化为学生的思想意识和道德品质。课程的价值教育要有这样一种导向：通过引导学生精神、态度、生活方式、价值观念、思维方式和心理状态等要素的有机整合，使学生在社会实践过程的对象化的活动中认识自我、发展自身的价值，求得精神自由、内心和谐与完美，"化成"一种具备独特精神气质与高尚道德魅力的人。

2. 意志自由

随着国家意志在课程改革中的渗透不断增强，课程改革仿佛也受到种种条条框框的限制，出现了一些弊端：课程改革工具化、政治化倾向日益明显所导致的课程与生活分离、课程中人的"单向度"发展。课程改革的对象是人，课程中人的多样性和复杂性决定了课程改革不能压抑和束缚人追求自由的天性，也不能剥夺人个性发展的基本权利。这就陷入了一个悖论：国家意志和改革自由之间的两难。有人认为，基于国家意志的

---

① 靳玉乐、廖婧茜：《儒家责任伦理视阈下的大学生社会责任感培养》，《现代大学教育》2017年第5期。

自由是一种"虚假的自由"。阶级差异性是阻挡课程改革自由的绊脚石,国家意志只能代表政治群体和社会精英的意志,永远无法代表大众意志。事实上,虚假的自由是普遍存在的。鲍曼认为,在追求秩序的古典时期,大部分人愿意用个人自由换取安全,自由成了安全的"牺牲品"。[①] 课程改革也是如此,如果完全脱离国家意志,则容易陷入个人主义和无政府主义"一放就乱"的尴尬局面,难以形成稳定秩序。课程改革不能完全脱离规则,而是在适度的规则范围之内进行改革,正如哈耶克所言:"政府除非执行众所周知的规则以外绝不可以强制个人。"[②] 换言之,国家意志并不是一种"价值羁绊",而是规则引领,而课程改革中的人需要在这种规则中寻找一种意志自由的平衡态,以促进课程改革的发展。

课程改革的意志自由不是指课程改革本身不受其他意志支配,实现绝对自主自由的改革,而是指课程改革中的人的意志自由。课程改革的意志自由代表着课程改革要突出人的"主体地位",使他们能够摆脱外在力量的控制,不把上级意志当作"黄金律令",以批判的视角看待课程改革,以自由意志支配自己的活动。以人主体性地位的发挥促进课程改革自由秩序的形成是建立在人是自我发展的、自我实现的这一人性假设之上的。在管理学中,有三种人性假设:"经济人"的人性假设认为,人只重视利益需求,轻视人作用的发挥;"社会人"的人性假设认为,人重视从人际关系中获得满足,不太关心物质利益;由马斯洛提出的"自我实现人"的人性假设认为,人具有自我实现的需要,只要为人创设了工作环境和工作条件,使人们能够充分地挖掘自己的潜力,发挥自我潜能,就能够充分地实现人的自主性、能动性和创造性。因此,课程改革首先要承认人的主体性,并且创设条件使这种主体性得到充分的发挥。具体包括:教师和学生课程开发的主体性、家长和公众参与决策、参与监督的主体性,教师教与学生学的主体性等。如此,课程改革既在"外推式"的育人化成的公共价值牵引下,又在"内生式"的意志自由的本体价值

---

① [英]齐格蒙特·鲍曼:《现代性与矛盾性》,邵迎生译,商务印书馆2013年版,第370页。
② Hayek A. F., *The Constitution of Liberty*, Chicago: University of Chicago Press, 1978, p.205.

的促进下实现课程改革的价值秩序。

（二）课程改革的规则秩序的伦理指向

秩序基于规则而存在。在价值秩序的指引下，课程改革要建立规则秩序。课程改革权力的划分、制度的构建都是建立规则秩序的过程。规则秩序的伦理指向不是指课程改革中权力运作、制度规范的伦理要求，而是在建立这种规则时所需遵守的伦理规范。在"公共善"的引导下，对规则秩序进行道德审视，有利于检验课程改革的价值秩序是否稳定、制度是否完备、改革是否正义。在行政导向的课程改革中，规则秩序的建立是一种"政治社会化"的过程，这里的"政治社会化"是指国家教育行政部门通过构建和实施一系列严密、一致的制度组合，使国家意志为主导的教育思想得以在社会中传播、普及、发展的过程，这一过程既包含政治运作也涉及人际交往，需要符合政治伦理和人伦伦理的双重规范，从这一角度出发，课程改革的规则秩序主要有两种伦理指向。

1. 形式自由

从政治伦理的角度，规则需体现形式自由。在行政导向的课程改革之中，规则秩序也是一种政治秩序。人之所以要服从于政治权威或者规则，是因为制度和规则能够使人的自由实现有序化。[①] 不存在没有规则的自由，要自由就需要有规则。涂尔干认为，"自由是规定的结果。规范的实践，规定和支配着的能力，赋予人们权威和力量，这是自由的全部的实在。"[②] 任何自由都有边界，可能是法律，也可能是道德。孟德斯鸠也认为，"自由是做法律所许可的一切事情的权利。如果一个公民能够做法律所禁止的事情，他就不再拥有自由了，因为其他人也同样拥有这个权利。"[③] 托尔维克将这种自由称为"形式自由"。作为20世纪自由主义的集大成者，托尔维克认为个人主义的膨胀是摧毁公共德性，降低政治信

[①] 李金鑫：《政治秩序的伦理意蕴及对国家治理的启示——兼谈康德政治哲学》，《浙江伦理学论坛》2016年第00期。

[②] ［法］爱弥尔·涂尔干：《道德教育》，陈光金、沈杰、朱谐汉译，渠东校，上海人民出版社2001年版，第55页。

[③] ［法］孟德斯鸠：《论法的精神（上）》，张雁深译，商务印书馆1997年版，第6页。

任，导致人民发动革命的根本原因。为了避免人们受到错误思想的影响，托尔维克认为实现政治自由（形式自由）尤为重要。"政府的主要功能是'强制'，保证每一个人都有权在与他人交往的条件下过自己的生活。"① 他认为形式自由的主要条件是自由民主制度，这种制度可以保障公民一切政治自由与权利。另一位倡导形式自由的政治学家阿隆认为形式自由是实质自由的根基。他认为，"作为自由的组成部分的实质自由成分越多，就应该越强调形式自由，不管是个人自由还是政治自由，远不是虚构的，他们是对付普罗米修斯的急躁或专制主义的野心的必要保障。"② 简单而言，内容决定形式，形式表现内容，实质自由就是自由的内容，而形式自由是保障实质自由得以实现的形式。

课程改革在制定规则时要注重形式自由，其直接的表现在于托尔维克所说的自由民主制度的建立。如果对于自由的追求仅仅停留在主观意志层面，那么自由价值只能是"空中楼阁"，沦为空洞的幻想。自由民主制度的建立是在课程改革中实现政治合法性的前提。哈贝马斯认为，任何一种政治系统，如果它不具合法性，那么，它就不可能永久地保持住群众（对它所持有的）忠诚心，这也就是说，就无法永久地保持住它的成员们紧紧地跟随它前进。③ 作为一种行政导向的课程改革，要实现"善治"，必须确保权力分配、制度建构的公正合法性。卢梭认为，"公意"是政治合法性的唯一来源。只有当课程改革规则建立在"公意"基础上，才能使人们心甘情愿为这种规则所支配，而避免产生被约束、被限制的苦恼。自由民主制度就是这种规则构建的理想模型。课程改革要建立在公意的基础之上，就需要在民主规则的引导下，避免"统一思想"的绝对主义、集权主义思维，以解放思想、实现意志自由为价值旨趣，在课程改革决策和实施中呼唤民主的课程领导方式，建立多元主体之间的"重叠共识"，以寻求政治"一元论"和大众"多元论"之间的动态平衡。

---

① F. H. Knight, *Freedom and Reform*, New York: Liberty Fund, 1947, p.193.
② ［法］雷蒙·阿隆：《论自由》，姜志辉译，上海译文出版社2009年版，第143页。
③ ［德］尤尔根·哈贝马斯：《重建历史唯物主义》（修订版），郭官义译，社会科学文献出版社2013年版，第201页。

2. 价值关怀

从人伦伦理的角度，规则的建立需符合价值关怀。规则秩序的达成以公共交往为前提条件，如果脱离了人与人的交往，就无法确立规则，实现道德秩序。课程改革的规则也是建立在公共交往基础之上的。公共交往既需体现规则理性，也不能轻视对人的价值的终极关怀。通常，规则往往带有价值理性色彩，这种价值理性是课程改革"效率"的保障。然而，并不存在这样一种情况，即课程改革者完全不考虑人的需求，仅仅凭借理性的力量，就可以制定一套理想的规则体系，就可以有目的地开展一次完美的课程改革。在普遍意义上，人首先是一个感性的生物，是一个有血、有肉、有生命、有情感的存在，然后才是一个理性的个体。任何人的活动都是变化的、发展的、交织着"感性"与"理性"的存在。因此，绝对理性的规则并不符合公共交往的基本规律，应该把符合人生命需要、情感需求的关怀纳入规则秩序的视野之中，关注人的"精神世界""价值世界"和"体验世界"。如果说规则中理性的作用在于"划界"，明确权利与义务的界限，那么关怀的作用旨在"融合"，即人际关系的交流融合。不在划界基础上的融合，会导致权利义务关系的混乱；不以融合作用为补充的划界，会导致人与人之间的疏离。由此，关怀应当作为理性的补充，共同引导课程改革规则秩序的建立。当个体在课程改革规则中感受到爱与关怀时，更容易感到自我存在的价值、自我理性的力量以及情感需求的满足，他们将更愿意积极、主动地融入课程改革之中而不是被动地置身于改革之外。这有利于增强个体参与课程改革的效能感，建立个体—个体、个体—群体、群体—群体之间的紧密联系，促进课程改革内部自组织的通达与顺畅。

（三）课程改革的行为秩序的伦理指向

处在观念、规则层面的秩序要外化为行为，形成行为秩序，才能发挥持续的作用。行为秩序的实现意味着课程改革中的主体呈现出稳定的行为状态。由于人是课程改革的主体，课程改革秩序归根结底是指课程改革中的行为秩序。达成课程改革行为秩序的稳定与和谐，是课程改革的根本目的和终极目标。从观念上的、内在的秩序到外在的行为秩序有一个投射过程,这个投射过程是否能够实现,要基于一定的现实条件。一方面,人的内在本性决定人的行为取向,课程改革中人的道德价值观是课程改革行为秩序的内在基础;另一方面,组织的氛围与环境潜移默化影响着人的行为方式,课程改革为主体创设怎样的活动空间也会影响课程改革行为秩序的生成,从内外两个层面,课程改革的行为秩序应有两种伦理指向:

1. 社会责任

教育的主要功能之一是承担社会责任,主要任务是为社会培养人,维护社会的发展。因此参与课程改革的各个主体都要承担各自的责任,不能"不作为"或者"和稀泥",这既是对学生的未来负责,也是对社会负责。课程改革主体有社会责任感至少对行为秩序有三个方面的影响:首先,有利于避免主体在利益分配的过程中,受"精致利己主义"和"极端个人主义"的支配,完全不考虑他人的利益需求,从而产生利益纠纷,扰乱课程改革秩序。其次,有利于主体正确认识课程改革的价值。当参与课程改革的政府教育官员、课程专家、校长、教师、学生,不将课程改革视为一种由外部行政强制力驱动的个人活动,而是具有教育意义和社会价值的社会活动时,他们将对课程改革持更多的包容和理解。这有助于化解由于"唯分数"观念导致的对课程改革的抵触情绪,促进课程改革的实施过程由"被动"转为"主动"。最后,有利于提高主体在课程改革中的参与性。当课程改革的主体意识到参与课程改革是一种义不容辞的社会责任时,"为学生的前途负责"的价值信念将鼓舞课程改革主体热血澎湃地参与和奉献,他们就会将课程改革过程视为一场创造社会价值、实现个人价值的活动,有利于提高课程改革的行动效率。

2. 实践自由

课程改革的实践自由就是为课程改革者创造反叛和超越教育主宰的行为空间,使他们通过思想,运用自己所学的技能选择所需要的改革方式以实现个体的自由。其中有两个条件:其一,环境的包容性创造个体智慧顺畅的释放状态。行为的自由不是自生自发的,而是需要一定的外在条件。比如,中小学教师往往被定位为"教书匠"的角色,教师在开展课程改革时也是"中规中矩""循规蹈矩"的执行者,而对于那些与众不同、特立独行地开展教学的教师我们往往缺乏应有的宽容，正是这种保守的、局限的教育环境，导致大部分课程改革者只能在划定好的范围内行事，不敢跨越雷池一步。反之，如果课程改革的主体所处的环境能够允许他们自由地表达，追求自我价值的实现，除了规定的禁止行为外，其他一切行为都是被允许的，不必时时为各种行为规范所限制，那么他们将获得更大的自由权限，为课程改革创造性地实践开辟更加广阔的空间。其二，实践的自由是有限制的自由，自由的边界在于维护课程改革的公共性。卢梭认为，"人生而自由，却无所不在枷锁之中。"[①] 课程改革的实践自由也要接受各种条件的约束和限制，而不是"绝对自由"。通常，这种约束和限制来自他们的社会分工。在他们的职权范围内，实践自由意味着他们有"做……的自由"，但是这种自由以不侵犯他人的利益为基本前提，并非任意和随意的行动，属于"有限自由"。[②]

二 课程改革秩序伦理的现状及其问题

道德秩序的达成是课程改革公共伦理的理想愿景。课程改革秩序是课程改革制度的制度化后表征出的一种稳定的状态，具体包括课程改革的价值秩序、规则秩序和行为秩序。由"他组织"到"自组织"的动态平衡过程中，课程改革渗透着一定的伦理精神，正是这种伦理精神，指引着课程改革道德秩序的价值方向。从公共伦理的角度，理想状态的课程改革应体现育人化成、意志自由取向的价值秩序，形式自由、价值关怀取向的规则秩序和社会责任、实践自由取向的行为秩序。然而，由于课程改革过程各种内外复杂因素的局限性，现实中课程改革秩序存在一些伦理问题，具体表现为以下几个方面：

（一）课程改革价值秩序的伦理问题

价值是课程改革道德秩序形成的动力源泉。课程改革具有一定的价

---

① ［法］卢梭：《社会契约论》，何兆武译，商务印书馆2003年版，第8页。
② 杨小秋：《论教育实践的自由》，《大学教育科学》2008年第2期。

值追求,这种价值追求的终极道德目标或终极道德使命即课程改革价值秩序的伦理指向。课程改革是一个从"他组织"到"自组织"的过程,"他组织"对应行政导向的课程改革所体现的"育人化成"的公共道德价值,而"自组织"对应课程改革所追求的"意志自由"的本体道德价值。从这一角度出发,课程改革的道德价值秩序应当是从"育人化成"到追求"意志自由"的提升之路。然而,在课程改革实践中,囿于课程改革中工具主义思想、"文化霸权"以及权威迷信现象,忽视了课程改革的自由意志,遮蔽了教育育人价值,使得课程改革的道德价值功能没有得到良好的发挥。具体体现在:

1. 工具主义视野下知识功能的异化与教育育人价值的遮蔽

随着高举"科学"和"理性"两面大旗下进行的科学革命,西方社会生产力快速发展,人们物质、精神与生活都发生了翻天覆地的变化。现代性运动促进了人的解放,推动了工业文明的发展,为社会进步带来了巨大福祉,但同时,技术理性和工具理性的不断膨胀也导致了价值理性的萎缩。马尔库塞将这种现象解释为由"物的工具化"走向"人的工具化"的桎梏。[①] 在课程领域,教育学家们大力宣扬科学理性和工具理性的同时,"知识"超越道德占据主导地位,产生了科学主义课程观。科学主义课程观坚持技术理性,德育的地位逐渐下降,成为科学实践的组成部分之一。而中国自从科举制度开始,知识化和应试化的选拔方式使得教育的重心从道德逐渐向知识转移,课程评价方式由原来的"重德"变为"重才"。特别是当中国国门被西方列强的坚船利炮打开时,中国人开始认识到"知识就是力量",开始紧跟资本主义的工业文明学习先进技术,教育方式也步入世界潮流,"德育为先"的课程理念逐渐被抛弃。现代性的科学主义课程观崇尚工具理性与科学理性,将获得知识与技能作为课程的终极目的,忽视课程主体的内在需求,淡化个人的道德情感,由此产生了许多现代精神危机。如王祥所言:"发轫于文艺复兴时期经由启蒙运动进入到现代社会的现代化过程具有将人类从传统中解放出来并创造

---

① [美]赫伯特·马尔库塞:《单向度的人——发达工业社会意识形态研究》,刘继译,上海译文出版社1989年版,第143页。

了辉煌工业文明的积极作用，同时又在世界祛魅的过程中引发了工具理性与价值理性、理性现代性与审美现代性的分裂和尖锐对立，造成了在物质财富不断增长的条件下人与自然、人与人关系的异化和对立、自由的丧失、生活世界殖民化（哈贝马斯语）以及人类精神家园风雨飘零等现代性危机。"[①] 精神家园的"失落"培养了很多"高学历的野蛮人"，这违背了课程改革"育人为本"的初衷。

现代性所秉持的工具主义思想投射到课程改革领域，表现为课程知识的工具价值对内在价值的遮蔽。知识的内在价值是指知识本身作为目的，基于内在标准判断的知识的价值，而知识的工具价值是指基于某种情境需要，作为工具、目的和手段的知识的价值。简言之，"当我们说一件东西具有内在价值，就是说它本身就是人的活动目的——仅仅它本身就值得人们去重视、去追求。相反，说一个东西具有工具价值，就是说它是达到某个目的的手段——它之所以重要，只是因为它是达到这个目的的手段。"[②] 在课程改革中，知识的工具性价值超越内在价值占据主导地位，主要表现在于：无论课程改革的初衷如何，在实践中课程知识的传授主要是为升学考试做准备、为社会生活做准备、为职业生涯做准备。自 2001 年新课改以来，尽管国家大力主张从"应试教育"向"素质教育"转轨，纠正片面追求升学率的功利之风，这期间也先后涌现了许多颇具代表性的教学模式，如成功教育、愉快教育、主体性教育、自主教育等，它们都深谙课程改革的理念，但究其知识教育的目的，仍然在于通过高效率、高强度、精细化、人性化的知识授受方法，进而实现外在考试和评价的最高效用。显然，这本质上还是体现了课程知识的工具性价值。张华认为工具主义知识观的危害在于：知识成为新型的意识形态，人在知识中迷失自我，陷入愚昧，并且最终走向"反智主义"。[③] 工具主义思维下的课程改革，不仅使课程知识的工具价值超越内在价值，导致

[①] 王祥：《试论现代性危机与马克思现代性批判理论的"在场"》，《国外理论动态》2009年第 7 期。

[②] 张良、靳玉乐：《论课程知识的内在价值及其实现》，《教育研究与实验》2016 年第 3 期。

[③] 张华：《研究性教学论》，华东师范大学出版社 2010 年版，第 33 页。

知识功能的异化,也将人沦为社会的"工具",使人缺乏激情与创造性,遮蔽课程本身的育人价值。

2. "文化霸权"和权威迷信对自由意志的拒斥

阿普尔认为课程的本质是官方的合法化知识。课程编制不是技术上的问题,而是阶级、权力和文化霸权之间相互作用的产物。"学校中的知识形式包含着权力、经济来源和控制的企图,学校知识的选择,学校环境的设计,尽管也许是在无意识中进行的,但都基于意识形态及经济的前提而为教育者的思想和行动提供常识规则"。[①] 阿普尔用"文化霸权"一词形容支配阶级如何在学校课程中体现的自己的统治意愿。"文化霸权"最初是指一个国家通过对另一个国家进行意识形态输出、控制文化来达到支配和教化的目的。发展到后来,这种支配不仅仅局限在国家之间,也不仅仅局限于直接的文化或者政治控制,而是成为更加普遍性的支配,包括精神、道德等方面。"文化霸权"的实质是谁更加拥有"领导权",谁就在不同阶级之间更加具有阶级主体性,并且这种领导权之间的"等级差"越大,控制和支配的力量越大。"文化霸权"是现实中统治和领导阶级的必要行政手段,富有深厚的政治哲学意义。在行政导向的课程改革中,由于国家和行政部门的"强势地位"和"绝对权力",使得他们的"文化霸权"得以有效运行。"文化霸权"的潜在危害在于:由于文化强势方潜移默化地通过意识形态、价值观的输出与渗透,使得课程改革中大多数人不知不觉地认同他们一整套的文化观念,自动自觉地站在强势方的一边,自然而然接受强势方的领导和控制。统治阶级通过这种非暴力的文化意识形态控制手段,使得他们的价值观无限膨胀,而处在其中的个体无法摆脱集体意识的控制,丧失追求个性发展和自由的精神力量,最终只会走向个体自由意志的消解。换言之,课程改革的个体在丧失自由行使权后对自由意志的淡忘,不仅使他们失去了自由,也失去了追求自由的欲望。更绝望的是,学校通过"文化专断"与"符号暴力"来传递统治阶层的文化,通过霸权课程进行文化资本的分配,从

---

① [美]迈克尔·W·阿普尔:《意识形态与课程》,黄忠敬译,华东师范大学出版社2001年版,第2—4页。

而保证统治阶层文化资本的合法性与再生产。① 由此，统治阶层的"文化霸权"地位得以巩固。统治阶层与学校的"依赖"与"控制"的关系陷入无限循环。

如果说课程改革中权力差导致的"文化霸权"是"意志自由"的"消解剂"，弱化了人们的主体性，那么对权威的迷信则是"意志自由"的"麻痹药"，使人们在"盲从"中迷失自我。当前，课程改革之中常常出现对三种权威的迷信：其一，"政策"迷信。由于中国课程改革一直是以国家政策导向的，大部分课程改革的实施者对于改革趋于保守、稳中求和，从最开始对政策的被动附和到无奈妥协，再到由于惯性思维及趋同心理导致的对政策的"路径依赖"，长此以往，"政策主导"演变为积重难返的、具有惯性色彩的"政策依赖"，使课程改革中的实施者失去自我价值判断和独立精神。其二，"专家"迷信。专家引领也是课程改革的一个明显特点。课程改革的推进过程中，中小学教师往往需要接受一系列的培训，培训的主要内容即聆听来自"课程标准研制组"（或是所谓的"教学专业支持工作组"）的专家报告、教材培训，以及学习此类专家所撰写的各类辅导材料，特别是与《课程标准》直接相配套的《课程标准解读》等。课程改革的主要精神、课程标准如何解读、教材如何理解都需要依靠专家来精准把握，而课程改革的实施者只需要奉行"拿来主义"，失去了普遍怀疑、反思与批判的自由意志的基本旨趣。其三，"洋理论"迷信。主要表现在对国外（主要是指西方发达国家）先进课程理念、理论、模式及策略的引进上。特别是沿海地区学校与国外联系更加紧密，在课程改革的观念、举措上往往更加具有"与国际接轨性"和"超前性"。但是，我们必须清醒地认识到：国外许多先进的课程理论是在"高度发达的工业社会"或"后工业社会"之中"土生土长"起来的，而中国整体发展水平距离现代化、工业化的完成尚有较大距离，国外课程理论的盲目引进不仅造成"水土不服"，也会扩大区域之间、城乡之间教育水平的差距。2018年《中国青年报》的一篇《这块屏幕可能会

---

① ［法］P. 布尔迪约 J.－C. 帕斯隆：《再生产：一种教育系统理论的要点》，邢克超译，商务印书馆 2002 年版，第 15—16 页。

改变命运》的报道一出，便引起了社会大众和教育界的热烈讨论。为促进优质资源共享，成都七中通过网络直播为248所处于偏远地区贫困高中的7.2万名学生提供远端同步学习服务，让本来彼此平行的两个群体有了交集，使得不少学生因此"改变命运"。但同时，这块屏幕也让无数处在贫穷地区的学生认清了现实，感受到了身处"井底"的悲伤与无奈，撕裂了他们对美好世界的幻想。

> 透过屏幕，远端的孩子感受着这些差距。禄劝的很多学生至今没出过县城，听着七中学生的课堂发言"游览"了英国、美国，围观他们用自己闻所未闻的材料去分析政史地。一位山区的名列前茅的高三女生说："没办法，贫穷限制了想象力。"①

不置可否，这块屏幕带来的效用价值当然是"利"大于"弊"，引用这个案例想要说明的是：并不是所有国际性的、光鲜、亮丽、高大上的理论都是完美无瑕、完全适用于中国的课程改革的，课程改革用什么样的理论作为支撑、采取怎样的方式方法要根据中国国情和教学的现实环境"量身定制"。正所谓"橘生淮南则为橘，生于淮北则为枳"，盲目崇拜、照搬照抄"洋理论"就像是给课程改革穿上了一件雍容华贵但却"不接地气"的"新装"，不仅不会为课程发展起到实质性的推动作用，还会给参与课程改革中的人带来不确定与彷徨，造成信仰体系崩塌。

（二）课程改革规则秩序的伦理问题

规则是课程改革道德秩序的保障机制。课程改革规则秩序的建立是一种"政治社会化"的过程，需要符合政治伦理和人伦伦理双重规范，分别对应形式自由和价值关怀的伦理精神。然而，在课程改革实践中，由于制度规范对自由价值的僭越及制度缺陷下主体交往的弱化，导致规则秩序建立过程中自由和关怀价值没有得到良好的表达。具体体现在：

---

① 中国青年报：《这块屏幕可能会改变命运》（http://guancha.gmw.cn/2018-12/13/content_32163573.htm）。

1. 制度规范僭越下课程改革自由性与开放性的缺失

在课程改革秩序的建立过程中,既需要一定的规范约束,也需要追求自由价值的实现。规范的建立是为了克制人性的需要。道金斯在《自私的基因》中指出:"基因是自私行为的基本单位。"① 许多哲学家、教育学家将这一观点作为"人性恶"的来源。正是有这种思想存在,人类形成了一系列规则规范来指导人类交往行为,这些规则规范为人类共同生活提供了条件。而教育是成"人"之学,教育成人的意义在于不仅要教授学生技能与知识,更要明确人的人性发展需求和生命价值。追求自由是人性的精神需要。自18世纪卢梭喊出人类本性自由并且将之引入教育理论以来,追求自由就成为现代教育的核心问题之一。② 康德也曾指出:"教育中最重大的问题之一是,人们怎样才能把服从于法则的强制和运用自由的能力结合起来。"③ 康德的这一疑问,一针见血地指出了困扰教育理论和实践的重大难题:规范与自由如何共存?规范是否能够僭越自由而存在?这也是导致18世纪以后西方工具理性挣脱技术牢笼,扩展到社会的方方面面,实现对价值理性的反叛,造成一系列现代性的"精神危机"的根本原因。追本溯源,二者的作用应该定位在——规范的构建如制度的建立、权力的运行主要体现其工具价值,而对于自由的追求则是人类所追求的更高价值和目的价值。在课程改革中,规则与规范体现出其优先价值,因为如果没有必要的规范保障其基本秩序,课程改革就不能顺利展开,也谈不上所谓的秩序自由。但是归根结底,规范是工具性的,它的存在是为了实现课程改革中人的自由。课程改革既要有规范,又要保障自由,两者之间极易形成矛盾和冲突。

然而,在课程改革实践中,制度规范"凌驾于"于自由之上,成为一种压制性的存在。主要表现在于:首先,政府的超强控制导致的"规范化改革""制度化改革"现象日趋严重。在课程改革之中,政府经常通

---

① [英]里查德·道金斯:《自私的基因》,卢允中、张岱云、王兵译,吉林人民出版社1998年版,第44页。
② 周浩波:《教育哲学》,人民教育出版社2000年版,第172页。
③ [德]伊曼努尔·康德:《论教育学(附系科之争)》,赵鹏、何兆武译,上海人民出版社2005年版,第13页。

过一系列"红头文件",勾勒出课程改革的蓝图,包括课程改革的主要原则、基本路径及相关政策,有时甚至连具体方式及条件保障都刻画得非常详细,这使得课程改革存在诸多"官方标准",带有强烈的指令性和规范性特征,抹杀了课程改革的个性、开放性和创造性。[①] 其次,课程改革的模式化、技术化倾向愈演愈烈。这直接造成课程改革自由价值的"失落"。例如,当某一地区、某一学校推出了一项高效的课堂模式,其他学校开始纷纷效仿,各种"优质课""样板课""标准课"层出不穷,这种现象也成为教学市场上炙手可热的商业契机。[②] 在无限推销和开发这种优质课堂教学模式的背后,折射出课程实践中对统一规则、模式化教学的执着追求。一些中小学教师没有根据教学具体情境进行备课,而是直接从网上下载这些优质教案用于课堂教学,使教学脱离学生实际;一些学校实行"群策群力"共同开展集体备课、教研、命题、考试,致力于建立一套规范、务实、科学、高效的工作运行机制;也有些学校每周由一个教师负责主要备课,他(她)备课的内容,他(她)所做的导学案、限时训练供全年级使用。不难发现,这些行为的初衷,在于打造一种规范化、精细化、标准化的教学过程管理模式。实质上,课程改革中不存在一种适用于任何情境的工作运行机制和教学过程管理模式,不同地区、不同学校、不同学生需要有不同的模式相适应,需要视具体情境而定。这种模式化的思维背后,是技术化取向下将课程改革作为一种封闭性的操作活动,所有教师需要做的就是按照事先预定好的程序展开教学。毋庸置疑,这种"模式化"的现象对课程改革自由价值产生的危害是相当严重的,它拒斥了课程改革规则的自由价值的彰显。课程改革规则的自由价值,主要体现在对于课程改革中主体意志自由的保障上,譬如,教师教的自由和学生学的自由。教师教的自由是教师选择教学方式的自由权利,当然,这种教和学的自由要基于课程改革基本精神和一定的规则前提。然而,置身于这样一个"模式化""技术化"的教学世界中,"集

[①] 吴康宁:《教育改革的"中国问题"》,南京师范大学出版社2015年版,第32页。
[②] 吉标:《规范与自由——教学制度价值研究》,博士学位论文,山东师范大学,2008年,第38页。

体主义"压制"自由主义"占据上风，控制和支配着课程改革中各个主体的思维方式。譬如，教师会自动默认集体的智慧才是最好的，而"自我"的只是不规范的、不被认可的，他们的想象力、创造力被预先设计好的模式所限制，越来越"听命""顺从"于集体秩序，久而久之，他们逐渐失去了课程改革的主体地位，沦为课程改革中的被动客体，失去了教学自由。

2. 交往弱化导致个体"孤立"和情感需求的失衡

在课程改革的权力分配中主要有三大主体：决策主体、监督主体和执行主体。正如所有的公共组织行为一样，课程改革中三大主体承担着不同的社会分工。他们之间需要相互协调，相互配合，形成良性互动，在信息上达成有效反馈机制，在功能上互为驱动机制，以实现组织内部的协同创新优化。这不仅是三大主体形成协同关系的根本诉求，也是促进课程改革不断发展，朝着理想的目标迈进的基本保障。然而，在改革实践过程中，由于制度与规则的不完善，造成了三大主体某种程度上的阻隔，使他们彼此"孤立"地存在着。其直接表现在于：首先，决策主体与执行主体缺乏必要的沟通和交流机制。由于中国课程改革主要是"自上而下"的，具有行政导向，依靠政策驱动，课程改革中的决策权主要集中在政府教育官员和课程专家手中。这就难免使得政府部门处于强势地位，"人治""官本位"现象在课程改革中非常明显。然而，课程改革的"操作终端"并不是政府教育官员和课程专家，而是校长和教师。他们并没有什么渠道接触这些直接制定课程改革政策的"官学"人员，也没有机会参与到课程改革政策的制定过程之中。由于缺乏必要的沟通和交流机制，他们只能被动地参与课程改革。这不仅导致执行主体与决策主体可能出现决策内容、指导思想、精神实质之间的理解偏差和价值冲突，也会加深执行主体对政府决策的信任裂痕，降低他们参与课程改革的主观能动性和体验满足感。其次，监督主体难以实现身份建构。如果说决策主体和执行主体缺乏必要的沟通交流，彼此独立地存在着，那么课程改革中的另一主体——监督主体则犹如"旁观者"，几乎完全孤立于课程改革之外。原因之一是课程改革的监督主体并不明确。到底由谁来监督，是政府部门？或者课程专家？还是家长和学生？抑或是依靠大众舆论力量？课程改革中并未对此作出制度性的强制规定。原因之二是监督主体缺乏实质的监督权力，例如对课程改革决策的表决权、对课程改革中各个权力主体失职行为的批评、控告和检举权等。如此，监督主体无法左右改革的进程，监督权"名存实亡"。原因之三是监督主体依附于其他主体而存在，他们难以与决策主体和执行主体之间实现真正的自由对话和平等互动。因此，监督主体从一开始就没有被重视和被需要的感觉，他们发挥价值的空间实际上较为狭小，所能发出的声音比较微弱，缺乏在课程改革中的参与性和体验感，难以在课程改革中获得情感需求的满足。

（三）课程改革行为秩序的伦理问题

行为是课程改革道德秩序的外化表征。良好的课程改革行为秩序是课程改革中的个体由内而外生发，并且受到环境潜移默化长期影响的。然而，从课程改革实践来看，由于现实中利己主义取向和文化环境的影响，引发了一些行为伦理危机，具体体现在：

1. 利己主义取向导致的社会责任与公共精神的弱化

作为一项公共事务，课程改革的执行不是为了满足某一个人或者某一类人的利益，而是指向公共福祉和公共利益，因此要以公共精神作为指导。公共精神实质在于人们在公共生活中对公共性价值进行澄明、维护和持守所表现出来的人性品质和精神样态，包括公民之独立人格、政治认同、公德意识、理性精神、社会责任、参与行动及普世关怀等。其根本旨趣在于维护社会整体利益，关注社会共同体里每一个成员的权利和尊严。因此，它是社会进步与成熟的重要表征，也是个体自我完善与超越的标志。[①] 追求公共精神必然涉及个人部分权利的"让渡"，以达成利益需求之间的"平衡态"。然而，课程改革不能在实践中顺利推行，总是听到来自四面八方的反对声音，遭到各类群体的激烈阻抗，归根结底是由于各个利益群体"站在自己的立场"上，不愿意做出妥协，而是坚持选择对自己最有利的行为方式。

---

① 郭湛、王维国：《公共性的样态与内涵》，《哲学研究》2009 年第 8 期。

在课程改革中，有几类屡见不鲜的现象：一是家长对于课程改革的排斥与抵制。"我孩子已经上初三了，马上面临中考，现在突然说搞课改，如果耽误了孩子的成绩，上不了好高中，谁来负责？""现在时间这么紧，不抓紧时间复习功课，搞这些东西做什么？看上去像幼儿园一样。"① 这是户县南关中学家长李先生对于学校突然开展课程改革所表达出的强烈"抗议"，不仅如此，他还与其他家长一起联名，写下千字材料，呼吁"取消初中三年级课改"。李先生的案例并不是个案，他代表了一类家长群体：他们认为现代教育实行的是"丛林法则"。只有让孩子顶着千军万马的压力挤过高考这座"独木桥"，才能有机会踏入名校、谋求职位、立足社会。一切不利于孩子"升学""考高分"的行为都应该被制止。二是教师对于课程改革的消极情绪和冷漠态度。他们不想改变自己已经熟悉的教学习惯，不愿意接受新的理念。许多教师把课程改革不利于提高学生成绩作为"挡箭牌"。实质上，他们"挡"的不是课程改革对学生成绩的影响，而是自己抗拒学习、故步自封的懒惰心态。三是课程改革专家的"犬儒主义"。部分课程改革专家与政府官学共谋，政府合意的就执行，不合意的就不执行，只顾局部利益，不顾全局利益，为的是能在各种培训、讲座、职称评定、文章发表中获取更大的利益。除此之外，还有教育官员公共权力的滥用、社会媒体对课程改革歪曲报道、教材出版商垄断市场等自利现象。客观而言，每一项课程改革的推出，都有其先进性和闪光点存在。多方利益主体应调整心态，不将课程改革视为"洪水猛兽"，而是以乐观、积极、包容的心态去认识它、接受它。因为课程改革的过程犹如熬制中药，需要慢慢增加药性，这个过程是漫长的，需要所有主体坚定信心，同呼吸、共命运，才能"标本兼治"，达到理想的效果。然而，课程改革中这些自利行为直接导致课程改革半途而废、不了了之。

不置可否，人天生具有趋利避害的生物本能，选择自利行为属于人之常情。但是，如果教育所造就的社会成员只抱守"独善其身"的人生

---

① 华商网：《户县南关中学毕业班搞课改 家长怕孩子成绩受影响》（https：//news.hsw.cn/system/2013/09/04/051748701.shtml）。

态度（比如，变成金钱的奴隶、权力的附庸，失去应有的正义与良知），沉溺于"象牙塔"之中，[①] 而缺乏强烈的社会责任感，缺乏积极参与社会事务、公共生活的意识，那么整个社会将陷入人心不古、世风日下、礼崩乐坏的道德失序危机。公共伦理是拯救这种社会危机的最佳"处方"。正如钱理群所说的，我们的社会正在培养一批"精致的利己主义者"。他们没有信仰，把个人利益作为自己唯一的追求，更可怕的是这样的精致利己主义者是最懂得如何运作权力的，他们最能够适应这个体制，因此也得到体制的支持，这最终将成为社会腐败的基础。总之，为深入推进课程改革，我们需要了解不同利益相关者的利益需求，并且尽量协调和满足他们的需求。但同时，课程改革的利益相关者也需要受公共伦理的约束，在公共精神和公共责任价值指引下，合理自律，选择符合公共利益的态度和行为方式，积极主动地参与到课程改革建设之中。

2."戴着镣铐跳舞"——文化环境对行为自由的束缚

人生来处于不同的文化环境之中，与环境中的人和事物发生着物质和能量的交换，在这个过程中，来自环境的文化讯息介入人的物质生活和精神生活之中，潜移默化影响着人的思维习惯、行为方式，使人不知不觉被打上了文化环境的烙印。所以，不难发现，来自不同文化圈的人往往有着截然不同的世界观、人生观、价值取向和思维特点。任何文化环境都不是自然而然产生的，而是人类创造的产物。中国传统意识形态和文化制度在总体价值上，历来以集体、族群或者国家为本位，排斥个人主义、张扬个性，主张抑制自我、内敛、含蓄、顺从、屈服。这些价值观在几千年中国传统文化的思想宝库中可以寻求踪迹，从孔子的君子养成的三步骤："修己以敬""修己以安人""修己以安百姓"（《论语》），主张人应该先修己再安人。到老子"不见可欲，使民心不乱。是以圣人之治，常使民无知无欲"（《老子·三章》），主张统治者应该让人民"无知无欲"，因为欲望是一切恶产生的根源；再到朱熹"天理存则人欲亡；人欲胜，则天理灭"（《朱子语类》卷十三），主张把人的欲望降

---

① 胡军良：《"对话"与"责任"：当代中国教育伦理重构应有的两个向度》，《教育理论与实践》2011 年第 16 期。

到最低范围；孟子也有类似的观点"养心莫过于寡欲"（《孟子·尽心下》）；古代哲学家们通过自我控制克制欲望、修养身心的目的是实现社会秩序的长治久安。王安石明确指出："盖人君能够自治，然后可以治人；能治人，然后为之用；人为之用，然后可以为政于天下。"（《洪范传》），这里的自治即自我控制、自我管理。人的性格是文化环境造就的，在传统文化的影响下，中国人的性格经过几十代、上百代的传承，已经形成了一种国民性的精神品格。阿瑟·亨德森·史密斯在《中国人的性格》一书中形容中国人的性格特征有柔顺固执、因循守旧、遇事坚韧等特点。中国人仿佛天生就"戴着镣铐"，这种镣铐使他们丧失激进的批判性和创造性，缺乏独立思想、自由人格，习惯于沦为他人的附庸。

所以我们常常发现，在课程改革中"随大流"现象特别明显。"上面怎么说，我就怎么做""别人怎么做，我就怎么做""他们怎么改，我们就怎么改"这种随大流心态一方面是由于制度不健全导致的课程改革执行者处于被动状态下的无奈选择，另一方面也是课程改革主体长期受文化环境影响而形成的"依附型""服从型"行为倾向的真实体现。久而久之，"集体沉默"现象给持反对意见的人造成了心理压力，压抑了他们释放自我的天性。更可怕的是，他们极有可能出于对归属感的依恋，而通过沉默来实现"温暖的"合群。因为这种"集体沉默"营造出一种恐怖的压抑氛围，使他们不敢随意发声，甚至创造出一种压制性力量，使得处于集体中的人不包容别人的生活方式、行为选择、思维方式、自由信仰及作为人的权利主张。不包容到达一定程度就意味着群体排挤、思想专制、意识禁锢等等。不包容是对人的行为自由的蔑视和否定，因而应该受到批判。哈贝马斯认为，"具有批判功能的公共领域"之所以会产生历史影响乃至革命意义，关键在于其社会批判的功能。相应地，具有社会批判功能的公共领域所培养出来的公民，应是具有批判意识的公民，文化成为他们批判的武器，而不是消遣的对象。文化批判构成了社会批判的一个必不可少的环节。唯有如此，才能促进自由意志的实现。[①]

[①] 曹卫东：《文化的剩余价值——哈贝马斯的大众文化批判》，《文学评论》2002年第5期。

三 自由与和谐：课程改革秩序伦理的诉求

价值是秩序形成的动力源泉，规则是秩序形成的保障机制，行为是秩序形成的外化表征。从课程改革的实践来看，课程改革的价值、规则和行为秩序存在着工具主义视野下知识功能的异化与教育育人价值的遮蔽、"文化霸权"和权威迷信对自由意志的拒斥、制度规范僭越下课程改革自由性与开放性的缺失、交往弱化导致个体"孤立"和情感需求的失衡、利己主义取向导致的社会责任与公共精神的弱化、"戴着镣铐跳舞"——文化环境对行为自由的束缚等一系列伦理困境，同时也表达着追求自由与和谐的伦理诉求。

课程改革追求自由与和谐的道德秩序。没有自由的秩序是不道德的秩序，基于公共善的课程改革一定会给个体发展提供适度的自由空间，而自由的发展是课程改革创新、创造性发展的动力源泉，一个阻碍公民自由地表达思想和言论、自我发挥和创造、民主参与的课程改革，不可能实现真正的道德秩序。同时，不和谐的秩序是没有保障的秩序，任何利益矛盾、权力纠纷以及权威压制性的、霸权主义的、脱离规则的行为都是课程改革中的"不和谐"因素，会导致道德秩序的紊乱。只有当课程改革之中所有的对立因素都和谐融洽地整合在一起，达到对立统一的最高境界，才能实现精神与行为的双重升华。没有自由的和谐是片面的、抽象的、缺乏生命力的；而不和谐的自由也不可能是真正的自由，或者说，真正完美的自由本身就包含着和谐。[①] 和谐与自由的一致，既表现为自由是和谐的本质要求，也表现在和谐为自由划定了界线，二者统一于课程改革的秩序构建的过程之中。具体而言，课程改革自由与和谐的道德秩序确立需要价值、规则和行为的协调统一，以"以人为本"的价值秩序、"和而不同"的规则秩序、"自发自由"的行为秩序共促实现。

---

① 李伟：《论自由与和谐的关系》，《中国特色社会主义研究》2006 年第 4 期。

（一）课程改革"以人为本"的价值秩序

课程改革的公共伦理强调"公共利益"的实现，将公共利益作为课程改革公共伦理的价值基础。公共利益的内核是最大多数人最大需求的满足，其中，学生的发展是课程改革存在的出发点和落脚点，因此，"以人为本"旨在以学生的需求为本。观照现实，课程改革中所体现出的"工具主义""科学主义""实用主义"倾向，都是以效率为本、以知识为本、以社会为本、以制度为本，使课程改革中"物"的价值凌驾于"人"的价值，忽视了个体的追求自由和解放根本旨趣，造成了人与人之间的疏离，引发了一系列价值矛盾与伦理危机，如权威压制、主体对立、利益冲突等。返璞归真，课程改革应从人的本性出发，关注人的价值、人的权利、人的尊严，强调人的自由、平等，把人提到高于一切的地位，以回应人的需求为首要任务，从而淡化主体之间的价值矛盾，缓解课程改革的伦理危机。课程改革的"以人为本"价值包含三重内涵，为课程改革的道德秩序生成提供三种动力：

1. 肯定人的主体性，提升课程改革主体存在的内生动力

课程改革追求自由的道德秩序，其核心是解放人的思想，这首先要求发挥人的主体性。马克思主义哲学认为，人的主体性是一个认识论的概念，是指人在认识和改造世界时所表现出的自主性、能动性和创造性。近年来，课程改革在推动规范性建设方面取得一定的成效，但是也存在主体性缺失的问题。譬如，课程改革当中教师和学生参与课程开发"不在场"、家长和社会大众的监督"缺席"等。课程改革中人的主体性不仅直接影响主体对课程改革的认知能力、参与的效能感、对组织的信任度，也是主体参与课程改革的心理动力和行为动力来源。因此，"以人为本"的课程改革不仅要承认人的主体性，更要使人的主体性得到良好的发挥。人的主体性在课程改革中主要表现在以下方面：第一，提升多元利益主体参与课程改革决策的主体性。现实中，利益主体与决策主体之间的矛盾是客观存在的，他们需要达成一种和谐统一关系，需要辩论而非独断、需要协商而非压制。通过多元利益主体参与课程改革决策，在互相争论中激发新的见解、厘清观念矛盾，以达到澄清问题、达成共识的目的，

可以避免课程改革中少数人牵制多数人的不正义行为，推进课程改革的民主化进程。第二，提升大众参与课程改革监督的主体性。课程改革要获得公众支持的前提在于通过各种渠道了解公众的心声、诉求和意见，促进公众监督性的有效发挥。大众通过发挥监督的主体性，不仅可以较好地表达自身的诉求、促进课程思想及理念的有效传播，也将推动课程改革从"精英主义"向"大众主义"转型，更好地体现课程改革"以人为本"的价值诉求和促进"公共利益"实现的伦理目标。

2. 注入人性化的管理理念，提升课程改革价值关怀的外发动力

"以人为本"的第二层涵义是在课程改革中弘扬人文精神，在管理上注入人性化的价值理念，这是推动课程改革道德秩序形成的外在动力。人性化管理的核心要义是以尊重、关怀课程改革中的主体为宗旨，转变强制性、命令式、支配性、机械化的管理方式，转而建立一种对话式、协商性、民主性的管理模式，营造亲切的、自由的、平等的、和谐的管理氛围。其目的是通过创设舒适的改革环境，最大限度地调动被管理者的积极性与主动性，使管理者与被管理者之间建立亲密的组织关系，协调配合，共同完成改革目标。在"自上而下"行政化导向的课程改革之中，主要采取"科层制"的管理模式。"科层制"管理模式崇尚效率和理性原则，其特点是组织结构清晰，权责分明，通过严格的制度、形式化的条文和行政化的命令来执行改革任务。然而，这种统一思想、统一步伐、统一行动的管理方式过分追求意志完全统一和观念的绝对服从，忽视被管理者自由意志和情感需求的表达，暴露出强烈的管理局限性，不能成为课程改革的主流模式。"以人为本"的课程改革呼吁在课程改革中注入民主化、人本化、个性化的管理理念，在现行教育体制下，可通过逐渐放权，弱化课程改革中的行政支配性，将外控式科层管理转变为内控式校本管理，将"自上而下"的行政推动与"自下而上"的民主表达相结合，使课程改革的管理方式更加贴近人性，彰显温馨和人文关怀，从而使课程改革主体以更加积极的心态和饱满的热情投入课程改革中去，进而提高管理效率，推动课程改革持续、稳定地发展。

3. 以人为出发点和目的，提升课程改革"人学"为本的持久动力

以"人学"为本，就是要在课程改革中关注学生的生命情感和生存

体验，让学生能够得到充分的发展、生命尊严得到充分的尊重，这是课程改革追求的终极价值和永恒动力。① 课程改革的核心理念是"一切为了学生的发展，为了一切学生的发展"。其中有两层含义：其一，学生是教育的主体，也是课程改革的主体。脱离了学生的发展，课程改革就变成了无源之水、无本之木，失去了其存在的价值和意义。从改革开放以来强调"双基"，到1993年"应试教育"向"素质教育"转轨，再到当前提倡的"核心素养"，这些价值理念代表了不同的时代背景和社会条件下课程改革的核心任务，其目的和旨归都是把学生培养成具有健全个性和完整人格的人，这意味着人的真正解放，而不是只是知识的传授。课程改革从学科本位、知识本位向学生本位、能力本位和素养本位的转型也体现了课程改革价值理性的回归，体现了课程改革以人为本、以学生为本的价值理念。其二，课程改革不是为了某一位或者某一些学生，而是面向全体，为了每一个学生的发展。基础教育是提高国民素质的基石，是国家的公共事业，是打基础、奠定基本学力的阶段。这个阶段最重要的是强调教育的公益性、统一性、强制性，而非差异性、竞争性；突出教育的大众主义、平民主义，而非精英主义；致力于追求教育机会均等和社会正义，而非优先发展、拉开差距。因此，面对学生的差异、时代的变迁和观念的更迭，课程改革需不断更新观念、不断突破，以适应不同学生的发展需求，为每一个学生得到应有的发展创造条件。

（二）课程改革"和而不同"的规则秩序

自由和谐的道德秩序构建的第二个要素在于课程改革"和而不同"的规则秩序。在课程改革规则秩序中，霸权秩序、均衡秩序、统一秩序都不是理想秩序，不利于课程改革的可持续性发展，不符合课程改革的公共伦理需求，我们应以"和而不同"的理念建造课程改革的规则秩序。两千多年前，孔子就提出"君子和而不同"的思想，"和"代表包容、理解，"不同"代表差异性、多元性，通过包容以共生共长，接纳不同以相

---

① 李红梅、靳玉乐、罗生全：《教师教学效能的价值论审思》，《教师教育学报》2018年第4期。

辅相成。"和而不同"体现了对和谐共生秩序的追求。课程改革规则的"和而不同"既包含着对个人自由意志的尊重，求同存异，也体现着规则的复杂性与多元性。具体而言，一是要在宏观结构上，在制度设计中体现"多元一体、和而不同"的规则理性；二是要在微观关系上，在课程改革人际交往规则中体现"多元共存、平等尊重"的思想。

1. 多元一体的制度规则

从历史的经验来看，课程改革制度的一致性往往是制度失败的根本原因。因为一致性的制度体系达成后，现实中利益、观念的差异性并未消失，这种差异性将会在制度推行过程中转变成为人民内部矛盾，阻碍改革进程。毛主席认为，解决人民内部矛盾最主要的方式是民主与包容，在统一战线的基础上正确处理多样性的问题。建立共性与个性并存、共治与自治结合的"多元一体"的课程改革制度，是不断完善民主与包容的价值理念，体现多元平等、多元认同和多元互惠的制度观，构建自由与和谐的道德制度的重要举措。"多元一体"的"一体"表现为"一致性""共识性"，是寻求社会大众在关于课程改革总体方向、利益分配、价值观念方面达成"共识"，需要以国家意志为立足点、中心点和主要线索，这是课程改革的价值前提与"总纲"，也是宏观整体特色。"多元"是"差异性""个性"和"特殊性"，是在共性的基础之上，根据客观现实特色，建立多元自治的课程改革制度。各区域、各学校根据地方特色自主设计改革的方案与管理规则，这些规则之间既相互独立，又有观念之间的联系，以此形成有机的整体。课程改革"多元一体"制度的出发点是在多元异质的教育环境中实现和谐，通过建立"一纲多目"的改革制度，将课程改革中各种差异性的要素紧密地联系、整合在一起，增强课程改革内部的稳定性。其落脚点在于课程改革的多元"自治"。课程改革的治理应具备自治特色，有可能是民族特色、地区特色、学校特色，或者是区别于其他治理方式的特色，体现了课程改革对自由意志的包容。由此，通过建立"多元一体"的课程改革制度，既体现民主，又体现集中；既有自由，又有纪律；既有统一意志的政治目标，又有个体发展的人文关怀，以自治促进共治，以共治带动自治，使课程改革自治与共治相结合，共同推进和谐与自由道德秩序的构建。

2. 多元共存的交往规则

由于"主体—客体"二元对立的思维模式，课程改革被看作是一种对象化活动，部分权力主体（主要指决策主体）将自我视为中心，而其参与者被异化为"客体"，课程改革交往被视作一种主体对客体进行塑造、征服和占有的过程，片面强调主体的主动性、压制性地位，而忽视了客体自主性、创造性、能动性的发挥，这是一种相互对立、相互否定的交往关系，既不能使课程改革中的主体和客体获得真正的自由，也难以使课程改革的育人功能得到有效的发挥。要转变这种"主客对立"的交往模式，就需要在课程改革中重新定位各个群体的价值和地位，建立符合公共伦理和现实需求的交往规则。

课程改革是一场多元主体交往的活动，在交往中建立"多元共存"的交往规则是实现主体平等、达成观念共识、建立和谐秩序的前提保障。课程改革"多元共存"交往规则是在"交往理性"中达成的。哈贝马斯首先提出"交往理性"的概念。他认为"交往理性的内涵最终可以还原为论证话语在不受强制的前提下达成共识这样一种核心经验。"[①] 换言之，由于主体之间具有不同的思维传统和价值信念，交往理性必定是在主体交往冲突和妥协当中完成，它包含着共存、互利的倾向。在交往关系中，一切等级压制、思想压迫、话语霸权都不利于主体之间相互理解与沟通，也无法促成主体之间建立平等的对话、投入的理解和真诚的合作。只有打破部分主体的知识和观念霸权，才能为主体之间良性交往、融洽相处创造条件。在破除权威、承认差异的基础上，交往规则的第二个根本任务是建立共识，实现"共在"。由于每个主体的差异性，对课程改革的理解也掺杂了个人因素，要在主体交往的过程中达成共识，最重要的是将个体的理解视域扩展为主体之间的共同视域，这种一致性的理解不是先天达成的，也无法约定俗成，而是需要主体间视域的融合，而建立这种融合的桥梁，正是交往规则。只有通过"多元共存"交往规则的建立，创立一个充满自由、民主和活力的公共交往领域，才能使主体间的交往

---

① ［德］尤尔根·哈贝马斯：《交往行为理论：行为合理性与社会合理化》，曹卫东译，上海人民出版社2004年版，第10页。

从个人意义上升至共同体意义，促进交往有效性的实现。

(三) 课程改革"自发自由"的行为秩序

课程改革的所有理念和价值只有被教师所掌握，转化为教学行为，才能实现真正的"落地"。当规则秩序进化为行为秩序，一个井然有序的课程改革才得以产生、成长和发展。通常，行为的秩序分为两种——计划的秩序和自发的秩序。计划的秩序更加强调制度规则性，一切行为都是"有意为之"，是命令式、结构化、在控制范围之内的，将导致个体"通往奴役之路"；而自发的秩序将行为秩序视为"共享的习俗"，是"人之行动而非设计的结果"。在这个过程中，那些符合客观规律和人性需求的制度规则得以保存，而无效的则被抛弃，这个选择的过程即哈耶克所谓的"自发自由"的秩序，这也是课程改革所要追求的行为秩序。哈耶克坚持进化论的理性主义思想，他认为秩序的形成依赖于规则，而规则本身也是进化的产物。他主张自发社会的规则系统是"一个缓慢进化过程的产物，而在这个进化的过程中，更多的经验和知识被纳入它们之中，其程度远远超过了任何一个能完全知道者"。[①] "自发自由"的行为规则与制度规则并不矛盾。哈耶克认为，制度规则的作用，并不是为了一致同意的特定目标而把个人组织起来，而是维护一种全面的行为秩序，在这种秩序之下，每个人在追求各自的目标时，才有可能从他人的行为中获益。[②] 总之，自发的行为秩序是基于规则而又创造和进化出新的规则的秩序，它是在自由、平等的基础上形成的，更加能够满足人的需求，比计划的秩序更具有创造力、更进步、更和平。

"自由自发"秩序最大的特征是对"个人自由"的保障。在哈耶克看来，个人的自由权利是贯穿规则秩序、法律理论的一条主线，只有当公民的个人权利和自由得到法律的保护，才能成为真实的权利和自由，自由的价值才能真正实现。那么，什么是个人的自由权利呢？主要分为两

---

① Hayek F. A., *Studies in Philosophy, Politics and Economics*, Chicago, University of Chicago Press, 1967, p. 92.

② 王振东:《自由主义法学》，法律出版社 2005 年版，第 167 页。

种：以"自由意志"为代表的积极的自由和以"反抗压迫"为代表的消极的自由。具体而言，课程改革"自发自由"的行为秩序需要两个要素为保障：

1. "积极自由"与个人自由意志的表达

哈耶克认为行为秩序之所以能够达成，在于有一种"自发的有序化力量"在推动。这种力量来自个体追求各自目的的行动。当然，这种行动大多出自对个人利益的追求，正是这种对利益的追求，犹如一双"无形的手"，使无数个体的力量转变为集体的力量，再通过规则的选择与进化推动着秩序的产生。不置可否，个人对于利益的追求可能会导致观念冲突、权力斗争，制造各种紧张关系，但是不可否认，这也表达了另一层含义：个体意志自由的表达是促进秩序产生的动力源泉。

西方哲学家们将意志表达的自由称之为"积极的自由"。"积极的自由"指向自我选择、自我实现、精神自主，其要义是"成为自己的主人"，它表现在"从事……的自由"和"自由地去做……"。课程改革中个体行为的"积极自由"指的是各个主体能够勇敢地指证、对抗标准，自由地发表观点，自主设计方案的自由。这要求一方面个体要有自由的灵魂和独立的精神，不依附于任何权威力量而存在；另一方面也要求课程改革中的个体从功利主义的行为模式中跳脱出来，不仅仅将课程改革视作一项外在强加的任务，而是从关注课程改革的利益纠葛转向对自我人生、自我价值的思考，激励人灵魂的上升。这种主体状态的觉醒，是从主体自身内部入手，调动主体参与改革的积极性，而不是依赖于外部的强制力量，被动地承担改革责任。课程改革中个体"积极自由"行为有利于公共利益的实现，因为公共意志需要包含个人意志，没有个体自由意志就不存在"公意"，正义的课程改革是因为表达了个人的自由意志才是正义的。

2. "消极自由"与个人自由领域的建造

"消极自由"理念的核心是"己所不欲，勿施于人"，这是一种"免于……的自由"，也可称为"否定性自由"或者"保障性自由"。"消极自由"的最大特点是摆脱外在的强制力量的控制，将自由作为人的一种权利，并且通过权利为自由划界。哈耶克认为"否定性自由"是建立

"自发秩序"的基础,"具有古典自由特征的社会秩序能够最好地使公民满足自己的偏好,并避免他人的强制。"① 在他看来,个体在不受强制的状态下具有自由行动的权利是形成自发秩序的前提。

"消极自由"在课程改革中的意义在于,它不仅建构起对主体基本权利保障的理念,而且进一步地强调课程改革中国家权力在本质上必须是有限度的,这个限度与界线就是"否定性自由"所建构起来的个人自由行为的空间,在这里否定方面的"免于……的自由"具体化为"免于政府或国家权力对个人权利界线超越的自由"。因此,从这种意义上说,课程改革中规则的建立应该是基本轮廓的勾勒,而不是任务的集中分配。课程改革中的主体有自己的行为空间,在这一空间中,主体之间能够实现自由的交往,通过对话、合作、沟通共同创造改革的意义。这种有空间的自由表达是改革行为的"动态化",能够使课程改革始终处于未完成的生长状态,赋予改革实践多种可能性。

---

① 应奇:《从自由主义到后自由主义》,生活·读书·新知三联书店2003年版,第35—36页。

第 六 章

从契约正义走向秩序自由的课程改革

课程改革作为对教育的实践反思与学生的发展计划,在教育变革中处于中心地位,一直是国家、社会大众和教育研究者长期关注并且持续讨论的重点话题。本书通过对课程改革的公共领域:权力运作、制度构建、秩序生成的伦理性宏观解读,解剖当前课程改革在公共领域中存在的种种伦理问题,就是想回答在当前中国的教育情境下,课程改革应该遵照一种什么样的伦理精神?究竟怎样的课程改革才是指向公共善的、符合大众期待的课程改革?并且在现实基础上,对理想的课程改革展开憧憬和假设,以推动课程改革朝着更加进步、更加符合人性需求和教育规律的方向迈进。

纵观中国课程改革的全过程,其主要采取关系性契约的组织模式,[①]通过设立完备的制度体系、划分严格的组织结构、建立明确的契约关系,使课程改革实现宏观的分配与调控,指向追求正义的契约精神。契约管理提出的初衷是为了人的自由、独立和平等权利,从而使社会正义得以实现,所以在西方得以推崇。然而,立足本土,在"自上而下"的行政导向的课程改革中,行政权力的支配性力量,导致契约理论所追求的自由、平等精神开始走向它的反面。契约不再是保障自由、实现公平正义的手段,反而由于权力的强弱分层而异化为自由和平等的阻碍,而且,从长远的角度看,它不仅将剥夺那些力量最薄弱的成员的发展机遇,也

---

① 麦克尼尔将契约分为个别性契约和关系性契约。个别性契约是指个体的商品交易;关系性契约是指"建立一种或长或短的持续性契约关系。这种关系含有贯穿始终的相互义务,但是无法控制所有可能出现的不测事件"。

不利于课程改革的进步与繁荣。立足课程改革的道德性发展，呼吁自由成为一种必须。展望未来，自生自发的存在模式和秩序自由的伦理取向是更加符合大众心理需求的、更为开放和民主的课程改革模式，是对当前契约性课程改革存在模式的超越，也更加符合公共伦理的价值目标。

一　当前课程改革：契约性的存在模式与追求正义的伦理取向

从现代契约理论的视角看，课程改革是一项组织活动，是契约建立的过程。组织活动由一系列契约关系凝结而成，就其实质而言是一个"契约集"、一个经由契约构建而成的有序整体。在现代社会，社会制度化和契约化的进程日益加速，课程改革也概莫能外。课程改革已全面进入一个新的契约化时代，越来越具有契约性的特征。有学者将课程改革定位为文化契约，有学者将课程改革定位为价值契约，也有学者将课程改革定位为制度契约。从组织的角度来看，课程改革是科层组织下的行政契约。其本质是课程改革中的每个人让渡一部分权力交给国家代为使用，双方达成合意，建立契约关系，各自履行各自的权利与义务。根据帕尔默的观点："政府的任务是提供一种规则和刑罚的框架。在这个框架内，人们在个人利益整合的基础上建构政治共同体。依照这样的政治理论，公共被降格为一个领域，在这个领域中，人们为其最大化的利益而竞争，而政府则成为仲裁者。"[①] 当前，国家为课程改革的组织开展提供了完备的制度、规则和程序，也为课程改革的成员明确了各自的权利与义务，使课程改革的功能和目标落实到了每一个环节和结构上，使其具有完备的制度体系和明确的内部契约关系，成了一个追求效率、节约成本的契约活动。课程改革契约化也使课程改革更容易融入社会之中，成为一个具有较大公共影响的社会组织活动，有利于各种冲突的预防和消解。

---

① Parker J. Palmer, *The Company of Strangers: Christians and therenewal of America's public life*, New York: Crossroad, 1981, p. 47.

实质上，契约建立的初衷是指向正义价值。从古希腊时期柏拉图明确将法律视为维护正义的一种手段，到亚里士多德的矫正正义和分配正义，到斯多葛学派建立自然法，以理性作为制度和正义的基础，再到罗尔斯的两个正义原则，等等，正义作为一个公开的规则体系本身应具有的特征和内在要求，一直影响着后世契约理论，乃至成为契约理论的内在生命。无论是契约自由、契约平等，还是有序竞争等均源起于正义。当前，行政契约模式的课程改革也将追求正义作为其终极价值，具体体现在。

（一）课程改革权力的支配性契约与政治正义

在课程改革中，权力的分配其实是不同主体利益要求的产物。权力如同一条关系链，将个体的权利、义务、责任联系起来，指向个体利益的实现。权力的分配涉及利益关系的重组，利益的意志化就是权利，权利又对应义务。

在课程改革利益分配的过程中，个体之间通过权力达成行政契约关系。这种契约关系体现在：首先，课程改革主体的利益保障都需建立在受到认可并且可以实现的权力基础之上，这涉及对不同层级、不同职位的人员进行责任的重新分配。哪些人负责决策、哪些人负责监督、哪些人负责执行，这需要对不同主体的教育背景和专业经历、承担工作的复杂性与难度、专业知识与技能、主体对该职责的价值判断和可能贡献程度等多方因素综合考虑，并且通过多元主体民主协商后，方可进行权力任命。在权力任命过程中，权力任命者与权力主体之间需要以开诚布公的姿态交流双方意见，在交流的过程中明确自身职责，了解自身在行使权力时所需付出的成本和利益回报，最终达成一致意见，在此基础上形成职责明确的契约，所以，权力分配的过程即建立契约的过程。其次，在权力的运作过程中，权力与利益之间形成映射关系，这种关系对应着现实条件下种种权力要求，例如决策权、监督权、执行权都对应着不同的规则。换言之，权力的运行要受到严格的规则约束和程序规范，这种约束可能是道德，也可能是法律，让权力在有限的范围内运行，不能掺杂权力主体的主观意志，从而避免权力变质或权力腐败。权力运行中权力规则的形成就是契约的建立过程。因此，课程改革权力分配和运行都体现了契约精神，最终目的是要在相应契约规则下使各主体间建立起适应新权力主体的指挥网络。

课程改革中的权力主要是行政权力，具有一定的支配性。随着权力的获得，资源就接踵而至，掌握了权力就掌握了资源。例如，课程专家掌握了课程改革的决策权就能够争取到更多的讲座、培训机会，从而获得更多的社会资本和经济资本；政府官员掌握了课程改革的决策权就能够决定经费的分配，教师的配备等，从而获得更多的社会资本和政治资本。资源和社会资本的占有率越高，在社会活动中越处于支配性地位。韦伯将这种现象称为权力的支配性。他认为政治来自于权力，政治应该被视为控制暴力的权力分配的活动。按照韦伯的权力的三种支配形式：魅力型支配（家族和宗教）、传统权威支配（宗主、父权、封建制度）以及官僚型支配（现代的法律和国家、官僚）。[1] 行政导向的课程改革权力属于官僚型支配。在科层制的管理体系下的课程改革中，拥有决策权的政府教育官员和课程改革专家拥有绝对的支配性地位，而课程改革的实施者校长、教师处于被动地位，他们的行为有两种取向：或根本没有意识到自己的利益与支配者存在对立，自觉或者不自觉地成为既定秩序的维护者；或者采取消极方式抵抗支配，具体表现为怠工、虚与委蛇等非正式的、低姿态的反抗。为避免暴力和垄断，权力系统需要有理性合法的权威架构，需要以伦理精神作为支撑。

支配性权力所要实现的正义是政治正义，具体表现为权责利的协调分配。在现行的教育体制下，中国课程改革的权力是以全体人民的名义为全体人民谋福利的正规的权力，如果超出了正义的界限，不能代表公共的利益需求，就应该被收回或者立即结束。公共伦理学家弗雷德里克森认为，把效率和经济作为政治正义的两个指导方针是有必要的，但是仅此而已是不够的。因为行政主体具有自由裁量权，这代表他们在规则范围内能够有选择性地做出裁决，导致行政决策的模糊性和膨胀性。行

---

[1] ［德］马克斯·韦伯：《经济与社会》（第一卷），阎克文译，上海人民出版社2010年版，第322页。

政主体有可能依据个人偏好来解决问题，忽视全体公民的合法利益，使得权力具有滥用的可能性，导致权力的"失控"与公共精神的"失落"。因此，公共伦理学家主张将社会公平作为政治正义的第三个理论支柱，作为公共行政实践的基石。① 按照罗尔斯的正义论，正义是用来调节社会的基本结构的，也就是对公民的基本权利和义务、利益和责任进行分配和安排。他提出了社会分配基本结构中权、责、利的两个正义原则。第一个原则：每个人对与所有人所拥有的最广泛的基本自由体系相容的类似自由体系都应有一种平等的权利。第二个原则：社会的和经济的不平等只能在确定与保障公民的基本的自由与权利的平等后才允许存在。第一个原则是政治正义原则，第二个原则是经济正义原则，第一个原则优先于第二个原则。② 运用在课程改革之中，权责利的协调分配是课程改革公平价值实现的前提，也是保障课程改革中主体权利的基石。当权责利协调分配后，课程改革形成了公平的权力秩序，各个权力之间实现约束和制衡，从而保障权力的正义性。

（二）课程改革制度的规范性契约与分配正义

课程改革权力分配的深层动力指向利益。通过建立规范利益分配的规则体系，形成课程改革制度，使课程改革的利益分配机制合法化。按照社会契约论的观点，制度是人与人交往的产物，制度建立的过程是一种签订契约的过程。由于在原始状态中，个人的生存发展会受到种种阻碍，既难以产生新的力量，也没有办法维护自己的基本权利不受侵害。因此，"要寻找出一种结合的形式，使它能以全部共同的力量来卫护和保障每个结合者的人身和财富，并且由于这一结合而使得每一个与全体相联合的个人又只不过是在服从其本人，并且仍然像以往一样地自由"。③ 这便是社会契约所要解决的根本问题，每个人转让一部分权利给整个集

---

① ［美］H. 乔治·弗雷德里克森：《公共行政的精神》（中文修订版），张成福等译，中国人民大学出版社2013年版，第68页。
② ［美］约翰·罗尔斯：《正义论》，何怀宏、何包钢、廖申白译，中国社会科学出版社1988年版，第6—7页。
③ ［法］卢梭：《社会契约论》，何兆武译，商务印书馆2013年版，第19页。

体，以寻求对个人人身、财产、自由等权利和利益的保护。同理，由于课程改革是文化资本的重组，必然涉及多元文化观与教育观的融合与对决，涉及多元主体权力和利益的再分配。倘若课程改革离开了正式的、规范化、结构化的制度体系来规约知识、权力与利益间的复杂关系，就会出现权力泛滥、价值异化以及利益独大等改革弊病，阻滞课程改革的进程。因此，通过多元主体知识、权力与利益共在的互动博弈，彼此在争夺中形成改革共识，共同构建基于理性的课程改革制度，形成普遍、公开与逻辑一致的课程改革规则体系，促进各主体形成共意的发展合力，也是契约建立的过程。

课程改革制度所形成的契约是一种规范性契约，是对课程改革多元主体的价值引导和行为规范。由于课程改革制度是一种外在的强制性力量，具有一定的规范性。并且，只有当课程改革的制度具有规范性，才能发挥出制度的作用：一方面为公众提供共同遵守的办事规程或行动准则，使人们各司其职、各尽其责，使人们的行为"有章可循""有理可据"；另一方面，通过约束主体行为，避免了因为人的因素带来的主观性判断偏差，从而保障课程改革权力运行的规范性。具体而言，课程改革制度的规范性表现在对课程改革主体的行为标准、应当履行的权利和义务，课程改革主体应当做什么和不应当做什么，如果他（她）执行了规则应当得到什么补偿，如果他（她）违反了规则会失去什么，受到什么样的惩罚做出明确具体的规定。换言之，课程改革制度通过强制性的约束机制使人们明确了提供什么样的课程改革行为是公正的，是被允许的，什么样的行为是不公正的，是被禁止的信息，从而为课程改革主体的行为设置边界，避免课程改革中主体行为偏差导致的个人权利受到侵害。通过建立一种合法的规范性契约，使个体在差异之中谋求平衡，使他们在追求自身利益的现实活动中，在增进自身利益的同时，亦增进他人和社会的公共利益。实现个体利益与公共利益之间、公平与效率之间、追求自由和建立秩序之间、追求幸福和承担责任之间的统一。

作为一种规范性契约，课程改革制度需要体现公正价值，其核心是分配正义。由于课程改革制度来源于公共意志，是为了所有人、针对所有人制定的，为共用体所有，是公共产品，因此课程改革制度本身也是公共的。公共性决定了课程改革制度需要体现公正价值，公正是课程改革制度的合理性基础。事实上，社会契约论一直将公正作为制度的核心价值，并且认为只有当公正的制度得以建立并且实施的时候，才能使人们有一个公正的生活前景，使社会趋向公平正义。罗尔斯认为："正义是社会制度的首要价值，正像真理是思想体系的首要价值一样。"① 那么，什么样的课程改革制度才能体现公正或者正义价值呢？在当前的教育体制中，课程改革经常从轰轰烈烈走向步履维艰，难以顺畅前行。深入推进课程改革不仅仅是教育领域的"独家事务"，而且是"牵一发动全身"的系统工程，是全社会的事，需要通过各种努力争取社会的支持。对于大众而言，最切身的教育利益是教育资源的公平分配，避免教育机会被剥夺、权力垄断知识、教育资源垄断下的阶层固化和知识的代际传承。因此，建立公正的课程改革制度，前提是分配正义，平等地分配教育资源。在教育资源有限的情况下，如果将教育资源集中在一些好学校，可能会产生更大的效益，但是，这是以牺牲少部分人的权利为基础的，不符合公共伦理的价值目标。如果将教育资源公平分配给每一个学校，虽然不可能产生最大效益，但能够实现人人平等，符合公共利益。这种公平分配并不代表平均分配，对于社会的最少受惠者和弱势群体，课程改革制度要发挥调节的作用，对他们进行补偿，体现的是一种"差别平等"。此外，权利和义务的公正分配也是制度分配正义核心。罗尔斯的正义观就是要通过社会制度保证社会成员享有"基本自由平等"和"机会平等"。课程改革的制度除保护个人权利外，还要解决公共权利的合理配置问题。② 如此，将公共利益放在优先位置，注重资源分配时的公平性和差异性，保障权利与义务的合理分配，使课程改革制度本身是公正的，又通过公正的程序运行，使其结果也是公正的。

（三）课程改革秩序的协商性契约与过程正义

课程改革秩序是一个动态的平衡系统，它始终处于变化之中，以课

---

① ［美］约翰·罗尔斯：《正义论》，何怀宏、何包钢、廖申白译，中国社会科学出版社1988年版，第3页。
② 冯建军：《教育公正——政治哲学的视角》，福建教育出版社2008年版，第294页。

程改革的价值为逻辑起点，以课程改革目标的深入渗透、落实到教育教学之中为终极目标和归宿。课程改革秩序表征为三个层面：一是价值层面。价值是课程改革秩序形成的动力源泉；二是制度层面。规则是课程改革秩序的保障机制；三是行为层面。行为是课程改革秩序的外化表征。三个层面运行中的一致性、连续性和稳定性便是秩序的内涵。从秩序的形成过程看，本书所探讨的行政导向的课程改革的过程是一个从"他组织"到"自组织"的过程，是一个从外在秩序到内在秩序的建构过程，最终标志是内在秩序的构建与完善。整个秩序展开过程具有契约性、教化性、共生协商性以及反思性特征。具体而言，契约性体现在课程改革公共体建立共同规则的过程之中，契约包含了课程改革的"公意"，是课程改革公共性的体现；教化性是课程改革秩序的方向目标，课程改革的最终目的是优化教育教学质量；共生协商性是建立课程改革秩序达成的方式方法，能够使课程改革各主体之间的关系更为融洽；反思性是课程改革的各主体在互动、协商基础上对课程改革目标与内容的修正与总结。教化性、共生协商性以及反思性都始于契约性，因为这些特性都以主体之间的平等性和独立性为前提，是在主体权利、义务和地位相对平等的基础上进行的，否则就只存在着服从与被服从、强迫与被强迫、剥削与被剥削的权力关系，而不是自由合意的契约关系。

从契约的性质来看，课程改革秩序达成所遵照的是协商性契约。考虑到课程改革中担负任务之艰、涉及范围之广、触及利益之深、牵涉人员之多、所需周期之长，非其他公共改革秩序建立可同日而语，因此，课程改革更要注重民主性和公正性，争取社会大众的支持。课程改革秩序的建立是一个复杂的交往过程，需要多元主体在协商中建立共识。哈贝马斯从普遍语言学和行动理论的角度，阐明了一个比工具理性更加内涵丰富的交往理性概念，展示了交往在社会秩序的和谐及社会制度的稳定中的重要作用。他认为秩序的建立需要多方达成合意。这首先要求课程改革的主体以第一人称（自我）与第二人称（他作为他者的自我与作为第二人称的自我发生互动）之间建立起一种主体间性关系，而不是以第三人称的角色作为一个观察者而存在。因为"在一个不具有交往能力的观察者看来，这个空间是封闭的，不可理解的。生活世界只会向那些具有言语和行为能力的主体敞开大门。而主体要想进入生活世界，就必须有能力参与到生活世界成员的交往之中"。① 课程改革主体间通过谈判、协商、交涉、听取意见等交往活动，在言语理解的基础上，承认和遵守共同的交往行为规范。如果有不同意见，需要通过对话来实现交往，最终的目的是达到主体间的互相理解和一致认同，从而使课程改革达到和谐、稳定、有序的运行状态。哈贝马斯认为交往中各主体达成的契约方式是协商性契约，协商性契约强调的是在一个共同体内所有主体的积极广泛参与，主体之间通过平等对话的方式达成共识的过程，这充分展现出主体间的权利、自由和平等。因此，协商性契约所形成的秩序是一种平等的秩序、理性的秩序、民主的秩序。

课程改革秩序建立的过程要体现过程正义。由于课程改革秩序的建立标志着课程改革价值、观念、规则最终"落地"，新的教育教学观成为师生日常生活的一部分，这是课程改革最重要也是最终的环节，因此更要体现公正性。在自上而下的课程改革中，课程改革管理过程的政治性与技术复杂性经常阻碍课程改革的管理者与其他主体进行真正对话，讨论他们权利与利益的需求。因此，难以避免课程改革过程受到政治偏见的支配，偏离正义的轨道。从亚里士多德到德沃金以来的思想家们认为，如果管理过程是政治性的，就必须找到某些手段使公共管理在公众看来是非专断的，那就是过程正义与公民参与。这种观点认为，如果受到影响的公民在决定形成过程中有参与和表达的机会，那么该程序就是公平的。如果做出决定的过程是公平的，那么行政决定也是公平的。② 换言之，公平与正义是维持课程改革主体团结的黏合剂，也是推动课程改革形成和谐、稳定、有序秩序的道德力量。在公共行政的环境中，由于个体具有理性自利的本性，正义的价值更需要在过程中被突出，从而保障弱势群体的利益不受侵害，使得多元主体的各种利益诉求能够通过公正、规范、有效的渠道得以表达，使课程改革的公共性得以彰显和维护。

---

① ［德］尤尔根·哈贝马斯：《交往行为理论：行为合理性与社会合理化》（第1卷），曹卫东译，上海人民出版社2018年版，第145页。

② ［美］H.乔治·弗雷德里克森：《公共行政的精神》（中文修订版），张成福等译，中国人民大学出版社2013年版，第96—97页。

二 理想课程改革：自发与建构的存在模式与秩序自由的伦理取向

契约精神的本质是追求正义，保障人的自由、独立和平等权利。契约正义的要求是在契约主体地位平等的前提下实现自治，这与课程改革公共伦理的内在精神是一致的。然而，在当前中国的制度环境下，课程改革契约性的存在模式暴露出种种弊端：由于教育权力分配的不对称导致教育权力的授予和学习权利的保障之间的不对等，以至于遗忘了作为利益主体的学生应该享有的基本学习权利；由于课程制度的不公正，而导致的学生发展机会不平等等问题。归根结底，这些问题产生的原因是科层管理体制下，行政权力的支配性力量导致契约理论所追求的自由、平等精神开始走向它的反面。契约不再是保障自由、实现公平正义的手段，反而由于权力的强弱分层而异化为自由和平等的阻碍。哈耶克指出，"任何一种以意识形态为基础的市场机制控制都必然导致走向特权统治，而法治国家（以法律来体现自由）若始终遵循'分配正义'的政治目标，也免不了最后分崩离析的下场。"① 而且，从长远的角度来看，它不仅将剥夺那些力量最薄弱的成员的发展机遇，也不利于课程改革的进步与繁荣。课程改革需要正视实践中的道德危机，寻求更加符合公共精神的发展之道。

课程改革是一场组织活动。从组织的视角，"自发与建构"的组织模式更符合课程改革可持续发展的目标。课程改革不仅需要"建构秩序"，也需要"自发秩序"。按照哈耶克的"无知理论"，"对一切社会行为的秩序进行合理的讨论，作为起点的一个基本前提就是，无论是行动的人，还是研究这种秩序的科学家，对进入这种人类行为秩序的无数具体的事实，都有着固有的、无法克服的无知"。② 对于无知领域的探索使得人类

---

① ［德］格尔哈德·帕普克主编：《知识、自由与秩序》，中国社会科学出版社2001年版，第12页。

② ［英］弗里德里希·冯·哈耶克：《经济、科学与政治——哈耶克论文演讲集》，冯克利译，江苏人民出版社2003年版，第358页。

智慧得以彰显，人类文明得以延续。课程改革是具有探究性和生成性的活动，给予主体自由空间使他们的行动不再受制于外在的异己力量，而是沿着自身的行动逻辑展开。课程改革、主体改革行动由"无知"驱动着，在对未来一无所知的前提下也能义无反顾地往前走，以摸索的方式不断把已有的知识经验重组为新的知识经验，推动着课程改革不断创新。

同时，课程改革也是一场认知活动。从认知的角度，"秩序自由"的伦理取向更能够促进课程改革中主体认知的发展，并且更加贴近课程改革的人性需求。基于人的社会性和个体性，有两种基本的需求，即秩序和自由的需要。秩序是自由的归宿，自由是秩序的起点。现行的契约正义的组织模式追求的是一种"消极自由"，是免于政治强制、免于国家干预的自由，是立足于当前困境的脱困之道；而如果回归教育的原点，把人的需求当做关注的焦点，基于人性的主动性来发展人，课程改革中应提倡自我实现、做自我的主人的"积极自由"。

（一）自发与建构：课程改革的存在模式

哈耶克认为，所有的社会秩序的生成方式有两种：一种是自生自发的秩序，这是"人之行动的而非设计的结果"，强调个人自由地运用自己的知识去实现目的，排斥整体性人为设计的规则，是一种自由的、开放的秩序，又被称为"内部秩序"；一种是人为设计（建构）的秩序，以命令为基础，又被称为"外部秩序"。① 自生自发的秩序是人在无意识的状态下产生的，而构造秩序是有组织、有目的地实现的。哈耶克支持自生秩序，反对构造秩序。他认为自生秩序实现的是真正的自由，而构造秩序是自由的沦丧。他将自发秩序构建在"无知理论"的基础之上。由于开放的社会是一种"复杂现象"，面对这种复杂局面，人类的理性需要谦

---

① ［英］弗里德利希·冯·哈耶克：《自由秩序原理》，邓正来译，生活·读书·新知三联书店1997年版，第17页。

虚，而非狂妄。面对人们有"必然的无知"① 这一事实，社会秩序的构建需要在自由的基础上进行博弈，运用个人知识发展出抽象规则，具有强烈的自组织意味。换言之，规则的构建和秩序的形成需要"发现"而非"发明"。哈耶克认为构造的秩序是基于人类全知全能的"致命自负"，这终将导致人类走向"通往奴役之路"。②

当前中国课程改革的存在模式是一种建构的秩序。自上而下的行政取向的课程改革依赖于课程改革管理决策层对改革的整体把控和绝对领导。在这当中，课程改革决策层扮演着"权威者"的角色，操控着课程改革全过程，从权力运作、制度建构到秩序生成，都由他们来设计和安排。在这种组织模式下，课程改革秩序的构建主要依靠制度的力量。课程改革制度是一个理性实体，它是权力运行的轨道，是约束和规范行为的框架，其目的在于"控制"（给复杂的事物一种"秩序"）。这种控制不是军队中以监禁形式出现的刻板式、命令式的强制控制，而是更加接近福柯提出的"纪律规训"。福柯认为纪律首先创造了一个封闭空间，紧接着通过单元定位或者分割原则确立每一个个体的位置，这些人员处于一个个既能隔离又能组合的空间之中，有利于监督并且隔断有害联系。通过空间定位和支配命令，纪律以一种高效率、规定性的方式把个体组织起来，造就了一种人为秩序。③ 与此类似，课程改革中的规则是一种建立在"公意"基础上的契约，我们可以将它理解为课程改革中主体所需共同遵守的纪律。按照福柯的观点，课程改革纪律具有设计的成分，也具有支配功能。它通过对主体进行编排构建位置序列、对各种要素进行组织构建空间序列、对各种任务进行安排构建时间序列，使课程改革的详细规定辐射到细枝末节，覆盖到具体的教育教学行为，以此形成被安

---

① 哈耶克将"无知"分为两类，一类是由于学习不够而导致的对信息、知识的无知，一类是"必然的无知"，它是对未来的不甚了解而产生的猜测和期待。"必然的无知"是一种演进的文明观，预示着未来有丰富的可能性和发展机遇。

② 蔡春：《在权力与权利之间——教育政治学导论》，北京师范大学出版社2010年版，第258页。

③ 蔡春：《在权力与权利之间——教育政治学导论》，北京师范大学出版社2010年版，第56—57页。

排的秩序。课程改革这种构造的秩序经常受到人们的批判，被打上贬义的烙印，仿佛在这种组织方式下进行的课程改革成为奴役和制造奴隶的场所，每个个体都将在其中受到身心的约束。事实上，构造秩序的组织方式应当在课程改革中受到重视。因为通过限制主体行为，有助于培养主体形成规则意识，使他们养成自我约束和自我控制的习惯，避免他们"随心所欲"地控制、剥夺、威胁他人合法权利，从而维护课程改革最低限度的公平与正义。

作为补充，课程改革也需要自生自发的秩序。如果说构造的秩序是社会建构性的，是按照社会的规定和要求来"生产人"，生产知识；那么自发秩序就是个人建构性的，是基于人的自由需求来"解放人"，解放思想。自发的秩序源于哈耶克的"无知理论"。他认为个人自由之所以如此重要，是"由于个体的理性局限以及先天'无知'，人们对于大多数决定所有其他人的行为的情势存在着不可避免的无知，而这些其他的行为则是我们得以从中不断获得助益的渊源"。[①] 人的先天有限性会激发人对于未知领域产生不断探索的强烈动机，如果将人限定在封闭的空间之中，按照事先预定好的程序按部就班地进行塑造和培养，终将使人走向"奴役之路"，失去自由。因此，课程改革的组织者需要打破传统"自上而下"的路径依赖，以一种更加开放、民主的视角看待课程改革。注重个人知识的内在生成性，认知情境的独特性，知识结构的差异性和课程意义的个体生成性。通过赋予课程改革的实践者足够的自主权，鼓励他们去发现、组织和管理知识，以此促进和实现人的解放。而政府在此过程中，从"控权"到"赋权"，从"掌舵者"变身成为"引导者"，引导和协助他们而非塑造他们。

正如硬币有正反两面，自发的秩序与建构的秩序是课程改革中不可分的两部分。建构的秩序是一种外在的秩序，着眼于人的规范与塑造；自发的秩序是一种内在的秩序，着眼于人的自由与解放。中国课程改革伦理问题的症结在于以建构秩序为指导原则的课程改革实践表现出过于浓厚的设计色彩，使个体处于"被教化"的状态，剥夺了个体主动

---

① 邓正来：《哈耶克关于自由的研究》，《哲学研究》2008 年第 10 期。

"生长"的自由。课程改革的理想方式是进行"自由的规训",使人在"生长"过程中"被教化",在"被教化"过程中不断"生长"。努力寻求公共秩序与个人自由之间的张力平衡,寻求本能与理性的调和,使两种组织方式共生共存,互相渗透,彼此依赖。怀特海试图将教育中自生自发的秩序与构造秩序连接起来,他谈道:"教育的开始阶段和结束阶段的主要特征是自由,但有一个纪律占主导地位的中间阶段,这时自由从属于纪律。"[①] 在具体实践中,课程改革要实现两种观念的融合,实现融合的根本方式,是皮亚杰所说的,在活动中通过顺应和同化实现双重建构,在不断发展中填满习俗和传统所产生的"间隙"。关于这个度应该如何把握,仍然需要不断探索,即在自发与建构之谱系上寻找自己的"中道"。

(二) 秩序自由:课程改革的伦理取向

课程改革"自发—建构"的秩序逻辑蕴含着两种不同的价值选择:对于自发秩序而言,自由是基本价值原则,而对于建构秩序而言,正义是基本价值原则。[②] 但是两种价值原则具有内在一致性,它们共同形成一种新的价值取向,那就是秩序自由。秩序自由决定着课程改革的基本状态。

秩序自由理论的"秩序"指向正义,主要体现在规则的构建之中。事实上,作为一种公共事业的基础教育课程改革本身蕴含了公共精神,先天追求正义价值。因为它是面向所有人的改革,旨在为学生提供平等的发展机会,而非"精英主义"式的,为少数人服务的活动。因此,课程改革不仅应该提倡正义原则,而且应当成为教育行政者、教师、学生、家长等应该遵循的行为原则,通过课程改革主体正义精神的彰显、正义规则制度的构建,为实现教育中的正义、实现社会的正义而奋斗。秩序自由的正义遵循罗尔斯的正义原则,即"公正优先,兼顾公平"。罗尔斯

---

① [英] 怀特海:《教育的目的》,徐汝舟译,生活・读书・新知三联书店 2002 年版,第 55 页。

② 蔡春:《在权力与权利之间——教育政治学导论》,北京师范大学出版社 2010 年版,第 266 页。

认为"社会正义原则的主要问题是社会的基本结构，是一种合作的体系中的主要的社会制度安排。"① 换言之，正义的功能是设计和安排社会的基本原则，促进社会的良序运行。实质上，罗尔斯的"作为公平的正义"是一种政治建构主义。② 制度是政治建构和社会安排的工具。通过制度正义来实现形式正义（强调"机会均等"包括起点平等、程序与规则平等）和实质正义（利益分配平等），从而保障社会正义。这就是罗尔斯"作为公平的正义"的理论的核心内容。以正义原则指导的课程改革，其功能在于维护公正的改革秩序，保护每个主体平等的权利，不仅要关注过程的正义，也要通过关照弱势群体干预结果的不平等。"真正正义的原则就只有贡献原则（德才原则）和从属于它的两个平等原则（基本权利的完全平等和非基本权利的比例平等）。"③ 课程改革的正义原则应当以此为基础。秩序自由的正义并不反对个人的自由，相反，它是对个人自由的保护。

秩序自由理论也强调自由，主要体现在人与人的交往之中。秩序自由中正义与自由的内在一致性体现在二者都追求自由价值。哈耶克认为自由与正义并不矛盾冲突，正义也以自由为标准。哈耶克认为正义是比自由更为宏观和更为理性的价值，正义的出发点是公共理性，自由只有涉及与他人之间的关系时才有正义意义。④ 但是哈耶克所坚持的自由是在自生自发秩序里的自由，是一种立足于个体知识的，主动的、自我实现的行为，这种自由也可称之为积极的自由。他认为积极的自由与构造的秩序是不相容的，制度设计代表着自由精神的失落。事实上，构造的秩序也体现出一种自由思想，这种自由是建立在对人基本权利的保护之上的。构造的秩序追求一种免于条条框框束缚、免于政治强制、免于国

---

① ［美］约翰·罗尔斯：《正义论》，何怀宏、何包钢、廖申白译，中国社会科学出版社1988年版，第54页。
② ［美］约翰·罗尔斯：《正义论》，何怀宏、何包钢、廖申白译，中国社会科学出版社1988年版，第11—17页。
③ 王海明：《新伦理学》，商务印书馆2001年版，第342页。
④ ［英］弗里德利希·冯·哈耶克：《自由秩序原理（上）》，邓正来译，生活·读书·新知三联书店1997年版，第5页。

家干预的自由,即"消极的自由"。消极自由更强调行为的主观能动性,积极的自由更加强调认知的发展。在课程改革中,既要追求消极的自由,又要使个人权利与义务不受侵害。在具体实践中,决策层在提供决策时必须思量:"我所提供的决策,是否违背自由的原则?"同时,也要追求积极自由,鼓励个体正视自我价值,将自己视为一个自因自明的自由的"个人",以批判的眼光看待课程改革中的一切现象,重视个人观念的自由表达,并且使个人观念在通过与他人的共在交往得以言明。

概言之,自由与正义共同构成"秩序自由"的价值谱系。正义原则体现在规则的构建之中,自由原则体现在交往之中。正义以平等为基础,是一种自由的正义。自由是消极自由与积极自由的统一。秩序自由区别于当前科层管理体制下课程改革构造秩序所追求的契约正义,它追求的是建构秩序与自发秩序的调和状态下个体自由与公共秩序的统一,"唯有在该秩序的土壤上,自由的理性与社会公正的理想才可以和谐共存。"① 秩序自由是对两种秩序逻辑的调和,是人道、民主、公正、自由等一切价值的集合体,它既体现出对"人本自由"的尊重,也反映出对规则理性的重视,表达出对个人与社会之间、秩序与自由之间的和谐的期待。或许,秩序自由终将成为健全的课程改革秩序的终极良方。

---

① [德]何梦笔主编:《秩序自由主义》,董靖等译,中国社会科学出版社2002年版,第76页。

参考文献

中文参考文献
  一　中文专著

蔡春：《在权力与权利之间：教育政治学导论》，北京师范大学出版社2010年版。

冯建军：《教育公正——政治哲学的视角》，福建教育出版社2008年版。

冯益谦主编：《公共伦理学》（第二版），华南理工大学出版社2010年版。

高力主编：《公共伦理学》（第三版），高等教育出版社2012年版。

龚群：《罗尔斯政治哲学》，商务印书馆2006年版。

和学新：《基础教育课程的变革与反思》，广西师范大学出版社2015年版。

江必新主编：《强制执行法理论与实务》，中国法制出版社2014年版。

蒋建华：《知识·权力·课程——政策视野中的课程研究》，教育科学出版社2010年版。

李雁冰：《课程评价论》，上海教育出版社2002年版。

联合国教科文组织编：《反思教育：向"全球共同利益"的理念转变？》，联合国教科文组织总部中文科译，教育科学出版社2017年版。

白月桥：《课程变革概论》，河北教育出版社1996年版。

孙彩平：《教育的伦理精神》，山西教育出版社2004年版。

田凌晖：《公共教育改革——利益与博弈》，复旦大学出版社2011年版。

汪荣有主编：《公共伦理学》，武汉大学出版社2009年版。

王海明：《新伦理学》，商务印书馆2001年版。

王振东：《自由主义法学》，法律出版社 2005 年版。

吴康宁：《教育改革的"中国问题"》，南京师范大学出版社 2015 年版。

张华：《研究性教学论》，华东师范大学出版社 2010 年版。

　　二　中文论文

丁钢：《课程改革的文化处境》，《全球教育展望》2004 年第 1 期。

和学新：《课程评价制度创新与基础教育课程改革》，《教育研究》2004 年第 7 期。

靳玉乐、廖婧茜：《儒家责任伦理视阈下的大学生社会责任感培养》，《现代大学教育》2017 年第 5 期。

廖婧茜、靳玉乐：《论课程改革的公共伦理》，《课程·教材·教法》2018 年第 12 期。

刘茂军、孟凡杰：《冲突理论视域下的课程改革话语冲突分析》，《课程·教材·教法》2015 年第 10 期。

宋希仁：《论伦理秩序》，《伦理学研究》2007 年第 5 期。

吴康宁：《教育改革成功的基础》，《教育研究》2012 年第 1 期。

叶澜：《当代中国教育变革的主体及其相互关系》，《教育研究》2006 年第 8 期。

周谨平：《政治伦理文化与社会治理》，《伦理学研究》2018 年第 6 期。

　　三　中文译著

［古希腊］柏拉图：《柏拉图全集》，王晓朝译，人民出版社 2003 年版。

［古希腊］柏拉图：《理想国》，刘国伟译，中华书局 2016 年版。

［美］E. 博登海默：《法理学：法律哲学与法律方法》，邓正来译，中国政法大学出版社 2004 年版。

［英］菲利普·泰勒、科林·理查兹：《课程研究导论》，王伟廉、高佩译，春秋出版社 1989 年版。

［英］弗里德利希·冯·哈耶克：《自由秩序原理》，邓正来译，生活·读书·新知三联书店 1997 年版。

［美］赫伯特·马尔库塞：《单向度的人——发达工业社会意识形态研究》，刘继译，上海译文出版社 2008 年版。

［德］黑格尔：《法哲学原理》，范扬、张企泰译，商务印书馆 1961 年版。

［英］怀特海：《教育的目的》，徐汝舟译，生活·读书·新知三联书店 2002 年版。

［美］H·乔治·弗雷德里克森：《公共行政的精神》（中文修订版），张成福等译，张成福校，中国人民大学出版社 2013 年版。

［英］卡尔·波普尔：《猜想与反驳——科学知识的增长》，傅季重等译，上海译文出版社 1986 年版。

［德］康德：《实践理性批判》，韩水法译，商务印书馆 1999 版。

［美］拉夫尔·泰勒：《课程与教学的基本原理》，施良方译，瞿葆奎校，人民教育出版社 1994 年版。

［法］雷蒙·阿隆：《论自由》，姜志辉译，上海译文出版社 2009 年版。

［英］里查德·道金斯：《自私的基因》，卢允中、张岱云、王兵译，吉林人民出版社 1998 年版。

［法］卢梭：《社会契约论》，何兆武译，商务印书馆 2003 年版。

［加］迈克尔·富兰：《教育变革新意义》，赵中建、陈霞、李敏译，教育科学出版社 2005 年版。

［法］孟德斯鸠：《论法的精神（上）》，张雁深译，商务印书馆 1961 年版。

［英］斯蒂芬·J. 鲍尔：《教育改革——批判和后结构主义的视角》，侯定凯译，华东师范大学出版社 2002 年版。

［德］卡尔·雅斯贝斯：《时代的精神状况》，王德峰译，上海译文出版社 2016 年版。

［古希腊］亚里士多德：《尼各马可伦理学》，廖申白译，商务印书馆 2003 年版。

［德］尤尔根·哈贝马斯：《重建历史唯物主义（修订版）》，郭官义译，社会科学文献出版社 2013 年版。

［美］约翰·罗尔斯：《正义论》，何怀宏、何包钢、廖申白译，中国社会科学出版社 1988 年版。

英文参考文献

Carroll, A. B. A., "Three-dimensional Conceptual Model of Corporate Performance", *Academy of Management Review*, No. 2, 1997.

Clarkson, M. B. E. A, "Stakeholder Framework for Analyzing and Evaluating Corporate Social Performance", *Academy of Management Review*, No. 1, 1995.

F. H. Knight, *Freedom and Reform*, New York: Liberty Fund, 1947, p. 193.

Hayek F. A., *Studies in Philosophy, Politics and Economics*, London: Routledge&KeganPaul, 1967, p. 92.

Herlihy J. G., *The textbook controversy: issues, aspects and perspective*, Westport, Conn: Praeger, 1992, p. 106.

J. Charkham, "Corporate Governance. Lessons from Abroad", *European Business Joural*, No. 2, 1992.

Leventhal G. S., *What should be done with equity theory? Newapproaches to the study of fairness in social relation-ships*, New York: Plenum Press, 1988, p. 67.

Mathew H. Kramer, N. E. Simmonds and Hillel Steiner, *A Debate over rights*, Cambridge: Cambridge Press, 1995, p. 1.

Michel Foucault, "The Subject and Power", *Critical Inquiry*, Vol. 4, 1982.

Mitchell, Angle, Wood, "Toward a Theory of Stakeholder Identification and Salience: Defining the Principle of Whom and What Really Counts", *Academy of Management Review*, No. 2, 1997.

Palmer P. J., *The Company of Strangers*, New York: Crossroads, 1981, p. 47.

R. Edward Freeman, *Strategic Management: A Stakeholder Approach*, London: Pitman, 1984, p. 6.

JOHN RAWLS, *A Theory of Justice*, THE BELKNAP PRESS OF HARVARD UNIVERSITY PRESS, 1971, p. 448.

Wheeler D. Maria S., "Including the Stakeholders: The Business Case", *Long Range Planning*, Vol. 31, No. 2, 1998.